高等院校学前教育专业“十三五”规划教材

应用学前教育管理学

主　编　胡海建　李　晖
副主编　肖晓玛　张思然

华中科技大学出版社
http://www.hustp.com
中国·武汉

内 容 简 介

《应用学前教育管理学》分为十二章，介绍了管理与学前教育管理，学前教育行政，学前教育管理体制，学前教育管理的原则与方法，托幼园所的组织、规章制度、组织文化建设和特色培育，托幼园所的目标与管理过程，托幼园所的保教工作管理，托幼园所班级管理，托幼园所人力资源管理，幼儿园总务管理，幼儿园公共关系管理，学前教育评价等方面的内容。

《应用学前教育管理学》适合作为本、专科院校学前教育专业及幼教工作者在职培训的教材。

图书在版编目(CIP)数据

应用学前教育管理学/胡海建，李晖主编. —武汉：华中科技大学出版社，2017.4
ISBN 978-7-5680-2729-8

Ⅰ.①应…　Ⅱ.①胡…　②李…　Ⅲ.①学前教育-教育管理学　Ⅳ.①G61

中国版本图书馆 CIP 数据核字(2017)第 076171 号

应用学前教育管理学　　胡海建　李　晖　主编
Yingyong Xueqian Jiaoyu Guanlixue

策划编辑：倪　非
责任编辑：徐桂芹
封面设计：孢　子
责任监印：朱　玢
出版发行：华中科技大学出版社(中国·武汉)　　电话：(027)81321913
　　　　　武汉市东湖新技术开发区华工科技园　　邮编：430223
录　　排：华中科技大学惠友文印中心
印　　刷：武汉科源印刷设计有限公司
开　　本：880mm×1230mm　1/16
印　　张：14.25
字　　数：424 千字
版　　次：2017 年 4 月第 1 版第 1 次印刷
定　　价：36.00 元

本书若有印装质量问题，请向出版社营销中心调换
全国免费服务热线：400-6679-118　竭诚为您服务

前　言

学前教育管理学是教育管理学的一个分支学科，是运用现代管理学和教育学的基本理论来研究学前教育管理活动及其规律的一门学问。学前教育管理活动包括学前教育行政管理与托幼园所内部管理两大方面。由于学前教育行政管理在整个教育行政管理体系中所具有的特殊性，以及学前教育机构的性质及其所承担的任务不同于普通中小学校，所以学前教育管理有其特殊的规律性。

《应用学前教育管理学》列举了我国有关学前教育的一系列相关的政策、法规，并引用了大量的经典案例，吸纳了改革开放以来学前教育在实践和探索中所取得的经验，反映了学前教育领域的基本共识，可以帮助读者入门，为其后续的学习与发展奠定基础。本书可作为本、专科院校学前教育专业的教材。学生通过学习本书，能够比较全面、系统地掌握现代学前教育行政管理和托幼园所内部管理的基本理论、基本知识和基本方法，认识学前教育管理的特点和基本规律，具备一定的正确分析和解决学前教育管理中的实际问题的能力，为日后从事学前教育管理工作打下良好的基础。

《应用学前教育管理学》具有较强的综合性，内容非常丰富。此外，本书还特别关注社会的发展变化，对因当今社会和学前教育实践的发展变化而涌现的一系列新的问题和现象进行了深入的分析和讨论，使本书更贴近社会，更具有实际意义。

总的来说，《应用学前教育管理学》具有以下几个方面的特点。

(1)以培养应用型学前教育人才为宗旨，紧密结合当前托幼园所管理的实际，注重内容的实用性、实践性和可操作性。

(2)以新一轮学前教育教师资格证考核内容为编写大纲，紧密结合未来学前教育对教师素质的要求，以及国家有关学前教育的新政策、新动向，注重内容的前瞻性、导向性。

(3)打造教材的特色，关注学前教育中的热点、难点问题与实际案例，做到理论与实际相结合，知识性与实用性相结合。

《应用学前教育管理学》在参考大量国内外优秀著作的基础上，对现代管理学、教育管理学和学前教育管理学等领域的基本理论进行了总结，全书共十二章，其中，第一章至第六章由胡海建、张思然编写，第七、八、十、十一、十二章由肖晓玛编写，第九章由李晖、胡海建、张思然编写。全书由胡海建、李晖主编并负责统稿。

尽管《应用学前教育管理学》力求创新和贴近社会发展实际，但由于编者水平有限，书中难免会有错误和不当之处，希望读者不吝赐教，共同促进本书的改进与完善，推动学前教育更好地发展。

编　者

2016 年 8 月

目　录

第一章
管理与学前教育管理

【学习目标】

1. 理解管理的定义、内涵和特性。
2. 明确管理的职能。
3. 掌握学前教育管理的含义。
4. 了解学前教育管理的意义。
5. 掌握学前教育管理学的研究方法。

【案例分析】

一个老头和他的孙子要去县城，他们准备骑着驴去。老头骑着驴，孙子跟在后面走，走了一会儿，碰到一位当了母亲的女子，那位母亲责怪老头不关心孙子，觉得老头不应该让孙子走路。于是，老头就让孙子骑着驴，自己走路。走了一段路，碰到一个和尚，和尚则责怪孙子不孝顺爷爷，没办法，老头就和孙子一起走路。又走了一会儿，他们碰到一位学者，这位学者笑他们有驴不骑，偏要走路。于是，老头和孙子就一同骑着驴。结果，又走了一段路，碰到了一个外国人，这个外国人却斥责他们虐待动物。

思考

从管理的定义这一角度分析，究竟应该由谁骑这头驴呢？

第一节　管　　理

一、什么是管理

(一)管理是人类社会最古老、最普遍的社会现象

管理是人类社会最古老、最普遍的社会现象之一。可以说，管理无时不在，无处不在，自从人类社会出现，就有了人类的管理活动。

管理无时不在。自从人类社会出现，就有了管理。管理起源于集体的共同劳动。早在原始社会，氏族部落首领为了生存，在共同的生产、生活中担负起组织、指挥的责任。进入阶级社会，随着社会生产力的发展，管理也在进步与变化，管理的内涵日益丰富。万里长城、大运河等是我国建筑管理的杰作，金字塔是古代埃及建筑管理的典范。

管理无处不在。人、财、物、事务、时间、空间、信息等都需要管理，企业、工厂、学校、医院、政府机关、

部队等各种组织都需要开展经济管理、生产管理、教育管理、医疗管理、行政管理、军事管理等,家庭日常生活中的钱、财、物品等也与管理密切相关。戴维·B.赫尔茨曾指出,管理是心智所驱使的唯一无处不在的人类活动。[①] 可见,管理是人类心智驱使的无处不在的社会活动,是人类社会最普遍的社会现象之一。

不过,到近代,管理学才成为一门相对独立的学科,其主要标志是1911年美国的泰勒的《科学管理原理》和1916年法国的法约尔的《工业管理与一般管理》两本著作的问世。

今天,作为人类社会最普遍的社会现象的管理在继承中创新,越来越突显其新的生命力,有力地推动社会管理的进步和社会生产力的发展。同时,管理学的学科体系也不断丰富,有力地促进了学科的发展与繁荣。

(二)管理的定义

关于管理的概念,可谓仁者见仁,智者见智,学界对于管理的解释多种多样,不同的学者有不同的诠释,如职能论、目的论、系统论、决策论、人本论、模式论等。

职能论认为,管理就是实行计划、组织、指挥、协调和控制,或者通过别人来使事情完成。法国管理学家法约尔认为,管理是所有的人类组织(包括家庭、企业、政府等)都有的一种活动,这种活动由五项要素组成——计划、组织、指挥、协调和控制,管理就是实行计划、组织、指挥、协调和控制。[②] 法约尔对管理的定义成为管理职能论的起源和管理定义的基础,并为现代管理过程学派的理论提供了理论依据。

目的论认为,管理就是为了达到预定的目的而合理使用多种资源的过程。美国管理学家哈罗德·孔茨提出,管理就是设计和保持一种良好的环境,使人在群体里高效率地完成既定目标。[③] 赫西·布莱查尔特也认为,管理是指个人与群体共事,以实现组织的目标。

系统论认为,管理就是根据一个系统所固有的客观规律对这个系统施加影响,使之呈现出一种新的状态的过程。

决策论认为,决策过程就是全部的管理过程。诺贝尔经济学奖获得者西蒙认为,决策包含分析信息依据、确定目标、付诸实施、做出评价、导致新的决策等一系列过程。西蒙认为,决策贯穿管理的全过程,包括确定目标和实现目标的手段两方面。

人本论认为,管理就是指导别人,激励别人,以收到个人单独活动所不能收到的效果。

模式论认为,管理就是用数学模式与程序来表示计划、组织、控制、决策等合乎逻辑的程序,求出最优答案。

此外,泰勒、德鲁克、小詹姆斯·H.唐纳利等也对管理是什么做了论述。"科学管理之父"、美国古典管理学派的代表泰勒认为,管理就是确切地知道要别人去做什么,并使他用最好的方法去做。[④] 泰勒对管理的定义指出了管理的实质。德鲁克认为,归根到底,管理是一种实践,其本质不在于"知"而在于"行",其验证不在于逻辑,而在于成果,其唯一权威就是成就。[⑤] 小詹姆斯·H.唐纳利认为,管理就是由一个或更多的人来协调他人活动,以便收到个人单独活动所不能收到的效果。

国内学者对管理这一社会现象也做出了不同的诠释。翟立林认为管理是指通过组织计划来行动,把一个机构所拥有的人力、物力、财力充分运用起来,使之发挥最大效果,以达到机构的目标,完成机构的任务。程正方认为管理是人类的一种有组织、有目的、有领导的活动方式,是组织活动不可缺少的组成部分。[⑥] 邬凤祥认为管理是制定组织目标,运用组织的各种要素,实现组织目标的全过程。[⑦] 周三多等认为

---

① 周三多,陈传明,鲁明泓:《管理学——原理与方法》,第5版,复旦大学出版社,2013年。

② 法约尔:《工业管理与一般管理》。

③ 海因茨·韦里克,哈罗德·孔茨:《管理学——全球化视角》,第11版,马春光,译,经济科学出版社,2004年。

④ 泰勒:《科学管理原理》。

⑤ 彼得·F.德鲁克:《管理——任务、责任、实践(上)》,中国社会科学出版社,1987年。

⑥ 程正方:《管理心理学》,开明出版社,2012年。

⑦ 邬凤祥:《大众管理学》,新华出版社,1987年。

管理是管理者为了有效地实现组织目标、个人发展和社会责任，运用管理职能进行协调的过程。

不同的管理学教材中对管理的定义也不同。孔茨在《管理学精要》中指出，管理主要是研究如何为以团队方式工作的个体设计和保持某种特定的环境，从而使其能够高效地实现企业目标。小詹姆斯·H.唐纳利在《管理学基础》中指出，管理就是由一个或更多的人来协调他人活动，以便收到个人单独活动所不能收到的效果。周三多等在《管理学——原理与方法》中将管理定义为社会组织为了实现预期的目标，以人为中心进行的协调活动。[①] 张燕在《幼儿园管理》中指出，管理是对一定组织系统的人、财、物、事等进行计划、组织、协调和控制的过程，从而高效率地达到组织的目标。[②] 邢利娅在《幼儿园管理》中指出，管理是指组织中的管理者遵照一定的原则，使用各种管理手段，通过组织、指挥、协调各个分工不同的个人的活动，创造出一种远比个人力量的总和要大的集体力量或社会力量，从而高效率地达到组织的预定目标。[③]

从以上对管理的不同的解释可见，管理确实是一种很复杂的社会现象，其内涵极其丰富。为了更好地理解管理并给管理下一个确切的定义，我们需要弄清管理这一社会现象不同于其他社会现象的本质与特征。综合国内外专家对管理的众多阐释，我们认识到管理具有以下内涵。

第一，追求高效率是管理的目的性。任何管理活动都是为了优质、高效地实现管理目标，追求最高效率和最佳效果，使组织尽可能地以最少的资源实现最大的效益，最大限度地完成组织的预定目标，实现$1+1>2$的效果。

第二，协调组织中人的行为是管理的本质特性。任何管理活动都会涉及组织与团体，而组织系统的各个方面既涉及组织中的各个个体的行为，又涉及人、财、物等因素，为了使组织系统高效率地实现组织的目标，必须关注社会组织人群的有效互动，必须对社会组织中的管理对象——人的行为进行组织、指挥、协调、控制。因此，协调贯穿于管理的整个过程，协调是管理的本质特性。

第三，资源配置的有效性。管理的过程就是管理者有效利用资源的过程。管理者既要充分把握组织内部的各种资源，又要善于利用各种资源，协调各种资源和因素，实现资源的有效配置，为组织目标的实现提供保障。

第四，管理的人本性。从历史演变、管理的本质与人类行为相结合的角度来分析，管理经历了神本管理、物本管理、人本管理等阶段。神本管理时期，人类认为人跟其他事物一样，都是由人格化的神所创造的，管理就是要体现神或天的意志，使人皈依于神或顺从于天。物本管理时期的管理是一种物本的工具性管理，人以最大限度地追求效益与金钱为目的，丧失了对人的关怀、对情感的关注、对需求的满足。人本管理通过满足个人的物质、人文、情感需求，实现个人与组织效率的提高，从而实现组织的管理目标。由此可见，人本管理时期的管理是管理者与被管理者的双边活动，管理的核心是坚持以人为中心，注重人的主体地位，处理好人际关系，激发和调动组织成员的工作积极性。

第五，管理的科学性。管理的科学性是指管理活动必须遵循基本的规律，采用科学的管理手段、技术手段，创新管理方式、方法。围绕目标而展开的计划、执行、控制、协调等是管理的基本环节。

第六，管理的权变性。管理是在特定的社会环境下进行的，不可能一成不变，管理的环境发生变化，管理的方式也必然随之改变，管理要因时、因地、因人而变。随着社会的发展变化，管理也要不断地变革与创新。

不同的学者、管理学家、教材对管理的定义虽然不同，但是都有一定的合理性，都从某一方面表达了人类管理活动的实际需要。这也说明，管理作为人类特有的活动与社会现象是极其复杂的，随着社会的变化与发展，新的管理模式必将不断地涌现。基于以上分析，我们认为管理是管理者通过计划、组织、指挥、控制等职能协调不同个人的行为，以有效利用人力、物力、财力等各种资源，实现组织目标的活动。

---

① 周三多，陈传明，鲁明泓：《管理学——原理与方法》，第5版，复旦大学出版社，2013年。

② 张燕：《幼儿园管理》，人民教育出版社，2009年。

③ 邢利娅：《幼儿园管理》，高等教育出版社，2010年。

二、管理的自然属性与社会属性

为了准确把握管理的概念与内涵,还需要认真分析管理的双重性,即管理的自然属性和社会属性。管理的双重性是指同一管理活动在其性质上都具有合理组织生产力而存在的共同性和维系、发展、实现一定的生产关系而存在的特殊性。合理组织生产力表现为管理的自然属性,即管理的共同性;维系、发展、实现一定的生产关系表现为管理的社会属性,即管理的特殊性。任何管理活动都是共性与个性的统一,这是辩证法的基本观点。

1. 管理的自然属性

管理的自然属性是指管理具有合理组织和开发生产力的共同特性,它是一种人与自然的关系,与现代社会化大生产紧密相连。现代社会化大生产是在社会分工的基础上的大生产,社会化大生产客观上需要科学、有序的管理,因为协调生产过程中人的行为,有效利用各种生产资源,充分发挥人的积极性都离不开科学的管理;各种社会化生产的先进的管理方式、方法的产生、发展、提升都能在一定程度上促进生产力的发展与进步,这是管理的自然属性,即管理具有合理组织生产力的职能。所以管理也是生产力,这是一切社会化生产的共同特性,也是任何社会生产方式下都客观存在的,不会随社会制度和生产关系的变化而变化。

2. 管理的社会属性

管理的社会属性是指管理具有协调、控制生产关系和社会关系的特殊性。管理反映了一定社会中人与人之间的关系,实质上反映的是"为谁管理,为谁服务"的问题,这表现为管理的社会属性。管理从来就是为生产资源的占有者服务的,它是一定的社会关系的反映。因为在一定的生产关系状态下进行管理,必然会受到生产关系、社会关系及社会制度的制约和影响,管理的方式、目的、范围、内容等都取决于一定的社会形态中占统治地位的社会关系,所以,管理的社会属性是会随生产关系、社会制度的改变而变化的。

同时,管理总是受历史文化传统的影响和制约,处在不同的社会、地域、民族、历史、文化、宗教、传统之中的管理总是会表现出不同的风格、特点、性质、模式和范式,这也是管理社会属性的表现。

总之,管理的自然属性与社会属性统一在具体的管理实践中,反映出管理的双重性与本质特性,折射出管理的共同自然价值和特殊社会价值。

三、管理的基本职能

管理职能是管理者所行使的计划、组织、领导和控制等职能的统称,指管理活动自身所具有的职责和功能。管理是人们进行的一种实践活动,是一种理性的行为,是管理者通过管理措施实现预定目标的一种行为,是对有限的资源进行开发和组合的行为,是在特定环境下进行的行为,是消除矛盾和冲突的行为,是管理者与被管理者相互影响的行为。① 不同的管理者在管理过程中往往会采用具有规律性的计划、组织、控制等管理行为,人们对此进行归纳,并逐渐形成了"管理职能"的概念。

最早系统地提出管理职能理论的是法约尔。他将管理职能概括为计划、组织、指挥、协调和控制五项职能。古利克和厄威克提出了计划、组织、人事、指挥、协调、报告、预算七项管理职能。孔茨和西里尔·奥唐奈里奇把管理职能划分为计划、组织、人事、领导和控制。西蒙等人在解释管理职能时,突出了决策

① 陈孝彬,高洪源:《教育管理学》,第3版,北京师范大学出版社,2008年。

职能。美国学者米和希克斯在总结前人对管理职能的分析的基础上，提出了创新职能，突出了创新可以使组织的管理不断适应时代发展的论点。

我国学者周三多认为一切管理活动的最基本的职能是计划、组织、领导、控制、创新。何道谊依据业务过程把管理职能分为目标、计划、实行、检查、控制、调整、人力、组织、领导九大职能。

根据以上观点与分析，管理活动最基本的职能是计划、组织、控制，然而由于创新已经成为管理的主旋律，所以我们认为管理的基本职能是计划、组织、控制、创新。

(一)计划职能

凡事预则立，不预则废，任何事情都要未雨绸缪。广义的计划职能是指管理者制订计划、执行计划和检查计划执行情况的全过程。狭义的计划职能是指管理者对未来的活动进行预先谋划和安排，包括确定组织发展目标、实现目标的方式、进程和时间安排等。计划是实行管理的前提、依据，有利于明确目标，统一思想与行动；有利于合理配置资源，提高效率，取得最佳的经济效益；有利于增强管理的预见性，规避风险，减少损失。管理者要调查研判，依据管理的环境、条件、人员、资源、组织需求等，科学地制订计划和方案，正确地做出抉择，确保管理的优质、高效。由此可见，计划职能是管理活动最基础的职能。

(二)组织职能

组织是为了达到某些特定目标，通过分工与合作以及不同层次的权力和责任制度而构成的人的集合。组织职能是指按一定规则和程序建立组织机构，确定各成员的职责，并协调相互关系，将组织内部的各个要素连接成一个有机整体，使组织成员统一行动，以实现组织的共同目标。[①] 在管理过程中，组织职能的主要体现包括以下几个方面。

(1)设置机构，确定各种职能机构的成员的职责与权力，建章立制。

(2)协调关系，包括正式组织内管理者与管理对象的关系、正式组织与非正式组织的关系等。

(3)合理组织与高效利用人力、物力、财力等资源，以取得最佳效益。

组织职能对发挥组织的集体力量、合理配置资源、提高劳动生产率、实现组织目标具有重要的作用。

组织是发挥管理效能的工具。组织具有目的性、整体性、纪律性、放大性等特点。[②] 组织及其活动必须有明确的目标，这样才能凝聚力量，统一行动，形成有战斗力的集合体；为了实现目标，需要建立统一的组织机构，在组织内及其成员间要组成统一的合作整体，这在很大程度上决定着目标能否实现；组织需要制度与纪律，以约束成员的行为，保障组织的权威；组织的团队精神与文化都需要一个高效的组织，以发挥个体的主观能动性，同时发挥组织的向心力、凝集力，这是一切管理活动的出发点，也是归宿。

任何组织都是在一定的环境下生存和发展的，组织与它的环境是相互作用的，组织依靠环境来获得资源以及某些必要的机会，环境给予组织活动某些限制，并且决定是否接受组织的产出。组织环境包括的主要要素有人力、物质、资金、气候、市场、文化、政策和法律等。

(三)控制职能

由于受到环境、条件、人员等因素的影响，在执行计划的过程中，经常会出现偏离目标的现象。为了保证目标的顺利实现，需要有控制职能。没有控制，计划和组织就不能发挥作用。

控制职能是与计划职能紧密相关的，贯穿管理过程的每个环节和方面。控制职能是指用一定的标准检查、评价、督促各种工作，包括检查实际工作是否符合标准、分析偏差产生的原因、纠正偏差等，以保证组织目标的顺利实现。

为了防患于未然，最大限度地预防和减少失误，有效地掌控事态的发展，控制职能的内容应包括以下

---

① 杜燕红：《学前教育管理学》，郑州大学出版社，2012 年。

② 张燕：《学前教育管理学》，北京师范大学出版社，2009 年。

几个方面。

(1)制定控制标准。

(2)对照标准检查工作是否按计划进行。

(3)发现偏差,分析偏差产生的原因,制订新的计划。

(4)采取调整、修正等措施予以补救,以确保组织目标能够实现。

控制职能的基本方式有以下几种。

(1)控制时间,管理具有时限性,省时是提高工作效率的重要途径。

(2)控制数量,许多指标是通过数量体现出来的,所以要心中有数,这样才能通观全局。

(3)控制质量,以质量求生存是重要的经营之道,没有质量就没有效益。

(4)控制安全,包括人身安全、财产安全、资料安全等。

(四)创新职能

随着社会的进步和科学技术的迅猛发展,管理活动面临着许多新情况、新问题,如果墨守成规,将无法应对新形势、新挑战,所以,创新职能就成为管理过程中一项重要的基本职能。创新是对传统的突破,是在过去的知识、经验、技能基础上的飞跃。创新职能包括目标创新、体制创新、机制创新、技术创新、要素创新等。

上述计划职能、组织职能、控制职能、创新职能虽然有各自的内涵与表现形式,但都是管理最基本的职能。[①] 计划职能、组织职能、控制职能、创新职能构成管理的过程,它们一方面相互区别,各有侧重,计划职能注重目标的制定和行动的确定,组织职能注重组织机构的设置和人员的配备,控制职能注重偏差的识别和纠正,创新职能注重新观点、新思路、新方式的确定,另一方面相互联系,相互促进,它们本身并不是孤立的,而是在与其他管理职能相结合的过程中发挥作用,体现自身的意义与价值。

总之,管理工作一般从计划开始,经过组织、控制到结束,控制可能会导致新的计划,开始新一轮的管理循环,从而不断推进管理工作的进行。创新职能贯穿于管理的全过程,处于中心地位,创新是推动管理循环的原动力。

四、管理思想的演进

管理作为一种社会现象,随着人类社会的出现而产生,管理思想源于管理实践,在大量管理实践的基础上,产生了丰富的管理理论。自从19世纪末20世纪初管理学成为一门相对独立的学科以来,先后经历了管理理论初创时期(古典管理理论)、管理理论成长时期(行为科学理论)、现代科学理论时期,出现了许多管理学家,形成了各个时期独特的管理理论。

(一)古典管理理论

19世纪末20世纪初,随着科学技术的发展、工业革命的产生和资本主义经济的发展,出现了泰勒、法约尔、韦伯等管理学家,他们把科学方法、科学手段引入管理,对管理过程、管理职能和管理方法进行了理论探讨和科学试验,从而形成了以科学方法为依据的管理原理和方法,并逐步形成了古典管理理论学派。这一时期通常称为管理理论初创时期或科学管理时期。

管理学成为一门相对独立的学科的主要标志是泰勒的《科学管理原理》(1911年)和法约尔的《工业管理与一般管理》(1916年)的问世。

---

① 张燕认为管理最基本的职能是计划职能、组织职能、控制职能,杜燕红认为管理最基本的职能是计划职能、组织职能、控制职能、领导职能、创新职能。

1. 泰勒的管理思想

泰勒，美国人，在一家钢铁公司从学徒、领班、中层管理人员逐渐成长为总工程师。他的管理思想源于基层与现场管理实践，内容主要着眼于解决生产过程中的技术问题和通过管理降低成本，提高劳动生产率。1911 年，泰勒出版了他的管理学专著《科学管理原理》，奠定了科学管理的理论基础。泰勒被称为“科学管理之父”。

科学管理理论有以下几个主要观点。

(1)企业的根本目的是提高劳动效率。

(2)主张标准化。泰勒的标准化观点主要包括：①一切工作方法都应该通过考察，并由管理人员决定，一切生产过程的问题都应该用科学的方法来规范；②高标准化的工作程序和操作方法是实现工作目标的最佳方式，泰勒通过观察和试验对生产过程中的各种动作进行标准化的设计，并总结出一套标准化的工作程序；③工人掌握标准化的生产方法的途径是培训，所以要挑选熟练的技师对普通工人进行培训，以提高他们的工作水平；④为工人工作提供标准化的工作条件，以及标准化的生产工具、机器和原材料，并使工作环境标准化。

(3)计件工资制度。在确定劳动定额的基础上①，实行有差别的计件工资制度，给予超额完成工作的工人较高的工资或提成，从而激发工人的劳动积极性。

(4)管理者和劳动者职能分离。泰勒认为管理部门的职责是按科学规律来制订计划，提出计划的人称为管理者，负责执行计划的人称为劳动者，应把计划职能和执行职能分离。

此外，泰勒还提出了例外原则②、大饼原理③等。

泰勒通过标准化、计件工资制度等一系列改革，用标准化的方法、标准化的条件、标准化的程序、标准化的人员培训，高效地完成了工作任务，显著地降低了成本，大大提高了劳动生产率，形成了科学的管理体制。这就是著名的“泰勒制”。我们可以发现，“泰勒制”是资产阶级剥削工人“最巧妙的”残酷手段。

2. 法约尔的管理思想

法约尔是法国最杰出的古典管理学家。由于他长期担任公司的高层职务——总经理，所以他着重于研究、分析高层管理的效率、企业组织的全面经营和一般管理原则等宏观领域。法约尔的管理理论主要有如下内容。

(1)管理活动包括计划、组织、指挥、协调与控制五项职能。法约尔认为这五个要素是有效管理不可缺少的，并详细分析了五大职能的内涵。法约尔的管理职能理论揭示了管理的本质。

(2)重视高层管理。法约尔认为组织中阶层越高，管理职能的比重越大，对管理能力的要求也越高。同时，他也认为通过教育可以提升一个人的管理能力，所以他强调管理教育的必要性和可能性。

(3)分工、权力与责任等十四项“管理原则”④适用于一切管理活动。

法约尔提出的管理职能理论、“一般管理”等理论，不仅是他管理实践的升华，也是他对管理理论的首创，他的管理思想至今仍闪烁着时代的光芒，得到了广泛应用。

3. 韦伯的行政组织理论

韦伯是德国古典管理理论的代表人物之一，现代社会学的奠基人。他虽然没有参与过管理实践，但

---

① 泰勒把每一项工作都分解成尽可能多的简单基本动作，把其中没用的动作去掉，同时，选择最适用的工具、机器，然后通过对最熟练工人的每一个操作动作的观察，选择完成每一个基本动作的最快、最好的方法，并把时间记录下来，再加上必要的休息时间和其他延误的时间，得到完成这些基本动作的标准时间。这就是“合理的日工作量”，它构成了每个工作日标准定额的基础。标准定额是对工作进行管理的依据。

② 所谓例外原则，就是指高级管理人员为了减轻处理烦琐事务的负担，把处理各项文书等一般日常事务的权力下放给下级管理人员，高级管理人员只保留对例外事项的决策权和监督权。

③ 大饼原理是指增强责任观念，用相互协作代替对抗与斗争，共同把“饼”做大，这样每个人才能分到更多的“饼”。

④ 法约尔十四项“管理原则”是：①分工；②权力与责任；③纪律；④统一指挥；⑤统一领导；⑥个人利益服从集体利益；⑦公平报酬；⑧集权；⑨等级链与跳板；⑩秩序；⑪平等；⑫保持人员稳定；⑬首创精神；⑭集体精神。

他却从社会学、经济学和政治学的角度，深入地研究了工业化对组织结构的影响。他在《社会组织与经济组织的理论》中提出了理想行政组织理论体系，其核心是通过职务或职位来管理组织活动。韦伯被人们称为“行政组织理论之父”。

韦伯的管理思想的主要内容包括以下几点。

(1)权力体系。权力作为组织的基础，有利于建立秩序和实现组织目标。理想的行政组织模式是在理性与法规的基础上确立组织成员的职位、职权和责任，明确组织的纪律性、稳定性等，强化组织的高效化。

(2)职位分类，权力分层。组织成员按职务和权力等级进行安排，形成一个自上而下的等级严密的组织系统和指挥体系。

(3)明确义务。明文规定组织中的每一个成员的权利和义务。组织中的全部活动可以划分为各种基本作业，并作为任务分配给成员。

(4)理性原则。组织中人与人的关系应完全以理性原则而非以个人情感关系为指导。

韦伯注重组织的规则性、权威性与强制性，力图为社会发展提供一种高效率的具有连续性、纪律性、可靠性的管理体制；同时，他也对组织中的合法权利进行了精辟的分析，明确而系统地指出理想的组织应以合理、合法的权力为基础，这样才能有效地维系组织的连续性并实现组织目标。他认为，理想的行政组织体系应既符合理性，又符合法规。

从总体上看，管理理论初创时期，管理学家的研究领域各有侧重。泰勒是科学管理学派的代表，注重从生产技术方面研究管理学，而法约尔、韦伯是组织管理理论的创立者。他们的共同特点是强调管理的科学化、标准化，注重正式组织的作用。他们的理论广泛地运用于管理实践，对提高管理效率和劳动生产率起到了显著的作用，从而推动了生产力的发展。这三位先驱的理论奠定了现代管理学的基础，对当今社会有着深远的影响。

(二)行为科学理论

20 世纪 20 年代，新技术广泛应用于工业生产，社会化大生产程度进一步提高，劳资矛盾进一步加剧，古典管理理论重物轻人、强调严格管理的思想已不能适应新形势的要求，以梅奥为代表的管理学家注重从人的行为及行为产生的动机等方面进行分析、研究，以便调节人际关系，提高劳动生产率。管理理论发展进入第二阶段，即行为科学理论时期，这一时期也被称为管理理论成长时期。

1. 人际关系理论

梅奥是早期的行为科学理论即人际关系理论的代表人物。梅奥是哈佛大学教授，从 1924 年至 1932 年在芝加哥西方电气公司霍桑工厂进行了八年的试验，即著名的“霍桑试验”。“霍桑试验”分为两个阶段：1924—1927 年是第一阶段，开展照明试验，主要研究物理因素对劳动生产率的影响；1928—1932 年是第二阶段，开展福利试验、访谈试验、群体试验，主要研究生理因素、经济因素和社会心理因素对劳动生产率的影响。通过霍桑试验，梅奥提出了人际关系理论。他的代表作为《工业文明中人的问题》。

梅奥的主要思想包括以下几个方面。

(1)人是“社会人”。古典管理理论把人看作“经济人”，甚至是“工具人”“机械人”，梅奥却提出了“社会人”的观点。他认为，除了工资报酬、工作条件等经济因素、物理因素会影响劳动生产率外，更重要的是社会心理方面的引导，正确的引导可以使人与人之间更好地合作并提高劳动生产率。

(2)正式组织与非正式组织。梅奥认为在正式组织中存在着非正式组织。在组织中除了组织机构、方针、政策、规划、章程等组织管理体系外，还会形成一个由共同的情感构成的体系，这就是所谓的非正式组织，这种非正式组织可以满足人的情感、社会心理等方面的需要，对人的行为有很大的影响。正式组织与非正式组织相互依存，并对劳动生产率的提高有很大影响。

(3)人际关系理论。建立良好的人际关系的能力是一种新的领导能力。梅奥提出通过满足职工的需求来提高职工的士气，从而达到提高劳动生产率的目的。除此之外，管理者还要具有与非正式组织打交道的能力，正确引导非正式组织认同正式组织的文化、传统、制度，形成共识与凝集力。

梅奥的人际关系理论开辟了管理的社会心理研究新领域，把人看作“社会人”，坚持以人为中心的管理方式，改变了古典管理理论以物为中心的管理方式，通过满足人的情感、社会心理等方面的需要，发挥非正式组织的作用。人际关系理论弥补了古典管理理论的不足，解决了劳资矛盾，进一步提高了劳动生产率。

2. 行为科学学派的主要理论

梅奥创立了人际关系理论后，管理学研究进入一个新的时期——行为科学理论时期。学者开始关注人的行为及其产生的原因，主要包括人的本性、需要、动机等。行为科学理论认为行为产生的动机是人的需要，因此调动人的积极性、提高劳动生产率的关键是满足其需要。这就是行为科学的需要、动机、行为激励理论，由此对人性与管理展开研究。

1）需求层次理论

马斯洛，美国心理学家，代表作是《动机与人格》。他认为人的一切行为都是由需求引起的，当人们为了满足自己的需求而行动时，需求就转化为行动的动机。人的需求是有层次和顺序的，从低级到高级依次为生理需求、安全需求、社会需求、尊敬的需求、自我实现的需求，低级层次的需求得到满足后，才会出现高级层次的需求；越是低级的需求，对人的动机的作用就越强，因此要优先满足低级层次的需求。

管理者要善于了解并满足员工合理的物质需求，并激发员工的精神需求，协调人际关系，增强员工的凝聚力，有效调动人的积极性，从而提高劳动生产率。

2）双因素理论

赫茨伯格，美国心理学家，双因素理论的创始人。他认为有两类因素影响人的工作动机：一类是保健因素，是包括工资、工作条件、同事关系等有关工作环境或工作关系等方面的因素，如果这些因素得不到满足，职工就会不满意，从而难以维持正常的工作状态，不过，这类因素不能直接起到激励职工的作用；另一类是激励因素，是包括成就、上级赞赏、责任等有关工作本身或工作内容等方面的因素，这类因素能真正激励职工的工作动机。

3）X-Y 理论

麦格雷戈，美国著名的社会心理学家、行为科学家，人性假设理论的创始人。他在《企业的人性方面》一书中提出了有名的 X-Y 理论。

麦格雷戈把基于“经济人”“社会人”假设的传统管理理论称为 X 理论，其要点是：一般人的天性都是好逸恶劳的，只要可能，人就会设法逃避工作；人几乎没有什么进取心，不愿承担责任，宁愿被别人领导；人天生就反对变革，把安全看得高于一切；要使人真正地想干活，就必须采取严格的控制措施并不断地施加压力。

麦格雷戈把建立在人性和人的行为动机基础上的新理论称为 Y 理论，其要点是：一般人并非天生厌恶工作，只要条件适当，人不但愿意工作，而且会主动承担责任；追求个人目标与实现组织的目标并不矛盾，只要管理者领导有方，人就会处理好个人与组织的关系；人在工作中，为了实现目标，是能够自我调节、自我控制的；人有丰富的想象力和创造力，也愿意发挥出来，一般人仅仅利用了一部分智慧和潜能。Y 理论是一种乐观主义的管理思想，是激发人的动机和热情所必需的，同时，Y 理论也是一种过于理想化的管理思想，在实际工作中难免会遇到困难与挫折，面临失败。

行为科学理论最大的贡献是以人为中心来研究管理问题，这是管理学发展的一个重大演变。行为科学理论还探讨了不同的领导方式对管理效能的影响，并提出要把关心人与关心工作结合起来。

（三）现代科学理论

第二次世界大战后，西方现代管理理论进入第三个发展阶段——现代科学理论时期。这一时期出现了各种不同的管理学派的理论。随着社会生产力的发展和科学技术的进步，社会学、系统科学、电子计算机等技术不断引入并广泛地应用于管理领域，逐渐形成不同学派的管理理论。

1. 社会系统学派的理论

以美国的巴纳德为代表的社会系统学派认为，系统是由各种要素有机结合在一起组成的，组织就是一个执行特定任务、实现特定目标的系统。人的相互关系就是一个社会系统，它是人的意见、力量、愿望以及思想等方面的一种合作关系，管理人员的作用就是围绕物质的、生物的和社会的因素去适应总的合作系统。系统既是统一的，又是开放的。系统的各部分既相互独立，又相互联系、相互作用、相互制约，系统同时与外部环境相互作用。巴纳德是社会系统学派最早的代表人物。

2. 管理过程学派的理论

管理过程学派最初的代表人物是法约尔。管理过程学派认为管理是一个过程，管理人员在管理活动中通过计划、组织、领导、控制等职能，让组织内部的人和自己一起去实现既定的目标。管理是一个循环的过程，从计划到控制，再从控制到计划，是连续性的循环过程，其中，控制职能的任务是确保组织目标的实现。

3. 决策理论学派的理论

美国的西蒙是决策理论学派的主要代表人物。西蒙提出决策过程包括四个阶段：收集资料、拟订方案、选定方案、评价方案。管理者首先必须调查研究，分析各种资料，然后据此寻找解决问题的各种途径，拟订可能的行动方案，在此基础上，运用各种技术对方案做比较，确定最优方案，最终付诸实施并组织评价。这四个阶段中的每一个阶段本身也是一个复杂的决策过程。

西蒙认为，制订计划就是决策，组织、领导和控制也都离不开决策，组织成败的关键不是资源与技术问题，而是战略决策问题，决策是管理的核心。

4. 权变理论学派的理论

权变理论学派的代表人物有卢桑斯、菲德勒等。卢桑斯在《管理导论：一种权变学》一书中系统地概括了权变管理理论。权变管理理论是一种比较新的管理思想。该理论认为在企业管理中，由于企业内、外部环境复杂多变，管理者必须根据企业环境的变化随机应变，没有一成不变、普遍适用的“最佳”的管理理论和方法。权变管理理论的核心内容是环境变量与管理变量之间的函数关系是权变关系。该理论要求管理者根据组织的实际情况来选择最适合的管理方式。

5. Z 理论

Z 理论是美籍日本人威廉·大内在《Z 理论》一书中提出来的。Z 理论是在对日、美两国的一些典型企业进行长期的比较研究后提出的管理思想。威廉·大内指出人既非绝对好，又非绝对坏，人既有人性的一面，又有非人性的一面，因此在管理过程中应强制与民主共用，物质激励与精神激励结合，奖赏与惩罚并行。Z 理论强调企业与职工的利益是一致的，两者的积极性可以融为一体，因此，在管理上要上下结合制定策略，鼓励职工创造性地而不是机械地执行上级命令。

6. 管理文化研究

20 世纪 70 年代末以来，管理研究出现了新的进展。德鲁克提出，管理不仅是一门学科，还是一种文化，它有自己的价值观、信仰、工具和语言。人们发现，不同国家、地区、组织运用相同的管理制度及管理技术，会产生不同的结果，其背后的原因是“文化的限制”，因此管理是一种文化现象。于是，人们把管理和政治、经济、教育、风俗习惯等文化现象联系起来，从文化的视角来考察和研究管理，认为文化也是一种管理手段，管理效率依赖于价值系统、管理哲学等文化变量。

管理成功的秘诀之一在于组织文化，即组织的理性价值观。这是一个组织成员共同认同的思想与行为准则，是组织生存的基础，也是组织发展的动力与灵魂。

管理文化研究是在更高的层次上将古典管理理论与行为科学理论两种理论统一起来，将管理置于文化大背景中进行深层次的透视，因此有助于整体把握和全面认识管理的结构与性质。

综上所述，管理理论随着人们对管理现象认识的深化，正在逐步走向成熟，并将对管理实践产生更大的影响，从而适应社会化大生产的需要，并有效推动经济的迅速发展。

第二节　教育管理与学前教育管理

一、教育管理

（一）教育管理学产生的原因

作为一门学科，教育管理学产生于20世纪初的美国，标志是一批教育管理著作的问世。1908年，杜顿和斯奈登合著了《美国公共教育管理》一书，学术界一般认为该书的问世是教育管理学正式诞生的标志。管理是对社会组织而言的。自从人类文明出现以来，就出现了有组织的教育，就有了教育管理。因此，教育管理学的产生和发展，是建立在一定的基础上的。

1. 教育事业自身发展的需要

随着人们对教育要求的不断提高，教育事业的飞速发展为教育管理学的产生奠定了基础，也在很大程度上推动了教育管理理论的持续发展。最为显著的变化就是教育管理理论的方法论意识和密切联系实际的做法切实得到了强化和提升。

教育作为一种社会事业，在其生存和发展的过程中，我们必须处理好两方面的关系：一是教育同外部环境的关系，其中包括自然环境和社会环境；二是教育事业内部各个因素之间的关系。工业革命以后，西方国家经历了工业化、都市化、市场化、世俗化、教育普及化、法制化的过程，教育由“私人”的事情变成社会公共事业的一部分，政府有责任对教育事业进行统筹规划和资源配置，以满足社会和人民对教育的需求。这就要求对教育事业发展的规模、速度、类型、结构、布局、质量、效益等问题进行研究。教育事业内部也存在着质量、效益、秩序以及人际关系等问题。这些问题都需要通过科学研究的方法，在理论和实际相结合的基础上给出答案。教育事业的改革和发展呼唤着教育管理理论的产生。

2. 科学技术的进步为教育管理理论的产生提供了可能性

由于科学技术的进步，人类逐渐掌握了认识世界和自我，以及改造世界和自我的工具。在学校教育管理领域中，许多教育工作者把调查、统计、测量、评价、预测、诊断、实验、预算之类的理论和方法应用到中小学教育管理中。如果没有现代数学、现代物理学、现代心理学、现代经济学、现代社会学所提供的认识工具和科学方法，教育管理的现代化、科学化是不可能实现的。所以说，现代科学技术的发展为教育管理理论的产生提供了可能性。美国学者杜顿曾采用科学的方法确定各个学校的办学水平，并给予不同的奖励，结果使一个落后地区的教育变得比较先进。为了解决普及教育中的流生和厌学问题，在20世纪初，美国纽约市的教育行政部门聘请了一批教育学家、心理学家和社会学家到学校去帮助解决此类问题，他们采用的也是科学的方法，同样获得了比较好的效果。

3. 企业管理理论和方法推动了教育管理理论的发展

社会存在的基础是经济，因此，经济领域的任何变化都会或多或少地对其他领域产生影响。管理学家们认为，20世纪不仅是科学技术飞速发展的时期，同时也是管理科学取得辉煌成就的时期。无论是管理理论、管理方法，还是管理手段，都发生了巨大变化。人们在赞美管理方法为经济发展做出巨大贡献的同时，也把管理的一般原理应用到其他领域，特别是非生产性的领域。教育学家也试图把企业管理的理论与方法移植到教育管理之中。从本质上讲，教育和经济是两个性质完全不同的领域，教育规律和经济规律是相互不可替代的，但是，以物质生产为主的企业和以精神生产为主的学校又有相互借鉴的地方。现在教育管理中广泛采用的目标管理、质量管理、校园文化管理和人的行为管理都借鉴了企业管理的理论和方法。现代企业管理理论和方法对教育管理产生了很大的影响，推动了现代教育管理理论的发展。

(二)教育管理的概念

教育这种社会现象，涉及对各级各类教育机构的管理。教育管理是教育行政人员与管理人员遵照一定的教育方针、政策，利用各种管理手段，通过组织、指挥、协调各方面教育人员的活动，以有效利用各种教育资源，优质、高效地完成国家下达的教育任务，实现国家所规定的培养目标，从而促进社会发展所进行的各种职能活动。教育资源能否很好地发挥作用，提高教育质量，实现培养目标，关键在于管理。有效的管理能把组织中有限的人、财、物等资源合理地加以组织和利用，从而保证教育质量的提高，实现预期的教育培养目标。

(三)教育管理思想

1. 施太因的教育管理思想

施太因是近代历史上最早用行政学、法学理论研究教育管理的人，是德国著名的行政学家和法学家。施太因的《管理学》是首次应用行政学、法学理论研究教育管理的书籍。施太因研究教育管理是从解决社会上的不平等现象出发的，其基本理论包括以下几个方面的内容。

(1)现代文明的发展使得教育从私人的事务变为社会公共事务。

(2)教育行政是国家内务行政的一部分，是属于精神生活的行政。

(3)要想消除社会财富不公平的现象，必须先消除精神财富不公平的现象，国家是代表公众利益的行政主体，只有当国家干预教育时，才能改变教育中的不平等现象，让广大穷苦家庭的孩子接受教育。

(4)国家要通过法律来干预教育，依法治教。

这是当时的改良主义思想在教育上的反映。施太因提出的教育行政的法律适应性在原则上对教育管理学的发展是有积极意义的。

2. 杜顿和斯奈登的教育管理思想

杜顿和斯奈登的教育管理思想强调管理的效果，注重学校管理的合理化和有效性。杜顿和斯奈登的教育管理思想与当时在美国非常流行的科学管理理论相适应，是企业管理理论在教育上的应用。

二、学前教育管理

学前教育管理是社会管理的一个组成部分，它遵循管理的一般规律。学前教育管理既有一般管理的共性，也有自己的个性，这是由学前教育事业的构成主体的特殊性所决定的。

(一)学前教育管理的必要性

学前教育既是培养社会所需要的合格人才的基础环节，对幼儿的身心健康、习惯的养成、智力的发展具有重要意义，又是关系到千家万户的民生工程，对广大家长的工作和生活有直接的影响，因此有必要加强学前教育管理。

1. 顶层设计,确保学前教育健康发展

中华人民共和国成立以来,国家采取了一系列政策,促进了学前教育事业的发展,但也留下了一些问题。20 世纪 90 年代提出的“学前教育社会化”,使得公立幼儿园的数量锐减,导致了适龄幼儿“入园难和入园贵”的现状。究其原因,根源在于决策者和广大社会人士的儿童教育观念、教育管理观念出现了偏差。随着国家经济的高速发展和人民生活水平的提高,社会大众对高质量的学前教育的需求日益增加,经济发展也为扩大学前教育规模提供了可能。近些年来,国家出台了促进学前教育事业发展的政策、法规、规划,科学布局,加大投入,加强组织和管理,确保学前教育健康发展。学前教育事业的“顶层设计”需要决策者拥有正确而稳定的儿童教育观念和教育管理观念,遵循儿童教育规律和教育管理规律办事,追求决策的科学性和民主性,避免走弯路,引导学前教育事业持久、健康地发展。

2. 科学规划,合理布局,满足社会对学前教育的基本需求

我国幼儿园总量不足,广大城乡地区幼儿园的布局也极不均衡。在城市,新建幼儿园难度大,而旧的幼儿园名额有限,也缺乏扩展空间。在农村地区,幼儿园数量与需求之间的矛盾更加突出。

教育行政机关应主动调查研究,掌握本辖区内幼儿园的第一手材料,借鉴国内外经验,科学规划,合理布局,主动且有计划地使用公共财政经费或引导公民个人投资兴办合格的幼儿园,满足人民群众对学前教育的基本需求。

3. 合理配置学前教育资源,促进城乡学前教育的协调发展

“积极发展学前教育,到 2020 年,普及学前一年教育,基本普及学前两年教育,有条件的地区普及学前三年教育。”[①]然而我国人口众多,长期以来政府投入不足,学前教育资源短缺,导致幼儿园数量不够、合格师资匮乏、教育教学条件参差不齐等问题。面对这种现状,要实现国家对学前教育发展的中长期目标,必须通过良好的管理,合理配置有限的资源,促进农村学前教育的快速发展和城乡学前教育的协调发展,使其最大限度地为广大乡村和城市的幼儿服务。为此,国家要采取新增教育经费向幼儿教育,尤其是向农村幼儿教育倾斜,增加公办示范幼儿园数量,合理规划小区幼儿园,大规模培训农村幼儿教师,利用中小学学校布局调整后富余的校舍来兴办乡村中心幼儿园,培训中小学教师转岗成为幼儿园教师等一系列积极措施。总之,当前阶段要通过合理配置学前教育资源促进城乡学前教育的协调发展。

4. 加强师资队伍建设,培养优质的幼儿教师队伍

我国有多种教育机构可以培养合格的幼儿教师,例如综合类大学和师范类院校的学前教育学院、学前教育系,专门培养幼儿教师的高等专科学校、幼儿师范学校等。这些教育机构一方面要努力创造条件,提高人才培养质量,为学前教育事业输送一批批合格的幼儿教师,另一方面要加强职后培训,提升在职幼儿教师的职业素质与能力。政府和社会要积极提高幼儿教师的待遇,吸引优质生源选择学前教育类的专业和学校。教育行政部门要科学规划和安排幼儿师资,既保持幼儿园的可持续发展,也满足一线城乡幼儿园对师资的需求。

5. 加强园本管理,保障幼儿教育质量

我国现有 18 万多所幼儿园,办园水平、教育质量、师资队伍、硬件条件等参差不齐。每一个幼儿园园长一定要意识到自己肩负的使命,树立正确的管理观念,运用适宜的管理手段和方法,带领全园教职工精心地保育和教育幼儿,保障幼儿的安全和健康,促进幼儿身心健康发展。

除了上述几点外,学前教育管理的必要性,还包括其他一些理由,如更好地帮助广大幼儿教师获得生存和发展的条件,帮助幼儿教师在专业成长的道路上走得更顺畅,更好地实现其人生价值等。

---

① 中华人民共和国教育部:《国家中长期教育改革和发展规划纲要(2010—2020 年)》。

【案例分析】

园长正在办公室里，一位家长敲门而入，开门见山地责问园长：“园长，你们幼儿园的老师怎么回事，罚我儿子半天不能玩！这么小的孩子不玩，那还能干啥？亏你们幼儿园还是一级一类幼儿园呢！”园长一听，愣了，幼儿园里可从来没发生过这样的事情，心想其中是不是有误会呢。园长见家长正在气头上，于是递给她一杯水，请她坐下，让她先消消气，把事情的原委说清楚。家长告诉园长：“昨天，我接孩子回家，问孩子昨天玩得怎么样，孩子说老师让他半天不能玩。园长，我的孩子也就3岁10个月，哪能半天不玩呢？”园长说：“我先了解情况，一定给您一个满意的答复。”园长找到小(2)班的王老师询问此事。王老师着急地向园长解释：“园长，是这样的，明明昨天淘气，我就对他说：‘明明，你再淘气的话，老师就让你半天不能玩。’但我只是让他安静地待了一分钟，并没有真正让他半天不能玩。”保育员也向园长证实王老师所说的情况属实。园长听明白了，原来是小班孩子时间观念差，不能正确理解老师的话，所以引起了家长对老师的误会。园长将事情的真相告诉了家长，并且向家长道歉，家长反而不好意思了，一直说：“看来我得去学学儿童心理学了，谢谢园长！”事后，园长找到王老师，没有批评她，而是与她一起探讨教育的技巧，并建议她第二天主动向家长道歉。

分析与思考

这个案例涉及幼儿园园长工作、教师工作、家长工作的开展。案例中的园长在解决问题时的表现是比较妥当的。

一方面，园长对待家长的态度和行为得当。当家长怒气冲冲地对教师工作表示不满时，园长没有与家长针锋相对，避免了矛盾的激化，也没有推卸责任，对家长爱理不理，而是先稳住局面，弄清情况，进而消除误会，并主动道歉。可见，园长对幼儿园的性质和任务认识得非常清楚，能够真正地把家长当作幼儿园服务的对象，积极、主动地成为家长和教师沟通的桥梁。家长既是幼儿园服务的对象，又是幼儿园工作的合作者、监督者和评价者。家长到幼儿园不只是听幼儿园的要求，了解幼儿在幼儿园的表现，还有权利对幼儿园的工作发表意见，提出建议。园长和教师应虚心地接受家长的批评，听取家长的意见。同时，作为公益性服务机构，教育好幼儿、服务于家长是幼儿园的任务，其中，教育好幼儿是基础和主导，幼儿园也正是通过教育好幼儿为家长服务的。家长毕竟不是专业的教育人员，并不完全了解幼儿的心理发展规律、特点及正确的教育方法，他们的教育观念可能不正确，当他们在教育工作方面有疑惑及要求时，有时会不太冷静，过于急躁、片面，提出的意见、要求可能不太合理，这时园长和教师应理解、包容家长，等家长冷静下来后，再向家长摆事实、讲道理，介绍国家的教育方针，引导他们树立正确的教育观念，还可以有意识地为他们讲授相关的育儿知识等。如果家长提出的意见、要求合理可行，园长和教师就应积极地采纳，并采取有效的改进措施。

另一方面，园长对教师的态度和行为正确。当家长反映教师工作的不足之处时，园长不是武断地否定教师，而是尊重、信任教师，深入实际，调查了解，给教师解释说明的机会，维护了教师的自尊心，使事情真相大白，同时又从中及时发现了教育工作中存在的问题。人是社会中的一员，生活在团体或组织中，都有被尊重、被承认的需要，这会直接影响其在团体、组织中的工作积极性。满足教师被尊重、被理解的需要，充分调动教师的工作积极性是幼儿园管理者必须重视的一个方面。

(二)学前教育管理的含义

这里所界定的“学前教育管理”的概念，主要是针对学前教育事业普遍的管理事实进行判断和描述的，也就是从理论层面来进行阐述的。那么，学前教育管理是指什么呢？

学前教育管理是学前教育行政人员和托幼机构管理者，按照学前教育规律，根据保教结合的原则，采用科学的工作方式，以有效运用人、财、物等各种学前教育资源，充分发挥各因素的潜力，优质、高效地实现学前教育事业发展的社会效益目标和幼儿教育培养质量目标的活动过程。前者是指国家和地方政府对辖区内学前教育事业的立法、规划、组织、督导等管理；后者则是指托幼机构的日常性管理。

学前教育管理的这两大类别的管理活动是密切联系的。国家和地方政府的行政管理导向，规定和制约着幼儿园的管理方向和主要特征，而在一定的学前教育管理的大背景中，幼儿园管理的实际状况也会反馈到学前教育行政管理部门，从而影响行政管理的变革。

（三）学前教育管理的独特性

随着社会经济的发展，我国学前教育事业的发展非常迅速，业界对学前教育的独特性也更加关注，是否充分认识到学前教育的独特性，直接关系到我国素质教育的发展。在新形势下，对学前教育的社会功能及性质进行深入的探讨，是推动我国学前教育健康发展的必然要求。学前教育与社会生活的联系非常密切，同时，学前教育与体制化学校教育有很大的不同，因此，学前教育管理具有其自身的特点。①

1. 任务独特

学前教育的任务是教育幼儿、保教合一及服务家长，这和其他阶段的教育是完全不同的。首先，学前教育属于我国学校教育的一部分，但是学前教育与中小学学校教育又有明显的区别。由于幼儿年龄比较小，其发展的特殊性决定了学前教育的特殊性。幼儿园的幼儿，从严格意义上来讲，不能称为学生，学生主要存在于制度化、组织化和体制化的学校教育中，而学前教育在这些方面有较大的差异。幼儿园的教师，不仅要教育幼儿，还要保育幼儿，在日常教学中，主要以游戏和生活为主，从幼儿的天性出发，设置多样化的活动。其次，托幼机构并不是单独的教育性机构，其重要的特点之一就是服务性，也就是服务于家长。各类幼儿园都具有教育和保育的双重任务，这也是学前教育的特殊性的表现。在管理方面，尽管保育幼儿属于社会公共事务的一部分，但是家庭在幼儿成长过程中的作用是任何托幼机构都取代不了的。托幼机构的管理主要是从学前教育的服务性和福利性出发，为社区及家庭提供多样化的服务。

2. 发展思路独特

目前，我国政府鼓励各方力量兴办托幼机构，以满足社会的不同需求。这也使得我国托幼机构的经费来源多样，在管理的过程中也需要多元化的管理思路。在世界上的很多国家中，其财政支出都倾向于社会弱势群体及低收入家庭，政府不但会资助公立幼儿园，而且会对私立幼儿园给予一定的补助。在我国，当前的幼儿教育不属于义务教育的范畴。从 20 世纪 80 年代开始，国家就提出了动员社会各方面的力量发展幼儿教育的战略方针，直到今天依然需要调动社会各方面的力量，根据不同地域的不同需求，兴办多元化的幼儿教育机构。现阶段，重点是要突破城市正规化及本位倾向，实事求是地为幼儿教育的发展营造有利的政策环境。我国的学前教育要想在当前的基础上取得更大的发展，就需要通过改革创新的方式对制度进行创新，在最必要和最基本的地方加大投入。政府也要加大财政投入，尤其是要多向社会弱势群体和农村倾斜。由于农村经济发展缓慢，幼儿接受学前教育的困难比较大，所以政府应该发挥自身的职能，通过政策扶持来为广大农村幼儿提供接受学前教育的机会，维护教育的公平性。

3. 管理体制独特

学前教育是全社会的事业，因此要尽可能地争取到社会的广泛参与与支持，对各部门要综合协调，实施社会化管理。与一般的学校教育管理不同，学前教育管理具有社会性、福利性、公益性等性质，也就是说，仅仅依靠教育行政部门对其进行管理是无法实现学前教育的本质化发展的，需要将社会化管理与行业化管理有机地结合在一起，综合管理，对不同的社会力量进行协调，促进学前教育的发展。目前，我国学前教育管理主要采取的是“地方负责，分级管理，有关部门分工负责”的管理方法。教育行政部门作为主管部门，应该和相关的民政、卫生及妇联等部门定期进行联系，落实相应的制度。由于国外诸多国家在

① 薛玉萍：《学前教育及其管理特殊性的再认识》，《教师》，2014 年第 9 期。

学前教育行政管理方面取得了较好的效果，经验丰富，因此我国学前教育行政管理应该借鉴国外先进的管理经验，对不同部门实施综合管理。由于学前教育和社区发展的关系比较密切，所以基层社区也应对学前教育管理职能的发挥进行探索。

学前教育是一个国家的教育发展的基础，我国的学前教育目前正处于转型时期，具有发展的契机，因此对学前教育的性质和功能，以及学前教育管理的特殊性进行探讨是非常有必要的，只有对这些问题有一个清晰的认识以后，才能确定学前教育发展的正确路径与方向，从根本上推动我国学前教育事业的长远发展。

(四)学前教育管理的内容和形式

学前教育管理作为一个系统，可以划分为若干个子系统，这些子系统既是学前教育管理的内容，也是研究学前教育管理需要面临的问题。下面主要讲述学前教育管理的内容与形式。

1. 学前教育管理的内容

关于学前教育管理的内容，可以从管理主体、管理对象和管理机构等不同的角度出发进行分析。

按照管理主体，学前教育管理可分为国家学前教育行政管理，地方学前教育行政管理，以及学校、幼儿园管理三类，详述如下。

(1)国家学前教育行政管理的主体是国家政府和教育主管部门(一般称为教育部)。教育部作为国家政府的一个职能部门，代表党和国家对全国的教育事业进行管理。学前教育作为教育事业的一个组成部分，接受教育部的管理和指导。

(2)地方学前教育行政管理的主体是各省、市、地区政府与教育主管部门，一般设有教育厅、教育局作为地方政府的职能部门，代表省、市、地区对地方的教育事业进行管理。我国由于社会、经济、文化发展极不均衡，地方教育行政在学前教育管理领域的调控和管理，既有共性，也有差异，这是我国学前教育管理体制的必然反映。

(3)学校、幼儿园管理，指幼儿师范学校和幼儿园等具体机构中的管理内容。幼儿师范学校管理的理念和一系列内容、原则、方法等，受一般的教育管理学和学校管理学理论的指导。幼儿园则与一般的学校有很大的差异，其管理思路和管理方法有很大的特殊性，需要遵循幼儿教育的特殊规律，按照保教结合的原则开展管理活动。

从管理对象来看，学前教育管理涉及人、财、物、事、时间、空间、信息等。幼儿园常规的事务管理包括办园体制管理、制度管理、卫生保健管理、安全管理、教育管理(包含课程管理、游戏管理等)、总务后勤管理、社区与家长工作管理等。

从管理机构来看，学前教育管理的内容包括组织管理、环境管理、资源管理、过程管理四个方面，详述如下。

(1)组织管理是指按照科学性的原则，合理设置幼儿园的机构层级，建设幼儿园的组织运行制度，做到层级清晰，系统完备，切合实际，制度健全。

(2)环境管理分为外部环境管理和内部环境管理、物质环境管理和精神环境管理等。幼儿园对内既要创造良好的物质环境，也要形成健康向上的精神环境；对外需要处理好与社区、家庭的关系，形成良好的教育环境。

(3)资源管理实质上是对组织资源进行合理配置和高效使用的过程，要充分利用时间和机遇，用好人、财、物、信息等，发挥资源的最大价值。人力资源是幼儿园最宝贵的资源，要把合适的人放到合适的岗位上。

(4)幼儿园管理都是根据时间流程来进行的，体现为一定的管理过程，该过程包括计划、执行、检查和总结等环节。将幼儿园管理过程的每一个环节控制好，是取得良好的管理效果的保证。

2. 学前教育管理的形式

学前教育管理从产生的时间、管理者的态度和管理的着眼点等不同角度出发，可划分为既有差别，又有联系的管理形式。

从产生的时间来划分，学前教育管理可以划分为经验管理、行政管理、科学管理等形式，详述如下。

(1)经验管理是指依靠管理者自身的经验、才能、智慧等对组织实行的管理。人类最早的管理实践就是经验管理。经验管理具有灵活性和适用性强等优点，但经验管理的成败主要取决于管理者个人的思想、品质和素养，所以经验管理的个性化色彩很浓，管理效果不稳定，不适合现代社会组织的管理需求。中国"幼教之父"陈鹤琴先生于1923年在南京创办鼓楼幼稚园，将自己的教育思想运用在该幼稚园中，自任园长，亲自管理，最终创立了完整的中国化的幼儿教育体系。

(2)行政管理有广义和狭义之分。广义的行政管理是指管理者运用权力对组织所进行的管理；狭义的行政管理是指国家行政机关对社会公共事务的管理。行政管理以权力为核心，自上而下地进行管理，具有优质、高效的特点，但行政管理由于受到权力的制约，不灵活，也不利于调动下属的积极性和创造性。从学前教育管理的发展进程来看，国家和各级行政机关担负起了对学前教育管理的责任，国家颁布法令，推行政策来规范学前教育行业。从20世纪50年代至80年代中期，我国学前教育行政机关实行垂直、统一的管理体制，全国统一课程、教材，家长就近送孩子入园，收费标准由主办单位制定，幼儿园也都是公立的，工作人员基本上是在编人员，幼儿园实行自上而下的分层级管理体制。改革开放以后，学前教育开始了社会化的探索，形成了以公办幼儿园为骨干和示范，以社会力量兴办的幼儿园为主体的办园格局，民办幼儿园快速发展，并在数量上超过公办幼儿园，成为学前教育的主力军。政府发展学前教育的职责也出现了不同程度的弱化。很长一段时间，政府主要对公办幼儿园负责，民办幼儿园的发展则交由市场负责。政府责任长期不明确，主要原因是对学前教育的公益性认识不足，这也是导致近些年"入园难、入园贵"的根本原因。强化政府的主导职能，构建政府、市场、社会共同参与的新型管理方式，充分运用多种政策工具和调控手段，改善学前教育的服务方式，建立起规划、立法、管理、指导、评估、监督等不同职能合理搭配的政府主导学前教育事业的发展模式，是未来我国学前教育改革发展的必由之路。①

(3)科学管理指运用科学方法开展的管理，包括运用现代技术收集信息、预测结果、确定目标、统筹分配资源等。科学管理采用科学化和标准化的方式方法，具有优质、高效的特点，但是忽视了人本关怀。改革开放以后，学前教育行业的市场竞争日益激烈，管理者创新管理观念和方式，提倡科学管理幼儿园，积极地运用现代管理理论来指导管理工作，因地制宜地探索有效的管理途径。

从管理者的态度来区分，学前教育管理主要有维持型管理和发展型管理两种形式。维持型管理安于现状，定位于采用熟悉的思路安全地运行。发展型管理则不满足于现状，主动地利用时机寻求改变。至于采用哪种管理形式，需要因时、因事、因地、因人综合选择，适合幼儿园的就是好的。

从管理的着眼点来区分，学前教育管理可以分为人本管理、目标管理、过程管理、质量管理，详述如下。

(1)人本管理是一种认识到人在社会经济活动中的作用，坚持以人为本，突出人在管理中的地位和作用的管理形式。人本管理可以充分发挥人的主动性与创造性。

(2)目标管理是一种以目标为导向，以人为中心，以成果为标准，使组织和个人取得最佳业绩的现代管理形式。

(3)过程管理是一种通过对管理过程中的每个节点进行质量控制，从而实现目标的管理形式。强调过程管理，有利于纠正管理中可能出现的只重视结果而不重视过程的现象。由于教育的周期性，重视过程管理是实现教育目标的重要保证。

(4)质量管理，也称全面质量管理，是指一个组织以质量为中心，以全员参与为基础，力争使服务对象

---

① 郑子莹：《我国学前教育改革发展的基本路向》，《光明日报》，2014年5月4日。

和组织自身达到双赢，从而获得长久的生命力的管理形式。

上述几种管理形式各有侧重，最理想的对策是将它们综合地运用于学前教育管理活动中。

(五)学前教育管理学是一门新兴学科

作为教育管理学的一个分支学科，学前教育管理学与教育管理学的产生和发展有着密切的关系，因此，学前教育管理学的发展历程和教育管理学的发展历程有着极为相似的几个阶段，但学前教育管理学也存在着自身的发展特点。学前教育管理学的发展主要经历了以下几个阶段。

1. 孕育阶段(15 世纪前)

15 世纪前，学前教育思想零散地出现在各种著作之中。在中国古代就有“三岁看大，七岁看老”等谚语和《颜氏家训》[①]等著作。在西方，柏拉图《理想国》在世界上第一次提出了公共学前教育的主张[②]；亚里士多德是世界上第一个提出要根据年龄对儿童进行分期教育的教育家，他主张“教育遵循自然”[③]。

2. 萌芽阶段(15 世纪至 18 世纪中期)

该阶段出现了一系列著作，如捷克教育家夸美纽斯的《大教学论》[④]、英国教育家洛克的《教育漫话》[⑤]、法国启蒙思想家卢梭的《爱弥儿》[⑥]、瑞士教育家裴斯泰洛齐的《林哈德与葛杜德》[⑦]和德国教育家赫尔巴特的《普通教育学》[⑧]等。萌芽阶段的学前教育理论具有以下几个基本特征。

(1)尊重儿童，强调发展儿童的个性。

(2)主张教育必须“适应儿童”。

(3)系统地提出了家庭教育的完整体系。

(4)重视让儿童主动参加活动。

3. 初创阶段(18 世纪后期至 20 世纪中期)

在这一阶段，福禄倍尔的《人的教育》的出现使其成为“幼儿教育之父”。[⑨] 1840 年，福禄倍尔创立了世界上第一所幼儿园，其学前教育思想的主要观点包括以下几个方面。

(1)教育应当遵循儿童发展的自然规律。

(2)自我活动是儿童教育的基础。

(3)强调游戏的教育价值。

19 世纪英国著名的空想社会主义教育家罗伯特·欧文提出了性格形成学说[⑩]，强调环境对人的发展的重要作用。杜威指出了教育的本质——教育即生长，教育即生活，教育即经验的改造。[⑪] 当今美国开放式幼儿园的教学方法就是杜威教育理论的产物。意大利著名幼儿教育学家蒙台梭利于 1907 年在罗马贫民区创设“儿童之家”，其著作有《蒙台梭利方法》[⑫]等。

同一时期在中国，康有为在《大同书》中第一次提出在我国实施学前社会教育；蔡元培提出建立学前教育体系，主张让儿童的个性得到全面发展；陈鹤琴于 1923 年创办了我国最早的幼儿教育实验中心——

---

① 邵海燕：《〈颜氏家训〉的儿童早教论》，《浙江师范大学学报(社会科学版)》，1996 年第 5 期。

② 张法琨：《柏拉图〈理想国〉中的教育理论》，《教育评论》，1995 年第 5 期。

③ 李申申：《西方早期的教育心理化运动》，《心理学探新》，1989 年第 4 期。

④ 李毅：《夸美纽斯〈大教学论〉》，《山东师范大学学报(人文社会科学版)》，1985 年第 2 期。

⑤ 崔绍怀：《论洛克〈教育漫话〉的教育思想》，《长春工业大学学报(高教研究版)》，2012 年第 1 期。

⑥ 李文奎：《卢梭〈爱弥儿〉》，《山东师范大学学报(人文社会科学版)》，1985 年第 2 期。

⑦ 王佩雯：《浅论裴斯泰洛齐的教学教育思想》，《中国教师》，2014 年第 S1 期。

⑧ 王雯：《赫尔巴特的〈普通教育学〉》，《师范教育》，1991 年第 2 期。

⑨ 卢长娥，杜学元：《福禄倍尔〈人的教育〉思想对我国幼儿教育的启示》，《中国西部科技》，2004 年第 4 期。

⑩ 袁文芳：《论罗伯特·欧文的性格形成学说》，《当代教育理论与实践》，2012 年第 9 期。

⑪ 周洪宇，向宗平：《杜威教育思想在中国的传播及其影响》，《河北师范大学学报(教育科学版)》，2001 年第 2 期。

⑫ 陈懿婷：《〈蒙台梭利方法〉学前教育思想探析》，《新西部(理论版)》，2016 年第 8 期。

南京鼓楼幼稚园①；陶行知创办了我国第一所乡村幼稚园和劳工幼稚园，其办园思想是“中国化”和“平民化”。

4. 学前教育学发展的新阶段(20 世纪后期至今)

在现阶段，辩证唯物主义为学前教育学的研究提供了科学的世界观和方法论，邻近学科和科学技术的发展为学前教育学的研究提供了科学基础。心理学是学前教育学的科学基础，心理学对学前教育学的贡献表现在以下几个方面。

(1)强调早期经验和教育的重要性。

(2)强调幼儿教育应以培养健全的人格为目的。

(3)强调道德教育应顺应儿童的本性，避免教条灌输。

(4)主张给儿童创设良好的教育环境，培养儿童的创造力。

当前，国外不同的学前教育理论主要有以下几种。

(1)西方国家开放的心理学理论：儿童自己是学习的主人。

(2)行为主义心理学理论：强调外在刺激。

在我国，自十一届三中全会以来，随着改革开放的逐步深入和“十三五”规划的启动，我国的社会经济发展迈上了新的征程，教育事业的发展也迎来了前所未有的转型发展的关键时期。在教育改革和发展的大趋势下，我国先后颁布了有关幼儿教育的各项法规，明确了学前教育发展方针，建立了学前教育管理体制，促进了学前教育的大发展和规范管理。主要的政策法规包括：《幼儿园教育指导纲要(试行)》(教基〔2001〕20 号)、《幼儿园工作规程》(国家教育委员会令第 25 号)、《幼儿园管理条例》(国家教育委员会令第 4 号)、《中小学幼儿园安全管理办法》(中华人民共和国教育部令第 23 号)、《关于幼儿教育改革与发展的指导意见》(国办发〔2003〕13 号)、《3～6 岁儿童学习与发展指南》(中华人民共和国教育部 2012 年 10 月 15 日发布)、《幼儿园教师管理条例》(1995 年 12 月 12 日国务院令第 188 号)、《托儿所、幼儿园卫生保健管理办法》(1994 年 12 月 1 日中华人民共和国卫生部、国家教委发布)、《国务院关于当前发展学前教育的若干意见》(国发〔2010〕41 号)、《学生伤害事故处理办法》(中华人民共和国教育部令第 12 号)、《全日制、寄宿制幼儿园编制标准(试行)》(劳人编〔1987〕32 号)等。

(六)园本管理

1. 园本管理的含义

园本管理是一种以园所为本位的新型管理模式，其特点是园所自主经营、自主管理，教职员工积极参与园所发展的决策与管理过程。园本管理来源于校本管理。校本管理是以学校为本位的管理模式，学校成为自我管理、自主发展的独立法人实体，学校拥有管理的自主权，能创造性地适应教育目标，尤其适应学生的需要，教育管理重心下移，教职员工积极参与学校管理，从而可以提高学校管理的有效性。校本管理起源于 20 世纪 60 年代的澳大利亚，反映了西方教育管理哲学从“外控式管理”向“内控式管理”的转变。

目前，我国公办学前教育机构实行“外控式管理”和“内控式管理”相结合，逐步向“内控式管理”转变的管理模式。政府及教育职能部门对园所实行“外控式管理”，负责制定有关园所发展的重大决策；园所内部的管理则实行“内控式”的园长负责制，是一种“内控式”的决策管理，园长、教师、家长、社区等联合组成园务委员会进行集体决策。园本管理模式的最大优点是它的民主性，人人都是管理的主体，重视调动每个个体的积极性；提倡自我管理，倡导和谐的人本管理理念；通过构建完整的园所管理组织机构，确保各种制度的顺利执行。

园本管理必将成为学前教育管理的发展趋势，因为推动园所发展的力量来自园所本身。“外控式管

① 许凤霜：《近代中国“儿童公育”思想的发展与影响》，《幼儿教育(教育科学版)》，2007 年第 Z1 期。

理”的任务是教育方针的指导、教育政策的引领、学前教育资源的合理配置等，管理的核心在于把园所视为自行管理系统，致力于推行以园所为中心的教育，将教育的责任与权力转移到园所层面，从而形成独具特色、灵活有效、民主管理的园本管理模式。

2. 园本管理的内容

园本管理的内容包括园本课程、园本教研和园本管理文化等，具体内容如下。

1)园本课程

园本课程是园本管理的核心，是园所彰显自身特色的主要标志。园本课程要关注幼儿的个性差异，考虑幼儿成长的自然环境和人文环境，充分挖掘园所和当地的课程资源，与幼儿的现实生活建立联系，建设本土化、个性化、多样化的课程体系。

2)园本教研

园本教研主张课程即经验，强调情境的体验，尤其强调个性化的理解，每个教师的教研都具有不同的内容和侧重点，强调的是一种个性化的发展。园本教研是一种有别于传统教研的教师成长方式。传统教研强调的是教师对学习目标、学习结果、学习材料的把握和运用，主张课程即学科导向。

3)园本管理文化

园本管理文化是园所自身特有的，并为园所成员所认可的教育观、儿童观、价值观，以及由园所在一定时期内形成的，并为全体成员所共同遵守的行为准则和管理模式。园本管理文化的建设要充分体现其时限性和园本性，一方面，园本管理文化的形成和发展不是一蹴而就的，需要长时间的积淀，是一个长期的过程；另一方面，园本管理文化的建设需要结合本园所的实际情况和发展目标，挖掘本园所的文化底蕴，突显本园所的特色。

3. 园本管理的模式

1)“五常法”管理模式

“五常法”管理模式起源于日本，最初多用于企业管理，包含整理、整顿、清扫、清洁、自律五个方面，简称“5S”。这种管理模式传入中国以后，逐渐发展成为以常整理、常整顿、常清扫、常规范、常自律为内容的更容易被国人接受和实施的一套方法。“五常法”适用于对学前教育机构的管理。

常整理，就是对学前教育空间按照远近原则科学、合理地进行整理，将空间区分为近期有必要的与没有必要的，目的是充分利用空间；同时，常组织孩子摆放自己的衣物、学习用具等物品，培养孩子的空间意识。

常整顿就是物品管理要确定位置，依规摆放，整齐有序，使教学工作场所一目了然，大大减少甚至消除寻找物品的时间；同时，让孩子学会收拾、摆放、管理自己的物品，培养孩子的整齐意识。

常清扫就是园所要定期清扫，保持园所环境干净、美观；同时，引导孩子养成良好的卫生习惯，定期清理自己的物品等。

常规范就是制定园所管理制度并严格、认真地实施；同时，用文明礼仪培养孩子的规范意识，并形成一定的制度。

对于教职员工来说，常自律就是园所要通过宣传、培训、监督、激励等方式提高教职员工的素质，将外在的要求转化为教职员工自身的要求，使教职员工养成良好的习惯，彻底改变每个教职员工的精神面貌。对于孩子来说，常自律就是要让他们学会自我管理、独立思考，安排一定的时间让他们对一段时间内的生活和学习进行反思、自我评价等。

有学者把园所管理的“5S”管理方法拓展为“6S”管理方法，加入了安全管理的内容，重视对教职员工进行安全教育，树立“安全第一”的观念，防患于未然。

“五常法”作为一种科学、有序的常规学前教育管理模式，不仅适用于园所管理，也适用于幼儿个人管理。“五常法”管理模式能促进园所管理秩序井然、环境美观、制度健全，同时，教师和家长借鉴“五常法”管理模式也可以培养孩子的文明习惯，帮助孩子学会自理，提高自我管理能力。

2)集团化管理模式

集团化管理模式是连锁式园所在总部统一的控制和管理下运行的一种园所管理模式。连锁式园所通常有相同的名字，相同特色的建筑，统一对外发布的标语、教育理念、宣传册、课程等。集团化管理可分为两种形式：一种是总部出资建立并统一管理；另一种是特许经营，特许加盟，加盟幼儿园是一个独立的法人组织，经过特许，加盟机构须向品牌机构缴纳一定的费用，并签订协议规范双方的权利和义务，同时，品牌机构应给予加盟机构一定的技术支持，包括师资的培训、教材的开发等，以保证其符合品牌机构所要求的质量标准。集团化管理顺应了社会化大生产的趋势，通过连锁、加盟可以迅速扩张、占领市场，并扩大品牌的知名度，更快地把研发成果转化为生产力。

【本章小结】

管理是人类社会最古老、最普遍的社会现象，具有以下基本职能：计划职能、组织职能、控制职能、创新职能等。学前教育管理是社会管理的一个组成部分，它遵循管理的一般规律。学前教育管理是学前教育行政人员和托幼机构管理者，按照学前教育规律，根据保教结合的原则，采用科学的工作方式，以有效运用人、财、物等各种学前教育资源，充分发挥各因素的潜力，优质、高效地实现学前教育事业发展的社会效益目标和幼儿教育培养质量目标的活动过程。

【思考与练习】

1. 何谓学前教育管理？
2. 学前教育管理学的研究对象有哪些？
3. 为什么要研究和学习学前教育管理学？
4. 研究学前教育管理学的方法有哪些？

第二章
学前教育行政

【学习目标】

1. 掌握教育行政、学前教育行政的概念，并领会其特点和功能。
2. 了解国外学前教育行政的方式和内容，并比较其差异。
3. 熟悉我国学前教育行政的发展历程，了解当前的主要成就。
4. 理解学前教育行政对学前教育事业的影响。

【案例分析】

有一个大班幼儿特别调皮，经常欺负小朋友，有时还偷偷跑到园外玩。老师与家长联系，家长的回答是生意忙，顾不上。最后，老师只好在组织活动时搬把小椅子让他坐在门后，规定他可以不听讲，但不能随便走动。

思考

1. 该老师的做法对吗？请找出我国《幼儿园管理条例》中相关的依据。
2. 该幼儿园老师应该受到什么样的处罚？

第一节　行政与学前教育行政

“行政”一词，当前在我国得到了普遍的使用，如行政机关、行政人员、行政管理等。在教育领域，同样也有教育行政机关、教育行政人员等。那么，什么是行政呢？它与管理有哪些异同点？这是研究学前教育管理学必须面对的问题。

一、行政的含义

英文中，“管理”的名词形式为 management，动词形式为 manage，“行政”的名词形式和动词形式分别为 administration 和 administrate。行政和管理有相同的地方，也有不同的地方，行政除了管理职能外，还有引导事务之意。在国外的行政学研究中，通常从管理和政治两种不同的角度出发来研究行政，即行政有广义和狭义之分。从广义，即从管理的角度来说，行政就是对一切事务的管理和引导，适用于对一切公共团体的事务的管理和引导，并不限于对国家或各级政府的事务的管理和引导。从狭义，即从政治的角度来说，行政是指政府官员推行政府功能时的行动。最早对行政进行研究的是美国学者魏劳毕，他认为行政是政府组织对权力机构所管辖的事务的管理和引导。马克思主义认为，行政是国家的组织活动。这两种观点的共同点在于，将行政置于统治阶级治理国家事务的高度上去考察，与政治目的关系密切。

二、教育行政

(一)教育行政的概念

教育行政是指国家对教育事业的管理，具体来说，是指各级教育行政部门，为了保证教育方针的贯彻落实，依照法定的权力，代表国家意志对所管辖区域内的各项教育事业进行预测、决策、立法、督导、评估等活动。教育行政有广义与狭义之分。狭义的教育行政指政府对各项教育事业进行立法、规划、投资、督导、评估等；广义的教育行政，除了具有狭义的教育行政的内涵外，还包括学校内部的管理行为。

(二)教育行政的类型

教育行政的类型可从组织机构、层次和作用范围三个方面进行划分。从组织机构方面来看，教育行政既包括教育部门的教育行政，也包括其他国家机关的教育行政。从层次方面来看，教育行政包括宏观的、中观的与微观的教育行政，中央教育行政属于宏观的教育行政，地方教育行政属于中观的教育行政，学校教育行政属于微观的教育行政。从作用范围方面来看，教育行政可分为中央教育行政、地方教育行政和学校教育行政。

(三)教育行政的特点

教育行政除了与其他行政活动有共同之处外，还有自身的独特之处。下面对教育行政的特点进行分析，以全面了解教育行政的本质。

1. 教育行政的人本性

教育作为教育行政的对象，是培养人的社会活动，教育的目的是促进个体在德、智、体等方面的全面发展，促进人的健康成长，促进人的自我实现以及潜能的充分发挥。在教育的各项活动中，人是主动的，教育双方除了知识的传受外，更多的是情感的碰撞、思想的交流，以及人与人之间关系的诠释。教育行政的出发点和归宿都是人，其目的是培养具有整体性、动态性和创造性人格特征的人，所以人本性是教育行政的重要特征。

2. 教育行政的周期性

教育行政投入大，收效缓慢，具有周期性的特点。“十年树木，百年树人。”自古以来，人才培养就具有周期较长的特点，即培养国家各行各业建设所需要的合格人才，需要投入大量的资金，需要一个相当长的时期。人才的培养，需要一个漫长的过程，这是由教育规律决定的，是不以人的意志为转移的，否则就会拔苗助长，得不偿失。教育行政体现着“教育是国家的一种投资”的思想观念，是国家竞争力的根源，但投资效益不可能立竿见影。因此，教育行政需要长期、持续地进行，具有投资周期长、收效缓慢的特征。

3. 教育行政的科学性

任何教育行政都必须依靠一定的教育行政手段与方法来贯彻执行，而教育行政手段与方法又具有广泛性、导向性和强制性等特征，影响大，涉及面广，因此，教育行政应该追求手段和方法的科学性，一切决策和政令都必须以科学的原理为指导，采用科学的方法，稳妥地推行。只有通过科学、有效的教育行政行为，才能切实促进国家教育事业健康、有效地发展，才能完成“教育强国”的使命；反之，则可能妨碍人才的培养，造成不可估量、无法弥补的损失。

(四)教育行政的功能

科学、有效的教育行政能够营造良好的教育大环境，能够培育优良的教师，从而有助于实现美好的教育愿景。这里涉及教育行政的功能，即教育行政应该发挥的作用。教育行政的功能可以概括为以下几个方面。

1. 立法功能

立法功能是指国家通过各级立法机关和政府部门制定各项教育法令和法规，并依法对教育实行管理。它是使教育行政活动正规化的一个重要功能。

2. 计划功能

计划功能是指国家根据本国经济文化等各方面的实际情况和社会发展的需要，在一定时期内对全国教育事业的发展速度、规模做出统一规划，以保证教育事业稳步、协调发展。从行政的角度来看，计划有时也被称为规划，意在突出规划的全局性和宏观性，从而避免通常对计划的局部性和微观性的印象。

3. 组织功能

组织功能是指国家对各级各类学校组织的人力、物力进行资源配置，推动教育事业的正常运转。组织功能所涉及的事项较多，如各个省、市、区的学校布局、教育经费、人员聘任、招生范围、课程设置和改革等方面，都体现出教育行政的组织功能。

4. 监督功能

监督功能是指国家依据有关法令，采取有关的教育行政措施，对各个省、市教育的发展和各级学校教育的实施进行监督。监督可以分为法律监督和行政监督两种。

5. 指导功能

指导功能主要是指国家对地方教育行政部门和学校，就地方教育发展的规模、人才培养的数量、教学内容的确定、课程的设置、课时的安排，以及教学方法的选择等基本业务提供指导和建议，从而间接地影响地方教育行政部门和学校的工作。

6. 服务功能

服务功能主要是指在后勤方面为地方教育行政部门和学校提供保障。国家通过为地方教育行政部门和学校提供政策、咨询、协调、资助等，实现对教育的宏观控制。

教育行政的目的是发展国家的教育事业，不断地为更好地实现教育方针和教育目标创造适宜的条件，从而实现育才强国。

三、学前教育行政

(一)学前教育行政的含义

学前教育行政是国家教育行政的一个组成部分，它以国家教育事业中的学前教育领域的行政管理为基本内容。狭义的学前教育行政指政府及其组成部门，对学前教育事业进行立法、投资、组织、督导、评估等；广义的学前教育行政还包括园所内部的管理行为。这些行政管理行为，有助于引导和调控国家学前教育事业的发展，既为人才培养打好基础，又为广大家长提供良好的社会公益服务，从而体现学前教育的教育性和福利性。

(二)学前教育行政的构成

学前教育行政有着众多的因素，涉及主体、客体、主体与客体之间的关系等。在此，我们将学前教育行政当作一种动态的系统，分析其构成的基本因素。

1. 学前教育行政的主体

学前教育行政的主体，是指国家政府及地方政府中对学前教育施政的机构及专职人员。在我国现阶段，国家政府学前教育行政的主体机构为教育部基础教育司幼儿教育处，该处工作人员的工作职责是主管全国的学前教育工作。地方政府学前教育行政的主体机构为教育厅基础教育处内设的幼儿教育科和教育局内设的幼儿教育科。此外，国家政府及地方政府的其他相关部门，如劳动人事计划、财政、工会、妇联等部门，也可以在必要的时候参与对学前教育的立法及监督。

2. 学前教育行政的客体

学前教育行政的对象为其客体。学前教育行政主体职责范围内的学前教育系统，以及系统中的各方面都属于学前教育行政的客体，如下属学前教育行政机关的人员、财务、设备及托儿所、幼儿园等，都是学前教育行政的客体。

3. 主体与客体之间的关系

学前教育行政主体与客体之间是相互影响的。一方面，学前教育行政的主体通过行政方法与手段，制订学前教育的规划，颁布学前教育的政策、法规，并组织实施与评价等，从而对客体施加影响；另一方面，客体为主体制订规划等提供依据与建议，对主体决策施加影响。一般情况下，在上述作用与反作用的关系中，主体对客体的制约、指导作用占主导地位。

(三)学前教育行政的内容

国家的学前教育行政机关所施行的行为是层出不穷的，分析它们的各种目的，大致可以归纳出学前教育行政的主要内容。

1. 学前教育法规

学前教育法规是学前教育行政的有效手段。我国相继颁布了具有法规性质的规程、指南、标准等，如《幼儿园管理条例》《幼儿园工作规程》《幼儿园教育指南》《3～6岁儿童学习与发展指南》《幼儿园教师专业标准》等。另外，有关法律，如《中华人民共和国教师法》《中华人民共和国未成年人保护法》《中华人民共和国民办教育促进法》等也包含了学前教育的相关内容。不过，现阶段我国关于学前教育的立法层次较低，尚没有专门的单行法。众多涉及学前教育的政策文件往往以工作决议、意见和通知的形式出现，部分重要的学前教育指导性文件，则以法律法规体系中较低层次的“条例”和规章制度体系中较高层次的“规程”“指南”“标准”等形式出现，作为有效的行政手段，它们对实现学前教育的目标、完成学前教育的任务是能持久地发挥作用的。然而，学前教育立法必将成为我国未来学前教育行政的重要使命。

2. 学前教育管理体制

学前教育管理体制规定了中央与地方之间，甚至与幼儿园之间的工作关系，它是影响国家学前教育事业发展的重要因素。学前教育管理体制一般由国体与政体决定，依照宪法和有关政策法规的规定来建立。形成和完善学前教育管理体制是学前教育行政的一个中心问题。

3. 学前教育的财政投入

财政投入是发展学前教育必要的行政手段，体现着国家发展学前教育的政策导向。国家要研究制定适宜的学前教育财政投入政策，包括学前教育经费占教育经费的比例、增减的规律、中央政府与地方政府所采用的分担模式、学前教育经费的内部构成、投入的渠道和方式等。国家首先要设计出学前教育经费投入的整套方案，然后让相关部门理解和熟悉国家的政策、办法，再有计划地投入学前教育经费，除此之外，还要做好审计和检查工作，督促经费的落实，使经费充分发挥作用。

4. 学前教育的规划与计划

现代的学前教育规划与计划作为学前教育行政的内容，是一定时期内国家对学前教育进行宏观管理的依据之一，具备前沿性、预见性、综合性、长期性等特点。一个国家的经济与社会发展影响着学前教育计划，因此，国家制订学前教育发展规划要充分调研，科学预测，从而制订出各种类型的学前教育发展规划。《国家中长期教育改革和发展规划纲要(2010—2020年)》中规定了十年间学前教育的发展目标、重要任务和重点工作等,描绘出了国家发展学前教育的蓝图。地方政府和一级幼儿园要制订好计划,明确学前教育工作的任务与要求。《学前教育三年行动计划》的如期制订并有序实施是地方落实《国家中长期教育改革和发展规划纲要(2010—2020年)》的三年行动方案,对协调全国学前教育的均衡发展有较大的作用。

5. 学前教育的师资队伍建设

师资队伍建设是保证学前教育质量的关键。当前加强学前教育的师资队伍建设,要充分发挥国家学前教育行政的功能,明确幼儿教师的职业地位,制定幼儿教师的准入标准,改善幼儿教师的待遇,加大幼儿教师的职前和职后培养力度,提高幼儿教师的专业素养。这些涉及学前教育工作者切身利益和发展空间的政策,主要依靠国家教育行政部门会同劳动人事部门及其他职能部门制定并公布。这些政策的制定可以为各省市管理和培养学前教育工作者提供依据和参考。

6. 学前教育的督导和评价

学前教育督导是指教育行政机关组织学前教育专家,根据国家的学前教育方针政策,按照一定的原则和标准,使用科学的方法,对辖区内的学前教育组织系统和保教工作进行监督和指导,并提出建议的一系列活动。督导的强制性和权力性较强,常用于突出监督和检查的场景,以行政权力作为支撑。

督导与评价密不可分。上级教育行政机关在对幼儿园进行监督的同时,应有针对性地提出指导意见。督导人员在审慎分析和评价幼儿园或其他学前教育机构的工作之后,应做出定性与定量评价,及时总结成绩和指出缺点,并提供必要的指导服务。

在督导、评价活动中,一是要有正确的指导思想,并依据科学、完整的方案;二是督导、评价过程要体现科学性、民主性、合作性、促进性,并采用适合的方式、方法;三是要发挥督导、评价人员的指导作用,给予督导对象有效的评价和指导,增进学前教育行业从业者和相关人员的法规意识,共同推进学前教育目标的实现。

第二节　国外学前教育行政的经验

美国、英国、法国、日本、韩国、澳大利亚等国都在学前教育行政方面有许多值得借鉴的经验,本节将对有代表性的一些国家在学前教育行政方面的举措进行介绍,以拓展视野,洋为中用。

一、学前教育立法

通过学前教育立法确立学前教育的性质、地位和功能,可以体现一个国家对学前教育的态度。这里简单列举一些学前教育相对比较发达的国家在学前教育立法方面的情况。

(一)美国的学前教育立法

美国是世界上学前教育立法最发达的国家之一,这与其经济发展和对儿童的重视是分不开的。从20世纪60年代开始,美国实行的开端计划就是为低收入家庭儿童提供"补偿"性学前教育的综合性计划。这个计划的最大特点是由联邦政府主导,在反贫困和促进贫困儿童发展的政策下,以追求教育的公平性为目的。开端计划是美国历史上规模最大、持续时间最长,也是美国乃至人类历史上最成功的贫困儿童早期教育和健康保健服务计划。①

美国促进儿童发展的立法是一个逐步完成并走向成熟的过程。1979 年通过了《儿童保育法》,1990 年通过了《儿童早期教育法》和《儿童保育与发展固定拨款法》,1994 年通过了《2000 年目标:美国教育法》,2002 年通过了《不让一个儿童落后法》, 2009 年投资 100 亿美元发展美国 0～5 岁儿童的早期教育,设立"早期学习挑战拨款",促使各州制订和扩大早期教育计划,为全美儿童提供普遍的早期教育,促进了早期教育质量的提高。

自 1964 年以来,美国几任总统都很重视学前教育,注重以国家立法的方式推动学前教育计划的贯彻落实,反映了美国政府对学前教育立法的高度重视,这是美国学前教育成功的重要保障。

(二)其他国家的学前教育立法

在英国,学前教育领域贯彻公平性与全纳性原则,所有的孩子,包括不同肤色、不同语言、不同生活习惯的各种族儿童,均有享受教育的权利。1995 年英国实施"幼儿凭证计划",国家投入 7.3 亿英镑,对 4 岁儿童发放教育券,实行正规的学前一年免费教育,这是英国学前教育的一大特色。2007 年,英国政府公布了《儿童计划》,这是英国学前教育的 10 年规划,指出学前教育具有优先地位。这使得英国3～4岁儿童的入园率从 1998 年的 51%增长到 2008 年的 90%。

法国政府非常重视学前教育,确立了学前教育的优先地位,是世界上学前教育发展最快的国家之一。早在 1970 年,法国 3～5 岁幼儿的入园率就达到了 100%。19 世纪后半叶,法国国会通过并颁布了《1881 年法》,明确规定公立的幼儿学校和小学免收教育费。

俄罗斯先后发布了《学前教育构想》《教育法》《2020 年前的俄罗斯教育——服务于知识经济的教育模式》,强调幼年时期的重要性,依法治理学前教育,对学前教育机构进行资格认证和定期评估,确立了普及 2 年学前教育的目标。②

此外,澳大利亚、韩国和日本都重视学前教育立法,值得我们研究和借鉴。

二、学前教育办学体制和机构类型

接收适龄儿童的那些社会共同教育场所就是学前教育机构,如幼儿园、托儿所、保育学校等。教育机构的类型与办学体制密不可分,当前世界各国的学前教育办学体制与机构类型主要呈现出四种模式:一是美国、英国、澳大利亚的多元模式,办学主体身份多元,机构类型多种多样;二是法国的统一模式,政府作为办学主体,机构类型全国统一;三是日本的双轨模式,政府创办公立与扶助私立结合,机构类型双轨并行;四是印度的便民模式,办学与项目密切相关,机构设置方便民众。③

三、学前教育行政体制

教育行政体制是一定的历史时期内,一个国家管理全国教育事业的组织体系和相关制度的总称。教育行政体制涉及教育系统的机构设置、隶属关系及管理权限划分等方面。学界认为世界范围内的教育行政体制主要有中央集权制、地方分权制、混合制三种典型模式。学前教育作为教育的一个组成部分,同样存在这些典型的教育行政体制。第三章将详细介绍国外部分国家的学前教育行政体制。

① 赵玥:《美国开端计划的普惠性特点及借鉴》,硕士学位论文,陕西师范大学,2013 年。
② 李生兰:《比较学前教育》,第 2 版,华东师范大学出版社,2013 年。
③ 中国学前教育发展战略研究课题组:《中国学前教育发展战略研究》,教育科学出版社,2010 年。

四、学前教育的财政投入

财政投入是一个国家发展学前教育的有力保障。不同国家学前教育的财政投入呈现出不同的特点，主要体现在经费来源及其构成、财政预算、财政投入总量的变化趋势、投入渠道，以及对非公立学前教育机构的资助方式和资助力度等方面。这是一个很复杂的课题。

1. 学前教育事业发展的经费来源及其构成

当前各国学前教育事业发展的经费来源主要是政府财政投入、社会捐赠和家长的缴费等，各个部分的比例在不同国家有所不同，例如，法国、英国、澳大利亚等国家的经费来源以政府财政投入为主。此外，政府还可以通过其他渠道投入学前教育，如设立大型的资助项目等。发展中国家政府财政投入的比例远远低于发达国家，财政性经费重点向 3 岁以上儿童的学前教育倾斜。

2. 学前教育财政预算

预算是学前教育财政投入的第一步。美国和英国均有学前教育专项财政预算，并通过法律法规对学前教育的财政投入进行监督，为学前教育发展提供有力的财政基础。

3. 学前教育财政投入总量的变化趋势

美国、法国、澳大利亚、印度、韩国和日本等国家对学前教育的重视程度逐步提升，学前教育财政投入总量呈现出递增的态势。

4. 学前教育中央财政投入渠道

国家财政对学前教育的投入渠道多种多样，主要有下列几种：一是国家财政对公立学前教育机构的投入，其拨付方式有直接拨付经费给已经立项的国家性大型项目、中央政府直接将财政经费拨付给公立学前教育机构、地方政府二次拨付资助学前教育机构三种；二是国家财政对私立学前教育机构的投入，主要有直接对私立学前教育机构提供资助、通过教育券等方式补助、通过金融手段补助弱势群体和私立学前教育机构三种方式。

五、国外学前教育师资培养的模式和幼儿教师的待遇

合格的师资是学前教育质量的保障，是实现国家学前教育目标的关键因素之一。世界上有很多国家在学前教育师资的培养、幼儿教师的地位和待遇等方面，有独特的举措与经验，值得我们借鉴。

在学前教育师资培养方面，很多国家都十分重视控制幼儿教师的职业准入条件，有的国家甚至有法规文件规定幼儿教师的职业标准，另外，很多国家注重加强幼儿教师的职前培养和职后继续教育，不断提高幼儿教师的素质与水平。1999 年美国公立幼儿园教师中，61％为本科学历，32％为硕士学历，7％为博士学历。美国重视幼儿教师的任用条件，实行教师资格证书和教学能力证书制，各州政府颁发教师资格证书，儿童发展协会颁发 CDA 证书。法国重视教师的职后培训，幼儿教师每隔 5 年参加一次“紧急计划”专项培训。英国、日本、韩国、澳大利亚等国家在学前教育师资队伍建设方面也有较大的成就，值得我们学习与借鉴。我国经过二十余年的努力，在经济较发达地区，幼儿教师资质已经达到世界先进水平，但我国幼儿教师数量严重不足，尤其是在广大农村地区，教师水平也有待进一步提高，国家已经通过“国培计划”逐步改善这一局面。

有关幼儿教师的社会身份问题，世界各国采用了不同的做法。日本幼儿教师是公务员身份，法国幼儿教师是准公务员身份，美国和英国等国家的幼儿教师是公务员兼雇员身份，印度幼儿教师是项目工作者身份。日本通过《学校设立法》《教育公务员特例法》，确立教师的法定身份为国家或地方公务员，国立和公立学前教育机构的幼儿教师享受完全等同的法律身份，吸引了众多优秀青年投身到幼儿教师队伍

中，保证了幼儿教师队伍的稳定与发展。

在幼儿教师的待遇方面，日本幼儿教师具有较高的工资待遇水平，国立和公立幼儿园教师的工资比一般国家公务员高出20%左右；法国幼儿教师的工资待遇非常有保障；韩国幼儿教师的工资待遇与中小学教师相当。

上述国家的学前教育行政，深受本国的政治、经济、文化等的影响，奉行的准则与做法各有特色，其中有很多值得我们借鉴的成功经验。近些年来，我国很重视学前教育，不断采取国家宏观和地方中观的学前教育行政行为，在此背景下，尤其需要研究和借鉴国外的相关经验，取长补短，从而提高行政决策的科学性。

第三节　我国学前教育行政的发展

一、我国学前教育行政的萌芽

我国学前教育行政的出现始于晚清。1904年颁布的癸卯学制确立了蒙养院在国家教育体系中的合法地位，并对蒙养院的设置办法、保育对象、保姆的来源与培训等做了规定。癸卯学制对我国学前教育发展的意义是深远的，标志着我国儿童的独立人格开始受到社会的尊重。同时因为癸卯学制将蒙养院置于学制系统的基础环节，所以它也奠定了国家管理学前公共教育的基础。癸卯学制的颁布标志着我国学前教育行政的萌芽。

二、我国学前教育行政的形成

我国学前教育行政的形成始于延安时期。1938年，毛泽东同志为延安保育院题词："好好地保育儿童"和"为教育后代而努力"。中华人民共和国成立以来，设置了从中央至地方的各级学前教育行政机构，颁布了一系列文件对全国的学前教育工作进行规范和指导。

（一）行政机构的设置

中华人民共和国成立以后，最早设立的全国性学前教育行政机构是1949年10月教育部初教司内设的"第二处"，主要负责全国的幼儿教育工作。"第二处"后来更名为"幼教独立处"，归教育部有关部长领导，作为学前教育的中央领导机构，管理全国的学前教育工作。在省、市的教育厅、教育局也设立了幼教处或幼教科，专门管理幼儿教育工作。我国的学前教育有了全国统一的领导管理体系，极大地促进了学前教育事业的蓬勃发展。20世纪70年代以后，随着计划生育政策的实施，国家对儿童的早期教育日益重视。改革开放后，人才竞争加剧，国家学前教育行政日益发挥其指导功能。1987年，国家教育委员会召开了全国幼儿教育工作会议，国务院办公厅转发了《关于明确幼儿教育事业领导管理职责分工请示的通知》（以下简称《通知》）。《通知》中指出，幼儿教育必须在政府的统一领导下，实行地方负责，分级管理，有关部门分工负责的原则。《通知》明确了主管学前教育的行政机关是教育职能部门，卫生、计划、财政、劳动人事、城建、妇联、工会等部门应给予必要的支持，协调一致地管理好国家的学前教育事业。

（二）学前教育法规的施行

随着我国学前教育行政机构的逐步设置，有关学前教育的法规、制度相继颁布，学前教育法规系统日益完善。1952 年 3 月,《幼儿园暂行规程(草案)》颁布,规定了幼儿园的任务、目标、学制、领导设置、组织编制、经费、入园、教养内容、原则等内容。《幼儿园暂行规程(草案)》深刻地影响着我国幼儿教育事业的发展和幼儿园的教育教学管理,至今仍有指导价值。

改革开放后,学前教育法规建设日益成熟,一方面,相继颁布了《城市幼儿园工作条例(试行草案)》(1979 年)、《城市托儿所工作条例(试行草案)》(1980 年)、《托儿所、幼儿园卫生保健制度(草案)》(1980 年)、《幼儿园教育纲要(试行草案)》(1981 年)、《关于发展农村幼儿教育的几点意见》(1983 年)、《全日制、寄宿制幼儿园编制标准(试行)》(1987 年)、《托儿所、幼儿园建筑设计规范》(1987 年)、《幼儿园管理条例》(1989 年制定,1990 年正式实施)、《幼儿园教育指导纲要(试行)》(2001 年)、《国务院关于当前发展学前教育的若干意见》(2010 年)、《学前教育督导评估暂行办法》(2012 年)、《幼儿园教师专业标准(试行)》(2012 年)、《幼儿园工作规程》(2015 年制定,2016 年正式实施),另一方面,与学前教育有着直接或间接联系的法律、规范也不断颁布,如《中华人民共和国教育法》《中华人民共和国教师法》《中华人民共和国未成年人保护法》《中华人民共和国母婴保健法》《国家中长期教育改革和发展规划纲要(2010—2020 年)》等,为学前教育事业的管理提供了法律依据。此外,我国还积极参与国际上有关公约的签署,如《儿童权利公约》,我国便是缔约国之一。

从 1979 年至今,我国相继推出了一系列的学前教育法规、制度,从多个侧面规范了学前教育事业的运行与管理,为学前教育的顺利发展提供了法律保障,对学前教育的科学发展产生了极大的影响。

第四节　学前教育行政对学前教育事业的影响

一、当前制约我国学前教育事业发展的主要问题

我国学前教育的发展历程表明,它所走过的每一步都与当时的社会历史条件、政治经济发展状况以及教育科研状况息息相关,学前教育既要为社会政治经济发展服务,满足社会对人才培养的要求,其发展状况又必然受到一定的社会历史条件的影响和制约。新的时代要求教育培养的人不仅应该具备 21 世纪社会发展所需的知识和技能,而且要具备创新精神、主动学习与发展的能力,具备良好的交往能力和合作、自主、自信等社会性人格素质。因此,我国于 20 世纪 90 年代中后期迎来了素质教育改革的高潮,各级教育包括学前教育大力开展素质教育,以培养身心全面、和谐发展的人才。但由于社会条件、经济发展和教育科研状况、人们观念与认识的局限等原因,我国的学前教育发展面临着不少问题与挑战。我们既要认识到这些问题存在的客观性,也要积极研究和解决这些问题,否则,学前教育将不能很好地适应新时期的任务与要求,不能有效地承担其在整体素质教育中所应承担的奠基性重任,也不利于学前教育事业的发展。

目前,不利于学前教育事业发展的问题主要有以下几个方面。

1. 对学前教育的性质、功能、目标、内容的认识存在偏差

近年来,人们日益认识到学前教育在儿童发展中的重要地位,也逐渐意识到学前阶段是实施素质教育的开端,是中小学教育质量的基础与保障,这是一个可喜的现象。但是,我们也必须清醒地看到,社会上仍有许多人士(包括家长、教师等)对学前教育的性质、功能的认识还存在偏差。例如,社会上不少部门和人士认为学前教育就是一项"看孩子的工作",未能充分认识到学前教育在个体成长中的重要作用和在整个教育事业发展中的奠基性作用,对学前教育作为"基础教育的有机组成部分"和"素质教育的基础"的重要地位缺乏应有的认识。这严重影响和制约了学前教育事业的发展,也影响了学前教育质量的提高。

在学前教育的目标、内容上，由于传统、历史和现实的原因，在社会上比较普遍地存在着重智轻德、重认知教育轻社会性和人格培养的问题，如忽视幼儿良好的行为习惯、自主性、社交能力等的培养。即使在认知教育上，也存在着一定的偏差，例如，重视孩子系统知识的学习与智力、技能、技巧的训练，忽视孩子学习兴趣、主动性和创造性的培养。

2. 学前教育事业发展缺乏领导机构与计划的保障

在当前政府精简机构的背景下，特别是由于一些地区教育行政部门的领导对学前教育的重要性缺乏应有的认识，对发展学前教育事业在个体成长与国家整个教育事业发展中的作用缺乏足够的重视，省、市幼教行政机构，除北京、天津等极个别城市外，纷纷撤销，学前教育工作由基教处的一名同志兼管，不少省、市甚至没有幼教专职干部，或专职干部不“专干”，大大削弱了该地区幼教的实际领导力量。还有一些地区的教育行政部门在近几年的工作计划中基本不提学前教育，使得这些地区学前教育的发展缺乏计划保障。这样的状况与当前新形势对学前教育发展的新要求及学前教育事业发展面临的新任务是极不相称的。精简机构对克服一些政府机构的庞杂、提高办事效率是有必要的，但并非所有部门都要压缩精简，应视情况区别对待。对当前国家社会经济、教育事业发展非常重要的部门必须加强，不能削弱，否则，将不利于学前教育事业的发展，还可能会阻碍国家社会经济和教育事业的发展，因为它不利于人的素质的提高，势必影响基础教育及其后教育阶段的质量与效益。

3. 学前教育事业发展缺乏有力的法律保障和必要的政策规范

近些年来，我国政府相继颁布实施了《幼儿园管理条例》《幼儿园工作规程》等法规性文件，在一定程度上推动了学前教育事业的发展和教育质量的提高。但是，我国目前学前教育立法的层次偏低，最高层次仅处于我国教育法律体系中的第四层，而义务教育、高等教育、职业教育等则有全国性的法律，可见，学前教育与它们还存在着相当大的距离。这种较低的立法层次对新形势下提高全社会对学前教育事业的重视程度，有效地协调学前教育发展与社会各方面的法律关系，保障学前教育事业的积极、健康发展都是十分不利的。例如，由于缺乏有力的全国性的学前教育法律的规范，不少地方在学前教育领导体制、管理体制、办园体制、经费投入、教师待遇和办园条件改善等方面，存在着许多难以解决的问题，严重制约了学前教育事业的健康发展。又如，由于缺乏法律规范和有关政策的制约，近几年来，一些单位随意关、停、并、转幼儿园，针对这种情况，尽管当地教育行政部门出台了红头文件明令禁止，但收效甚微。这些现象不仅造成了国家教育资源的浪费和教师队伍的不稳定，而且严重影响了学前教育质量的提高和学前教育事业的健康发展。

此外，近年来，各种社会力量创办了很多幼儿园，它们的出现方便了群众，缓解了幼儿入园难的问题，但是对这些幼儿园的办园条件、教师资格、收费标准、人事制度、办园质量等缺乏应有的政策规范，因此不利于幼儿园的积极、健康发展。

4. 幼儿教师的待遇、培训等问题仍未得到很好的解决

近几年来，在党和政府的关怀下，我国幼儿教师的地位与待遇等问题得到了很大的改善，并处于不断提高的过程中。《中华人民共和国教育法》(1995 年)中明确规定，幼儿园教师享受与中小学教师相同的政治和经济待遇。但遗憾的是，由于经济条件与人为因素的影响，我国幼儿教师的待遇水平仍普遍偏低，幼儿教师培训、学习的机会和条件未能得到很好的保障。例如，在不少省、市，幼儿教师培训尚未列入教师继续教育工程中，许多地方的名师工程、骨干教师工程等也大多与幼儿教师无缘。这既影响了幼儿教师素质的提高，也影响了幼儿教师提高素质的积极性。有的农村幼儿教师甚至至今仍没有得到最基本的待遇，严重地影响了农村幼儿教师队伍的稳定与幼教事业的健康发展。

5. 学前教育科学研究未得到足够的重视与支持

近些年来，幼教领域对教育科研日益重视，许多幼教工作者积极进行了大量的科学研究，并取得了一定的成效。但在学前教育科学研究的进一步深入开展上，我们认为目前还存在着不少不利因素。首先，近几年，虽然国家级、省市级的学前教育科研项目均有所增加，但与中小学教育相比，学前教育科研项目无论是在数量上还是在经费支持上都存在着很大差距，这在客观上影响了学前教育科研工作更普遍、更深入地开展。其次，幼儿教师的科研意识和能力尚显薄弱，教职员工缺乏对儿童行为、心理发展需要的观察与分析能力，缺乏运用理论指导实践的能力，也缺乏总结、提升自身教育经验的能力。而这些与现在社会上尤其是一些教育行政和科研主管部门对学前教育科学研究的重要性缺乏应有的认识、忽视学前教育的科学性密切相关。在不少地区，负责教育科研的政府相关部门和人士对学前教育的性质与作用缺乏深刻的认识，对学前教育的科学性更是认识不足，因而使学前教育的科学研究在人力、物力和财力上常常得不到有力支持。这既不利于深入研究、认识儿童身心发展规律、学前教育规律，也不利于学前教育与教师培训按科学规律进行，从而直接影响到学前教育事业的发展与学前教育质量的提高。

二、幼儿园行政管理的重要性

学前教育是整个教育事业的基础，其重要性不言而喻。在我国，学前教育办学缺乏政府的宏观调控和具体监管，这也是"入园难"、"入园贵"、幼儿人身侵害等问题的根源所在。教育是民生之本 、强国之基，也是全社会始终关注的热点问题。政府是推动教育事业发展的主体，明确政府在学前教育中的主体责任，强化学前教育事业中政府的行政作用，是一个极具现实意义的重要课题。

美国通过立法从不同层面对学前教育事业发展中政府的职责提出了明确而具体的要求，有效地实现了学前教育的应有价值。我国也应该通过立法来强化政府在学前教育中的行政作用，保障学前教育事业健康有序地发展。

幼儿园行政管理的重要性，主要体现在以下几个方面。

1. 实行科学化、规范化的行政管理有利于提高办园效益，促进幼儿园教育水平的全面提高

管理者通过建立良好的内部管理机制，健全管理体制，可以扩大和拓宽幼儿园自身的生存发展空间，提升幼儿园的教育水平。在日常的管理中，管理者应经常听取不同层面的意见，发挥工会等组织的作用，实行园务公开制度，增强工作的透明度。幼儿园内的热点、难点问题应让教职员工共同讨论，鼓励教职员工共同参与园内的管理工作，使教职员工树立一切为了孩子的敬业精神，增强"园荣我荣，园劣我耻"的主人翁意识。这些都将有利于提高办园效益。

2. 实行科学化、规范化的行政管理可以更有效地吸引优秀人才，建立一支长期稳定的有战斗力和凝聚力的队伍

近十年来，我国的学前教育发展迅速，随之而来的是人力资源匮乏，教师素质跟不上。"人力资源是第一资源"，人力资源对生产力的发展起着决定性的作用，对所有企业、单位经营战略的实施起着保障作用。只有实行科学化、规范化的行政管理，才可以把所需要的人才吸引到幼儿园中来，调动他们的工作积极性，并开发他们的潜能，使他们更好地为幼儿园服务。

3. 实行科学化、规范化的行政管理是新时期幼儿教育可持续发展的必然趋势

我国在 20 世纪 90 年代中期就确立了可持续发展的战略。可持续发展是世界性课题，它要求教育也要立足国情，提高质量与效益。这也是当今世界教育的一个重要特征。如何充分利用幼儿园现有的资源，是当前幼儿园管理所面临的主要问题。只有实行科学化、规范化的行政管理，才能避免资源的浪费，更好地提高现有资源的利用率，更好地推动幼儿园的可持续发展。

三、促进我国学前教育事业发展的途径

1. 各级政府，特别是教育行政部门应切实加强对学前教育的重视与领导

各级政府，特别是教育行政部门应从思想观念到实际工作中真正地把学前教育摆在优先发展的地

位，加强对学前教育的主管意识，把学前教育发展切实列入工作计划和议事日程中。各级教育行政部门应着眼于我国实现社会主义现代化建设第三步战略目标的需要，总结我国幼教事业发展与改革的经验，借鉴世界幼教事业发展的有益经验，认真研究、制定我国学前教育事业发展的近期目标。县以上各级教育行政部门应有学前教育管理专门机构或专职干部，以利于贯彻国家关于幼教发展的方针、政策，研究、制订并落实适合本地区特点的学前教育发展长远规划与年度计划。各级政府不仅要为学前教育发展提供必要的组织机构、人员和经费等方面的保障，而且要积极宣传学前教育的重要意义，动员全社会都来关心和支持学前教育。

2. 加强学前教育立法工作

学前教育事业的健康发展呼唤立法保障。我国自 1990 年实施《幼儿园管理条例》以来，幼教事业有了较大发展，许多地方出台了相关规定，如广州、青岛分别于 1997 年、1998 年实施了《广州市幼儿教育管理规定》《青岛市托幼管理条例》，确保了当地学前教育事业的健康发展。实践充分证明了学前教育立法对保障学前教育事业发展的必要性与重要性。因此，国家有关部门应组织对学前教育事业发展的问题与现实需要进行调研，并积极创造条件制定《学前教育法》，明确规定学前教育的责任、领导体制、管理体制、办园体制、办园条件、经费投入、教师责任与权利、待遇等重要问题，以确保学前教育事业在法律的保障下健康发展。

3. 加强对学前教育的科学研究

广大幼教工作者应充分认识与重视学前教育的科学性，加强对新形势下儿童心理与行为发展规律，早期环境、教育与儿童发展的关系及其作用机制，学前教育目标、内容、过程和方法，学前教育质量评价等的研究，深入探讨儿童早期发展和学前教育的独特性与规律性，以便更科学地按照个体发展规律与教育规律进行教育，促进儿童的健康、和谐发展。各级政府，特别是教育行政部门应加强对新形势下学前教育事业发展政策、体制的研究，在人员、经费、科研立项等方面给予应有的保障，以更好地促进学前教育科学研究的深入开展。

4. 加强幼儿教师队伍建设，提高幼儿教师的素质与能力

高质量的学前教育必然会对教育者的素质提出更高的要求。各级教育行政部门都应对幼儿教师队伍建设和师资培训予以进一步的重视，将提高幼儿教师素质纳入教师继续教育工程，加强和完善教育培训制度，建立多层次、多形式、多元开放、立体交叉的幼儿教师教育与培训体系，以不断提高幼儿教师队伍的整体素质，特别是要帮助幼儿教师增强事业心和责任感，更新教育观念与思想，改善师生互动与教育行为的质量，提高教育教学能力，从而切实提高幼儿教师实施素质教育的意识与能力，保障素质教育在学前教育中全面实施。同时，要切实保障幼儿教师的合法权益，努力改善幼儿教师的待遇，特别是要采取有效措施，尽快地研究、解决农村幼儿教师的待遇和进修等问题，以保障农村幼儿教师队伍的稳定与素质的提高。

5. 积极稳妥地推进幼儿园办园体制改革，大力发展以社区为依托，公办与民办相结合、正规与非正规相结合的多种形式的学前教育与服务机构

地方政府当然有责任继续办好教育部门创办的幼儿园，并使其成为当地幼儿教育的骨干和示范园所；有条件的企事业单位还应继续办好所属幼儿园，不得随意关、停、并、转；对于部分不具备独立办园条件的企事业单位，应本着平稳过渡的原则，在政府的统筹安排下，将所属幼儿园交给当地教育行政部门规划，或由具备条件的团体、个人承办。当前我国的学前教育还是以正规教育机构为主，而受经济和人口两大因素的制约，要尽快满足儿童接受学前教育的需求主要靠发展正规化的教育是不现实的。因此，我们应以社区为依托，依靠基层社区各部门的力量，因地制宜地积极创造和利用场地、设施、人员等条件，大力发展适合当地实际情况与需要的各种正规与非正规的学前教育与服务机构，如幼儿园、幼儿班、儿童活动中心、儿童日托中心、亲子乐园等，组织各种丰富多彩的活动，并加强对办园条件、教师素质、办园行为、教育质量的评估和引导，以既充分发挥社区资源在儿童早期教育中的作用，又有利于满足更多儿童接受学前教育与服务的需求，并促进更多儿童的健康发展。

科学化、规范化的幼儿园行政管理，是适合我国经济文化发展不平衡的国情的，可以使我国的幼教事业发展既满足规范性要求，又发挥地方的灵活性和特殊性，避免一刀切，同时也有利于增强教育行政部门的主管意识和专业化管理，其实质就在于调动各方面的积极性建设和管理幼儿园。

【本章小结】

教育行政体制是指一个国家的教育行政组织系统，我国教育行政体制改革的长远目标是建立有中国特色的社会主义教育行政体制。我国学前教育行政管理体制为"地方负责，分级管理，有关部门分工负责"。我国的学前教育行政管理体制改革与发展的趋势表现在以下几个方面：党和政府高度重视，积极发展学前教育事业；加快学前教育管理的法制化进程；学前教育管理逐步走向科学化。

【思考与练习】

某街道幼儿园自转变管理体制以来，经过全园教职员工的共同努力，在很短的时间内从一所规模小、投入少、师资薄弱的无名小园发展成为优秀园所。虽然该园由所在的街道办事处管理，但该园现在实行园长负责制，成为相对独立的经济实体，自负盈亏，仅能维持收支平衡。该园教职员工大多为公职人员，人员配置较为合理，没有多余的编制名额。

一天，园长接到街道办事处的通知：该街道办事处下辖的另一所幼儿园由于经营不善，亏损较严重，决定解散，公职教师需要分配至各效益较好的幼儿园，所以要求该幼儿园接收3名教师。虽然该园是自负盈亏，但由于该园归街道办事处领导，所以园长在人事上没有任免权，鉴于该园的实际情况，如果接受街道办事处的安排，势必会对幼儿园的发展带来不利影响，园长为此感到进退两难。

作为一个独立的经济实体，该园实行园长负责制，实现了管理体制的转变，但事实上仍与原来的体制有着千丝万缕的联系。园长虽然有权拒绝上级领导部门的人事安排，但又不敢直接拒绝，只好和上级领导部门磋商，希望能减少人员安排。

1. 如果你是园长，你会如何处理这件事？

2. 在管理体制改革的过程中，幼儿园和上级领导部门之间应如何规范彼此的权利和义务？

3. 学前教育行政部门应如何为幼儿园的发展创造良好的外围环境？

第三章
学前教育管理体制

【学习目标】

1. 掌握教育行政体制及学前教育管理体制的含义。
2. 了解中央集权制、地方分权制等教育行政体制的特点与优劣。
3. 理解学前教育管理体制的功能。

【案例分析】

一个人从出生到入学前这一阶段是个体各方面发展最重要、最关键的时期，但是，我国的学前教育事业却出现过严重滑坡。数据表明，从1995年至2001年，全国幼儿园数量从180 438所降至111 706所，减少了38.1%；在园幼儿人数从2 711.2万降至2 021.8万，减少了25.4%，特别是3～6岁幼儿的入园率从41%降至34%，低于“八五”末期的水平。主要问题突出表现在以下几个方面：各省市学前教育行政管理机构几乎全部被撤销，幼教组织与管理失去基本保障；许多地方的公办幼儿园被强行改制，幼儿受教育权受到严重侵害，甚至在一些地方“卖园风”盛行，将幼儿园产权变卖给个人；教师的编制、工资、医疗、培训等缺乏应有的基本保障，特别是占我国幼儿教师总数70%的农村幼儿教师，至今没有解决最基本的身份与待遇问题；各种社会力量办园的条件、权利和行为缺乏应有的规范，严重影响社会力量办园的积极性和学前教育的质量。

思考

从学前教育管理体制的角度分析，如何评价以上案例？

第一节　学前教育管理体制概述

“体制”一词，不仅广泛地运用于社会管理领域，而且广泛地运用于教育管理领域。研究教育管理，必须对教育管理体制进行探讨。

一、教育体制的含义

体制就是组织体系和联系制度，体系指的是组织的机构设置系统，制度是保证组织机构系统正常运转的规范。一般情况下，体制是国家机关、企事业单位的机构设置、隶属关系和权限划分等方面的体系与制度的总称。机构与制度是统一的，机构是制度的载体，制度是机构的核心。如果有机构而无制度，或者有制度而无机构，无论什么管理体制，都是无效的。因此，机构与制度结合、统一才能成为体制。教育体制是教育机构和教育制度的总称。教育机构包括教育管理机构和教育实施机构。教育管理机构指的是从中央到地方的各级教育行政机构,教育实施机构指的是各级各类学校。教育制度是指维持教育机构正常运转的各种规范,它们规定着教育机构的职责、权限,以及教育机构内的人员与岗位责任等,一般以教育方针、政策及具体的法规、章程、准则等方式体现出来。一般,教育体制改革总是围绕着机构设置或相应的制度、规范开展的。

二、教育管理体制的含义

教育管理机构与一定的制度相结合,就成了教育管理体制。根据教育管理机构层次的不同,教育管理体制可分为宏观的教育行政体制和微观的学校管理体制;根据教育管理内容的不同,教育管理体制又可分为领导体制、教育财政体制、办学体制、办园体制等。教育行政机构与一定的制度相结合,就成了教育行政体制,如中央集权制、地方分权制、混合制。学校管理体制(含幼儿园管理体制)简称学制,是教育实施机构与一定制度的结合,它规定了学校的性质、任务、入学条件等方面。我国现阶段推行的是校长负责制、园长负责制。

教育管理体制的两部分——教育行政体制与学校管理体制是宏观与微观的关系。教育行政体制是宏观的,学校管理体制是微观的,二者相互制约,相互促进,共同构成教育管理体制的有机组成部分。宏观的教育行政体制为微观的学校管理体制提供正确的指导与制度保障,微观的学校管理体制为宏观的教育行政体制提供管理经验,积累素材,反馈信息,认清二者的辩证关系,有利于厘清教育管理体制改革的正确思路。

三、学前教育管理体制的含义

通过以上对体制、教育体制、教育管理体制的概念的辨析,可以清楚地概括出学前教育管理体制的概念。学前教育管理机构与一定的制度相结合,就成了学前教育管理体制,学前教育管理体制是学前教育管理机构与维持学前教育管理机构正常运转的制度的总称。它涉及学前教育系统的管理机构设置、职责范围、隶属关系、权限划分和运行机制等方面,明确了中央、地方和学前教育机构各自的管理范围、权限职责、利益等。学前教育管理体制包括以学前教育领导体制、办园体制、投资体制、园长负责制等为核心的一系列学前教育制度和以权力为核心而配置的学前教育机构关系网络,体现了国家对学前教育的指导思想。

我国当前的学前教育管理体制是"地方负责,分级管理,有关部门分工负责",具体来说,是各级政府对学前教育统筹协调,教育主管部门分级管理,有关部门分工负责。

1985 年《中共中央关于教育体制改革的决定》中指出,基础教育管理权属于地方。1987 年,国务院办公厅转发的《关于明确幼儿教育事业领导管理职责分工请示的通知》中指出,幼儿教育事业实行地方负责,分级管理,有关部门分工负责的原则。学前教育属于基础教育。中央负责决定学前教育的大政方针和宏观规划,而具体的政策、制度、计划的制定和实施,以及对中小学、幼儿园的督导、评估等一系列责任和权利都交给地方政府及其教育主管部门。省、市、县、乡学前教育分级管理的职责怎样划分,也由地方政府及其教育主管部门决定。该体制强调地方负责,改变了过去中央过于集权的局面,适当地分权给各个地方,以便调动地方管理教育的积极性和创造性,提高教育管理的效能。地方实际上是代表国家意志履行管理教育的职责,本质上还是中央与地方合作。

办园体制是指规范办园行为的体系和制度,包含办园批准权限、办园规划、办园主体、办园经费等方面的内容。按照《国家中长期教育改革和发展规划纲要(2010—2020 年)》的要求,我国当前应建立政府主导,社会参与,公办民办并举的办园体制。办园体制是学前教育行政的一个组成部分,在很大程度上影响着学前教育的规划布局、均衡发展、教育教学质量等。近年来出现的"入园难,入园贵",区域之间、城乡之间学前教育失衡，办园主体不清晰等问题都与学前教育办园体制有关。

园长负责制是指幼儿园在上级教育行政部门的宏观领导下，以园长对园内工作全面负责为核心，同党支部保证监督、教职员工民主管理有机结合，为实现幼儿园的工作目标，充分发挥领导职能的三位一体的管理格局。园长负责制是一个结构概念，反映了园内领导关系的结构方式。园长负责制明确了园长对幼儿园工作具有最高行政权。园长作为幼儿园的法人代表，对外代表幼儿园，对内统一指挥和领导全园工作，对上级承担幼儿园管理的全部责任。因此，园长要遵纪守法，服从上级教育行政部门和幼儿园主办方的领导，同时，还必须接受幼儿园党组织和教代会的监督，实行民主管理，从而更好地管理幼儿园。

在我国，当前幼儿园的管理体制主要是园长负责制，对园长的职责有明确规定。园长的职责主要包括以下几个方面。

(1)贯彻执行党和国家有关幼儿教育的方针、政策，以及教育法规、规章，坚持正确的办园方向。

(2)负责教职员工的思想政治工作、职业道德教育，组织文化、业务学习；维护教职员工的正当权益，关心并逐步改善教职员工的生活和工作条件；发挥教代会在幼儿园民主管理中的作用，调动和发挥教职员工的主动性、积极性和创造性。

(3)主持幼儿园的保教工作。领导和组织安全保卫、卫生保健工作，贯彻有关的法规和规章，确保幼儿在幼儿园的安全、卫生和健康；领导和组织教育工作，贯彻执行国家幼儿园课程标准，促进幼儿身心和谐发展；领导和组织行政工作，包括对工作人员的考核、任免和奖惩，以及对园舍、设备和经费的管理等。

实行园长负责制的目的是增强幼儿园的办园自主权，使幼儿园成为独立的经济实体。

【案例分析】

某单位所属幼儿园的陈老师，在日常工作中不能很好地遵守劳动纪律，时有迟到、早退等情况发生。在年底发放奖金时，园长根据奖惩制度从其年终奖中扣发 150 元作为处罚，并将这 150 元奖给工作认真负责的李老师，以期起到奖优罚劣、奖勤罚懒、调动职工积极性的作用。陈老师心里感到很不平衡，认为幼儿园工作量大，放松一下没什么了不起，况且也没出现什么意外情况，于是要求园长退还扣发的奖金。园长认为，既然制定了规章制度，就应该认真贯彻执行，否则会挫伤本园职工的积极性，因此拒绝了陈老师的要求。陈老师很愤怒，认为园长对自己有看法，所以打击报复自己，陈老师还对园长进行了人身攻击，并让家里人和她一起到幼儿园里大吵大闹，看到园长没有让步的意思，又找到上级领导哭闹，歪曲事实。此领导在没有调查清楚的情况下，轻率地表态，认为批评一下就可以了，让园长把扣发的奖金还给陈老师，这样就使得园长处于两难的境地。但该园长没有盲从上级领导，而是写材料交给上级，讲明情况：如果不能贯彻执行幼儿园的规章制度，那么自己就无法胜任园长的工作，况且自己的做法是正确的。上级领导对此很重视，经反复调查研究，做出决定：①给陈老师记处分一次，扣发奖金不予退还；②表扬该园长对工作认真负责，将制定的方针政策贯彻执行到底的做法。

思考

从学前教育管理体制的角度出发，谈谈你对这个案例的看法。

第二节　国外部分国家的学前教育管理体制

一、英国的学前教育管理体制

英国现行的学前教育管理体制主要具有以下特征：中央与地方分权的学前教育行政体制、多样化的办园体制、园长负责制的幼儿园管理体制。

1. 中央与地方分权的学前教育行政体制

英国的学前教育管理实行国家、地方、幼儿园三级管理的体制，国家负责制定幼教方针、政策、法规、制度；地方负责贯彻执行国家政策法规，以及机构设置、经费补助、教师聘用等管理工作；幼儿园负责园所的内部管理。英国这种三级管理的学前教育管理模式经历了一个发展过程，最初强调地方政府的自主权，淡化中央政府的领导和管理权力，后来逐渐地改变了这种格局，通过调整机构和颁布一系列重要政策加强了中央政府对学前教育的统一管理。

2. 多样化的办园体制

英国的学前教育机构多种多样，主要有幼儿学校、幼儿班、附设在小学中的保育学校和保育班、"确保开端"儿童中心、学前班、居家保育及游戏小组等。幼儿学校、幼儿班、附设在小学中的保育学校和保育班属于义务教育体系，主要招收5岁以上的幼儿；"确保开端"儿童中心、学前班、居家保育及游戏小组等属于非义务教育体系，主要招收5岁以下的幼儿。

3. 园长负责制的幼儿园管理体制

幼儿园由管理委员会聘任园长，园长负责管理日常事务，包括岗位安排、人员的任免和考核等。具体事务的处理流程由工作人员交给园长，经园长同意后方可执行。

二、美国的学前教育管理体制

美国现行的学前教育管理体制主要具有三个方面的特征：地方自主的学前教育行政体制、多元化的办园体制、园长负责制的幼儿园管理体制。

1. 地方自主的学前教育行政体制

联邦政府只是间接地发生作用，对各州的学前教育管理不具有强制性，是扶持性的，主要是通过项目合作、拨款奖励等方式间接地促进各州政府推进和实施相关法律、政策。各州享有充分的学前教育发展自主权，各州学前教育的发展具有显著的特色。

2. 多元化的办园体制

在美国，办园体制呈现出多元化的特征，主要体现在投入体制和幼教机构种类等方面。投入体制多元，政府、个人、企业团体均可申办幼教机构并管理。在美国的幼儿园中，公立幼儿园不到20%，私立幼儿园则超过80%。幼教机构主要有幼儿园、"提前开端"项目学前教育中心、幼儿学校、幼儿家庭教育组织等，种类繁多。

3. 园长负责制的幼儿园管理体制

在美国众多的学前教育机构中，基本上都实行园长负责制。园长负责幼儿园的内部管理，拥有比较大的办园自主权，如幼儿园的财物、事务等的处理，教学活动的开展，以及人员的管理等都由园长负责。美国大多数幼儿园的规模都不大，工作人员也不多，管理人员更少，多数情况下是一人兼多职。

三、日本的学前教育管理体制

日本现行的学前教育管理体制主要具有三个方面的特征：中央、地方合作的学前教育行政体制，二元化的管理体制，园长负责制的幼儿园管理体制。

1. 中央、地方合作的学前教育行政体制

日本最早实行的是极端集权的学前教育行政体制，现在逐步转变为中央、地方合作的学前教育行政体制。日本政府除直接拨款资助国立幼儿园外，还通过减免税收、提供园舍设备完善费等方式对私立幼儿园予以扶持。国立、公立、私立学前教育机构的经费分别来自国家、地方政府、办学团体或个人。

2. 二元化的管理体制

日本的学前教育机构分为保育所、幼儿园两种类型。保育所与幼儿园实行二元化管理，即保育所由厚生省管理，具有福利性质，受《儿童福利法》的制约，招收0～6岁缺乏保育条件家庭的幼儿，主要任务是保育，收费低廉，国家给予较多的补贴；幼儿园则由文部省管理，属于学校体系，受《学校教育法》的制约，招收3～6岁儿童，主要任务是教育。

3. 园长负责制的幼儿园管理体制

私立幼儿园实行园长负责制，一般只设一位园长，不设副园长，园长对人、财、物等的处理具有决定权。园长对教师实行聘任制，享有对教师的解聘权和奖励权，奖励金额的多少由园长决定。幼儿园更新、添置设备的决定权也在园长。此外，私立幼儿园的管理网络以注重效益为原则，因此，幼儿园的工作人员非常精干，职责分明，管理层次清晰。

四、俄罗斯的学前教育管理体制

俄罗斯现行的学前教育管理体制主要具有三个方面的特征：民主化的学前教育行政体制、多元化的办园体制、园长负责制的幼儿园管理体制。

1. 民主化的学前教育行政体制

俄罗斯早期实行的学前教育行政体制是国家对学前教育事业进行统一领导与集中管理，后来逐渐转变为给联邦和学校更多的自主权，使学前教育面向社会和市场，实行民主化管理，教育内容与方法趋向于民主化。

2. 多元化的办园体制

早期，俄罗斯由国家包办教育，实行单一的国立教育系统，目前，办学主体呈现出多元化的特征，逐步建立了国立、非国立和家庭教育系统，经费投入渠道多样化，重视教育的个性化和家长的不同需求。

3. 园长负责制的幼儿园管理体制

在幼儿园，园长是最高行政领导，一切工作都由园长来指挥。

英国、美国、日本、俄罗斯等国家的学前教育管理体制在学前教育行政体制、办园体制和幼儿园管理体制等方面各有特色。就学前教育行政体制而言，主要趋势是由中央集权向中央与地方分权、合作的方向发展；办园体制由单一化向多元化发展；高度重视园长在学前教育管理中的作用，实行园长负责制的幼儿园管理体制。

第三节　学前教育管理体制的功能与影响因素

一、学前教育管理体制的功能

学前教育管理体制是学前教育管理机构和学前教育管理规范的统一体，它包括学前教育行政体制和园所管理体制两个部分。园所管理是学前教育管理的重要组成部分，是属于微观层面的管理，具体是指幼儿园与托儿所等机构本身的管理，它从属于学前教育管理，受到学前教育管理的制约。因此，学前教育管理体制的功能可以通过学前教育行政体制和园所管理体制的职能来体现。

(一)学前教育行政体制的职能

教育行政体制是指一个国家的教育行政组织系统,主要由教育行政的系统机构设置、各级教育行政机构的隶属关系、权限划分等构成。所谓职能,是指职责和功能。教育行政的职能是什么?说法不一,其原因在于:教育行政的职能与教育行政机构的结构有密切联系,教育行政机构的结构不同,其职能也就有所不同;教育行政的职能与教育行政机构在整个教育行政体系中所处的层次不同。但总的来说,教育行政是国家行政的组成部分,也是一种管理活动。因此,它既具有国家行政的职能,即政治职能、经济职能、文化职能等,也具有一般管理活动的职能,即计划职能、决策职能、控制职能、督导职能、评价职能等。

我国教育行政的职能体现为各级政府及其教育行政机关对国家教育事业进行管理,发挥宏观调控的职能,具体是指贯彻教育方针政策,拟定教育法令、规章,编制教育事业发展规划,任用、考核教育人员,充实教育设备,规划教育基础建设,开展教育科研,进行教育督导、教育评价和教育统计等。

教育行政的作用是指教育行政主体对教育行政客体的作用,教育行政主要通过权力方面的限制作用和非权力方面的促进作用实现行政领导和业务领导。

1. 权力方面的限制作用

权力方面的限制作用是指教育行政主体根据法律的规定对行政客体或者限制其行为,或者要求其承担一定的义务,主、客体之间是一种行政支配关系和领导控制作用,具有权威性和强制性。

教育行政主体的权力主要是通过行政指令与教育立法来体现的。

行政指令是教育行政主体凭借上、下级之间的权力与服从关系,对教育活动进行管理的一种手段,包括制定教育发展战略、方针、政策,部署教育的重点发展项目,直接任免教育行政机关或部门领导人,监督检查执行情况等。

教育立法是教育行政主体按照教育法律法规,对教育活动进行管理的一种手段,它具有权威性和强制性,保证教育沿着正确的方向发展。例如,《中华人民共和国教育法》规定,学校及其他教育机构的设立、变更和终止,应当按照国家有关规定办理审核、批准、注册或者备案手续。也就是说,我国对教育机构的设立实行登记注册和审批两种制度。

2. 非权力方面的促进作用

非权力方面的促进作用是指教育行政主体对教育行政客体的工作给予技术上、专业上的指导和建议,或给予经费补助,主要包括教育督导、教育经费拨发、提供师资培训或信息服务等,从而协助和促进教育的发展。

(二)园所管理体制的职能

管理职能的概念最早是由法国的管理学家法约尔提出的,他认为,在管理体系中包含着计划、组织、指挥、协调和控制五种管理职能。园所管理体制具有以下六种职能。

1. 决策职能

决策是管理的起点,管理必须以决策为基础。从某种意义上来说,管理就是一个从制定决策,到实现决策,到再次决策的过程。

1)决策的含义

决策是指个人或组织为了达到某种目标,而对未来一定时期内有关活动的方向、内容以及方式的选择或调整过程。

2)决策的特点

决策具有以下特点:①目标性;②可行性;③选择性;④适宜性;⑤过程性;⑥动态性。

3)决策的类型

从不同的角度,可以将决策分为以下几种类型:①组织决策与个人决策;②过程决策与阶段决策;③战略决策与战术决策;④价值决策与事实决策。

2. 计划职能

计划职能是决策职能的继续和延伸。计划职能的管理意义,不仅表现为决策职能的延伸,而且表现为决策实现的组织保证。

1)计划职能的含义

管理的计划职能是指设计达到目标的手段,具体包括编制长期的、综合的计划,以完成组织的总体任务;编制短期的、具体的计划,以指导日常的具体工作;对组织的各种计划进行管理,以保证决策方案的有效实施。

2)园所计划的分类

园所计划分为以下三种。

(1)A类计划,指按照时间序列纵向展开的工作计划,各个计划之间存在着密切的递进关系与延伸关系。

(2)B类计划,指按照不同的工作内容横向展开的工作计划,各个计划之间虽然没有直接的联系,但是由于这些计划往往都出现在同一个时间段,所以,各个计划都是围绕一个共同的目标,执行不同的工作任务。

(3)C类计划,指由园所内不同的组织或部门所产生的工作计划。

计划职能的行使主要是对园所的各类计划进行管理。由于园所工作的特殊性,其工作计划的种类与数量都相当多,几乎每一项具体的工作,都有相应的计划。应该说,幼儿园在计划管理方面的意识还是比较强的,但是,在运用计划管理的方法推进幼儿园的工作方面还存在着一定的问题,需要管理者认真解决。

3. 组织职能

组织职能具有保证决策目标实现和计划有效执行的功能。

1)组织职能的含义

管理是对组织而言的,而组织又是管理的一项重要职能。管理的组织职能主要是指通过建立一个适当的组织系统,来确定各成员的工作范围和职责,并协调组织成员的相互关系,从而将与组织有关的各种因素合理地组织起来,使组织成员在统一的指挥下,协调一致地实现组织的共同目标。管理者行使组织职能,就是要利用组织的机构和组织的功用来进行管理。组织职能的行使需要建立在组织设计的基础上。

2)组织设计的步骤

组织设计一般按以下步骤进行。

(1)组织系统图的设计。一般情况下,组织系统图是自上而下绘制的。

(2)职务设计。职务设计是指对组织中的职务结构进行设计。

3)组织设计的原则

组织设计应遵循以下原则:①任务目标原则;②分工协作原则;③责任权力一致原则;④结构合理原则;⑤统一指挥原则。

4. 指挥职能

在管理过程中,管理者实际上就是指挥者,管理者通过对下级组织下达命令、指导工作行使指挥职能。然而,管理者行使指挥职能的有效性,还取决于被管理者的情感认同与观念认同,认同程度越高,越有利于指挥职能的行使，反之，则不利于指挥职能的行使。

5. 控制职能

“控制”这个词最初源于希腊文，意思是舵手。舵手的作用在于操纵舵轮朝着目标航行。这就是说，控制是与目标联系在一起的，如果发现行为与目标不一致，就要通过一定的手段加以修正。这种修正需要通过信息交换对行为进行控制。

1)控制职能的含义

控制职能是指管理者在管理过程中，对各方面的工作进行有目的的干预和纠正，从而实现有效管理。没有控制，组织就无法正常运行。控制职能实际上是决策职能、计划职能、组织职能和指挥职能的综合体现。从某种意义上来说，决策就是对园所管理目标的控制；计划就是对园所管理过程的控制；组织就是对园所及其成员的控制。总之，园所管理的控制职能就是要对园所的一切管理环节和管理工作进行有效的制约。

2)控制的分类

控制可以分为以下几类。

(1)预先控制。预先控制是指当管理问题还处于萌芽状态，或者表现为一种隐患时，管理者就能及时发现，并进行处理。

(2)现场控制。现场控制是指把工作的失误或问题在现场进行及时的处理，严防现场问题向外扩展。

(3)层次控制。层次控制是指按照组织的机构、成员、工作问题等不同层面，采用不同的控制方法。

(4)反馈控制。反馈是控制过程中一个不可缺少的环节，没有反馈，就无法行使控制职能。为了获得反馈信息，人们必须追踪实际过程的进展，检查实际进程与原计划的一致性。

6. 协调职能

在管理过程中，管理者经常会遇到许多方面的矛盾，而这些矛盾的背后都存在着某种关系上的不平衡性，管理者需要协调这些关系，从而解决矛盾。这是提高工作效率的重要方法。

1)协调职能的含义

协调职能是指管理者对组织系统运作过程中的各种关系进行调整和处理，其目的在于保证组织系统中的各种关系的平衡性。

2)协调职能的行使

在行使协调职能的过程中，要处理好以下几个方面的关系：①上级与下级的关系；②组织与成员的关系；③组织与组织的关系；④成员与工作的关系；⑤内部管理与外部管理的关系；⑥内部组织与外部环境的关系。

3)协调职能与控制职能的关系

在管理的过程中，协调职能实际上是另一种形式的控制职能，协调也可以称为软性控制。从管理的功能上看，控制与协调这两种职能有一定的相同点。协调职能一般不像控制职能那样直接指向细节问题，更多的是从整体的角度主动调整各种管理关系或管理行为。从提高管理效果的角度来看，协调职能是对控制职能不可缺少的补充。

二、学前教育管理体制的影响因素及存在的问题

1. 政府的总体职责定位不清

在计划经济体制下，政府主要通过行政手段进行管理，随着计划经济向市场经济的转型，要重新明确政府在学前教育管理方面的职责。由于政府职能的新定位没有及时得到有效的执行，加上对学前教育的

重视程度不够，导致有些地区政府的管理职能弱化，出现了权不清、责不明的问题。与此同时，虽然学前教育在社会化和市场化方面的特点日益突显，但是在学前教育管理体制中，对政府的总体职责及如何发挥政府的主导作用仍然缺乏明确的规定。

2. 各级政府的职责定位不明

当前，我国在学前教育管理上实行的是地方负责，分级管理，有关部门分工负责的体制，但是由于没有对各级政府之间的职责进行科学的划分，使得各级政府的权限较为随意，容易造成权力过于集中的问题。由于各级政府对学前教育管理的职责定位不明，一方面，在相关制度和规范的建设上存在不同的依据，使各地区学前教育发展不均衡；另一方面，相互推诿现象严重，对于出现的问题不能及时确认责任主体，导致很多工作的开展都受到不同程度的阻碍。

3. 政府部门之间职责划分不清

在与学前教育管理相关的文件和规范中，对政府各部门的职责缺乏明确的规定，所以部分地区学前教育的发展存在着不同程度的混乱现象。另外，政府部门之间职责划分不清还会导致无法根据现有的规章制度对学前教育工作的开展实施有效的监督和管理，从而造成重复管理或者管理缺位。

4. 联席会议制度不完善

关于联席会议制度，在《关于幼儿教育改革与发展的指导意见》中有明确的规定，但在实际工作中，相关政策没有得到有效的执行。有的地区在相关文件中没有将联席会议制度明确列出，使得很多部门和人员忽略了这一政策的落实，有的基层行政管理部门虽然制定了联席会议制度，但没有有效执行相关政策，使其流于形式。另外，联席会议通常由教育部门牵头，由于缺乏更高等级的领导机构，使得联席会议的很多相关工作都无法有效开展，这也使得联席会议的统筹力受到极大的影响。

第四节　我国学前教育管理体制的变革

一、我国幼教事业的发展方针和管理原则

(一)我国幼教事业的发展方针

1988 年，《国家教委等部门关于加强幼儿教育工作的意见》中将我国幼儿教育事业的发展方针明确表述为：动员和依靠社会各方面力量，通过多种渠道、多种形式发展幼儿教育事业。

1. 发展幼儿教育事业必须坚持多渠道的原则

多渠道是指通过多种渠道创办幼儿园，不仅地方政府要创办幼儿园，而且要动员和鼓励各部门、各单位、群众团体及公民个人等社会力量创办幼儿园；不仅要有全民性质和集体性质的幼儿园，还要有个人创办的幼儿园。总之，幼儿教育事业的发展要适应社会和经济发展的需要，不断拓宽发展渠道。目前，我国已基本形成了国家、集体、个人一起办园的幼教事业发展格局。

2. 幼儿教育的组织形式要因地制宜、灵活多样

幼儿教育发展受经济、文化等要素的制约。在我国这样一个人口众多，经济、文化不发达且发展不平衡的大国中，要为学前儿童提供广泛的受教育机会，仅靠发展正规化的幼教机构是不现实的。进入 20 世

纪80年代以来，世界上的发展中国家都在致力于探索一条低费用、高效益的发展学前教育的途径。我国近年来也在积极探索多种非正规教育形式，充分利用社会中蕴藏的人力、物力，发掘多种教育资源，以适宜的形式，多渠道发展幼儿教育，为适龄儿童提供尽可能多的受教育机会。经济不发达的贫困边远地区正在尝试发展各种灵活多样的非正规教育形式。例如，河北、贵州、安徽、广西等地区出现了游戏小组、幼儿活动站、巡回辅导站等，内蒙古牧区出现了草原流动幼儿园，解决了当地幼儿受教育的问题，得到了广泛的支持。

(二)我国幼教事业的管理原则

在我国，国家对各级各类教育管理实行中央与地方两级管理体制。中华人民共和国成立以后，随着幼教事业的发展，幼教管理体制也慢慢建立起来，并逐渐完善。1985年，《中共中央关于教育体制改革的决定》中明确指出，实行基础教育由地方负责，分级管理的原则，是发展我国教育事业、改革我国教育体制的基础一环。幼儿教育属于基础教育，管理体制被确立为地方负责，分级管理，有关部门分工负责。这既是我国现行的幼教行政管理体制，同时也是幼教事业管理的基本原则。

1. 地方负责，幼教事业管理地方化

幼儿教育是基础教育的一部分，把发展幼儿教育的责任和权力交给地方，是为了充分调动地方发展和管理幼儿教育的积极性，使其能够根据当地经济和社会发展的实际需要，统筹规划，合理布局，使幼儿教育更好地适应当地群众生产和生活的需要，有利于因地制宜地加强领导和管理。同时，幼教事业管理体制的地方化，可直接促进办园途径的多渠道化以及办园形式的多样化。

地方负责即政府负责，强调地方各级人民政府要把幼儿教育作为基础教育的重要一环来抓，一方面要贯彻国家有关幼儿教育的方针政策，另一方面要根据当地的实际情况，制定具体的政策、规章制度，对地方幼教事业的发展进行合理的规划和布局。

2. 分级管理，教育行政部门发挥主导作用

教育行政部门是政府管理各类教育的职能部门，其主要职能是综合管理、社会协调和业务指导。教育行政部门要发挥主导作用，实现行业化、专业化管理。

3. 有关部门分工负责，幼教事业管理社会化

由于幼儿教育事业本身涉及卫生、福利、文化、经济等诸多领域，所以必须动员全社会关心、支持和参与幼儿教育事业。例如，幼儿园的房舍、设备、卫生保健、教育和生活用品等各方面均需要得到有关部门的支持。因此，除了地方各级人民政府及教育行政部门外，幼教事业的发展还需要有关部门分工负责。

二、深化我国的学前教育管理体制改革

(一)学前教育管理体制改革面临的挑战

随着市场经济的快速发展，社会和经济环境都发生了较大的变化，对适龄儿童的学前教育质量也提出了更高的要求。在这种背景下，学前教育管理体制改革要持续推进并且不断创新，才能有效应对各种变化。

1. 增大政府的主导作用

服务型政府是目前政府建设和行政管理的基本目标，政府为学前教育发展提供的教育资源有限，入园难、入园贵已经成了一种普遍的社会现象。学前教育是重要的基础性教育，如果学前教育不能得到政

府的资源支持，将会产生严重的后果。因此，政府必须充分发挥自身的主导作用，增大对学前教育的公共资源投入。

2. 财政体制改革对学前教育管理体制提出了更高的要求

我国自实施分税制财政管理体制以来，各级政府财政收入的份额逐年增加，但是学前教育的资金投入大部分都要依靠地方政府，中央财政所占的比例很小。中央财政对学前教育的资金投入应当占较大的比例，这样可以减轻地方政府的压力，为学前教育的发展提供更有效的经费保障。

3. 学前教育形式的多样化对政府部门的权责划分提出了更高的要求

学前教育在整个教育体系中占有十分重要的地位，但是学前教育资源却相对紧缺，因此国家在相关的制度和纲要中对学前教育事业的发展有明确要求，并且强调了政府在学前教育事业发展中的主导作用，这对学前教育管理体制改革起到了一定的保障作用。为了实现学前教育的多样化发展，一方面，要扩大基层住宅小区配套幼儿园和乡镇小学在拓宽学前教育资源方面的作用；另一方面，针对当前数量越来越多的民办幼儿园，应当给予其更多的政府扶持，加强有效管理，为学前教育管理体制改革的持续开展提供更多的保障。

（二）深化学前教育管理体制改革的要点

学前教育管理体制存在的主要问题，集中在政府权责划分、部门协作机制构建、对学前教育的资金和政策扶持等方面，为了改革学前教育管理体制，应当从以下几个方面进行考虑。

1. 保证学前教育的公平性和有效性

公平性指的是保证所有适龄儿童都享有接受学前教育的机会；有效性指的是保证学前教育具有一定的质量。虽然公平性和有效性具有不同的内涵，但在学前教育管理体制中，这两者却是相辅相成的。公平性是学前教育管理体制改革的基础目标，有效性则是在公平性的基础上实现对教育过程和结果的更高层次的追求。因此，学前教育管理体制改革的首要方向是实现学前教育的公平性和有效性，这不仅是学前教育管理体制改革的重要任务，也是促进学前教育公共服务体系构建和完善的基本保障。

2. 实现政府职能的转变

学前教育管理体制长期受计划经济集中领导模式的影响，对市场经济条件下政府职能的转变不能迅速适应，由集中领导向地方负责转变，是学前教育管理体制改革的重要方向，因此，如何实现政府职能的转变，是学前教育管理体制改革的重要内容。改革开放以来，政府职能的逐渐弱化，是造成近些年学前教育发展缓慢的重要原因之一。要改革学前教育管理体制，就必须进一步明确政府的重要地位和作用。一方面，政府在政策引导、规划发展以及资源配置等方面具有得天独厚的优势，这是单纯依靠市场调节无法实现的，也是其他组织机构不具备的；另一方面，加强对学前教育的规范化管理是政府的基本工作职责，要始终坚持依法办园、深化公共服务的根本理念，通过公共服务体系的构建为学前教育事业的发展提供更多保障。因此，政府职能的有效转变，是实现学前教育管理体制改革的合法性与合理性的基本要求。

3. 坚持从实际出发的基本原则

目前，学前教育发展水平不均衡的现象较为严重，农村学前教育的普及程度相对较低，东部经济发达地区学前教育的普及程度远远高于西部经济不发达地区，这种不均衡的发展现状为学前教育管理体制改革带来了更大的挑战。对此，应当坚持实事求是的原则，遵循地区经济和社会发展的客观规律，坚持科学的学前教育普及目标，从地区经济发展的实际情况出发，针对不同地区学前教育发展的现状和特点，结合该地区行政体制改革的进程稳步推进学前教育管理体制改革。学前教育是我国教育体系的重要组成部分，学前教育管理体制的健康与持续发展，对我国教育体制改革的持续推进有着重要的影响，因此，在新课程改革的大背景下，要正确认识学前教育管理体制存在的问题，并进行相应的改革，以促进学前教育管理体制的不断完善。

【本章小结】

学前教育管理体制是学前教育管理机构与维持学前教育管理机构正常运转的制度的总称。目前，我国的学前教育管理体制存在以下问题：政府的总体职责定位不清；各级政府的职责定位不明；政府部门之间职责划分不清；联席会议制度不完善。改革学前教育管理体制，应当从以下几个方面进行考虑：保证学前教育的公平性和有效性；实现政府职能的转变；坚持从实际出发的基本原则。

【思考与练习】

1. 请谈谈你对我国学前教育管理体制的理解。
2. 简述我国深化学前教育管理体制改革的要点。

第四章

学前教育管理的原则与方法

【学习目标】

1. 明确学前教育管理原则的含义和确立依据。

2. 熟练掌握学前教育管理原则的具体内涵和贯彻各原则应注意的问题。

3. 掌握各种学前教育管理方法的特点、各种管理方法所适用的管理环境,以及运用各种管理方法时应注意的问题。

【案例分析】

某幼儿园的田园长,在一次全园教师会议上忽然发现陈老师将头发染成了红色,并且浓妆艳抹,衣着时髦,心里一惊,很想批评她。但田园长又想到陈老师年轻,也爱面子,如果当着这么多教师的面批评她,一定会让她很难堪的,但是,如果不指出她存在的问题,又可能会给幼儿带来负面的影响。经过短暂的思考,田园长心中有了主意。在会议即将结束时,田园长即兴做了题为"职业与仪容和着装"的简短演讲,善意地提醒教师在仪容和着装上要符合幼儿教师的职业要求。第二天,田园长见到陈老师时,惊喜地发现她的头发已经恢复了本色,衣着既整洁又朴素。

思考

该案例中,田园长主要遵循了什么管理原则?采取了哪一类管理方法?

第一节　学前教育管理的原则

一、学前教育管理原则概述

管理原则是对管理实践活动的科学总结,反映了管理活动的客观规律,是管理者在管理过程中所必须遵循的指导原理和行动准则。在不同的领域,指导该领域工作的管理原则会显示出不同的特点。学前教育管理原则是开展学前教育管理活动所必须遵循的基本要求,是全面指导学前教育管理活动的指南,是客观处理管理活动中一系列矛盾、关系或问题的基本准则。

在进行学前教育管理活动时,必须严格遵循学前教育管理原则,使一切管理活动在正确的原则的指导下进行,这样才能提高工作效率,实现学前教育的目标。否则,管理活动将无法正常进行,工作效率也会大打折扣,甚至偏离工作轨道,无法真正实现学前教育的目标。因此,在学前教育管理工作中,只有在正确的原则的指导下,才能实现有效的管理。

二、学前教育管理原则的确立依据

从理论上讲，学前教育管理学包含着教育和管理两个方面，是两者相互渗透而产生的一门边缘性学科。在实践活动中，教育工作是管理工作的依据，管理工作服务于教育工作，是教育工作顺利开展的保证。教育科学与管理科学的基本理论，是我们认识和研究学前教育管理规律的基本理论依据。

确定学前教育管理原则不能靠主观杜撰，而应有可靠的依据，既要遵循教育的基本规律，正确组织教育活动，又要遵循管理的基本规律，正确行使管理职能，并使二者有机地结合起来，通过教育以及管理的实践，客观、全面地分析和判断该原则是否具有正确性、严谨性和有效性。

因此，要确立正确的学前教育管理原则，必须先了解学前教育管理的基本规律的组成基础——教育的基本规律与管理的基本规律。

(一)教育的基本规律

教育是伴随人类社会的产生而出现的一种培养人的活动，随着社会的发展而发展，与人类社会共始终。对于教育的定义，各国学者有不同的认识。美国的杜威认为，教育即生活。[①] 英国的斯宾塞认为，教育为未来生活作准备。[②] 中国的陶行知认为，生活即教育，社会即学校。[③]

教育的基本规律可从两方面阐述。一方面，教育为政治、经济和社会的发展服务，这对促进社会公平、构建和谐社会具有重要意义，同时，教育也受到其服务对象的制约，这是反映教育与社会生产力、社会政治经济的关系的基本规律；另一方面，教育要满足年轻一代身心健康发展的需要，为教育对象的健康成长服务，这是反映教育与年轻一代身心发展的关系的基本规律。

以上规律反映了教育的本质，在确立学前教育管理原则时，要把学前教育的本质特性，即学前教育服务社会和服务幼儿身心发展这两条规律有机结合，作为确立学前教育管理原则的理论基础，既要符合社会和谐发展的需要，又要符合教育对象身心健康发展的需要。

(二)管理的基本规律

建立在管理实践基础上的现代管理学原理，是确立学前教育管理原则的基本依据，对学前教育管理具有重要的指导意义。管理学的四大原理，即系统原理、人本原理、责任原理和效益原理，为我国学前教育管理原则的确立和完善提供了系统的理论基础。结合管理学的四大原理，管理的基本规律可以概括为整体优化原理、合理组合原理、动态平衡原理、人本原理。

1. 整体优化原理

整体优化原理是现代管理科学中最基本的原理。管理主要是作用于组织的，组织作为一个整体，有整体的管理目标，组织的任何活动都不能偏离这个整体目标。要想实现理想的管理目标，就需要把组织管理中相互作用和相互依赖的各类要素，如人员、资金、时间、信息等，作为整体的组成部分，有效地加以平衡和调节，将其整合为一个有机的组织系统。组织整体并不是各个组成要素的简单相加，而是具有特定功能和共同目的的子系统的有机集合体，组织整体的功能远大于各个孤立部分功能的总和。

2. 合理组合原理

组合是指将组织内的各个组成要素按照一定的方式编排成一个有层次或有序的整体。系统内部各

---

① 唐斌，朱永新：《杜威"教育即生活"本真意义及当代启示》，《中国教育学刊》，2011 年第 10 期。

② 李巧平：《关于教育与生活的关系问题——斯宾塞"教育为未来生活作准备"与杜威"教育即生活"之比较分析》，《湖南大众传媒职业技术学院学报》，2006 年第 5 期。

③ 陆发春：《徽州走出的教育巨子陶行知》，《新华月报》，2011 年 2 月。

组成部分的不同组合方式，会使这些组成部分之间产生不同的关系，因而会出现组合形式各异的整体，这些组合形式不同的整体会产生不同的管理效应。管理是追求效率和效益的过程，只有根据实际情况合理地对系统内的各要素进行编排组合，形成一个严密有序的有机整体，带动全员发挥自身最大的优势和能力，才能使组织整体的功能远大于各个孤立部分功能的总和，从而使整体的管理效应实现质的飞跃。

合理的组合需要具备以下特征。

(1)有序性。组合的过程是一个从无序到有序的过程，通过调整内部元素的比例和结构，可以使组织结构趋于严密、合理，使组织更加有序地运行。

(2)聚合性。合理的组合可以使各要素更具有团队精神，团队精神是大局意识、协作精神和服务精神的集中体现，反映的是个体利益和整体利益的统一。团队精神可以使组织高效率地运转。

(3)适应性。一个具有活力和生存能力的组织，必须具备自我调节、自我控制和自我完善的功能。只有具备了这些功能，它才能适应外界环境的变化。

3. 动态平衡原理

一切事物都处于永不停息的运动、变化、发展之中，组织是一个开放的系统，系统与系统之间、系统与外部环境之间时时刻刻都在进行着物质、能量和信息的交流。随着外部环境和组织自身发展而引起的内部因素的不断变化，组织内部原有的相对稳定的平衡结构会被打破，从而引发一系列新的矛盾和问题。此时，管理者应适时地对组织进行调整，从而建立组织内部，以及组织与外部环境之间的新的平衡关系，以缓和外部环境及内部结构变化给组织稳定带来的冲击。如果管理者无视改革的要求，消极应对外部环境及内部结构的变化，将会加速组织整体的失衡，甚至会导致组织的瓦解。因此，管理者应及时更新时代信息，在不断变化的环境中，根据组织自身的发展规律制定相应的调整方针，以求得相对的稳定。

时代的不断发展决定了管理方式必然也要不断发展。20 世纪五六十年代，思想政治教育曾被作为一种最主要的管理方式。而在社会主义市场经济体制下，如果管理者仍然只谈思想教育，而不给予为组织做出较大贡献的员工合理的回报的话，很可能会导致人才的流失。

同时，在组织的不同发展阶段，组织的运行具有不同的特点，管理者所扮演的角色也有很大的不同。比如，在组织初创时期，管理制度不完善，管理者主要运用的是行政指令的管理方式，并且以身作则，而到了组织发展相对成熟、稳定的时期，组织已形成了一套完整的规章制度，管理过程主要是照章办事，以组织管理和制度管理为主，日常管理更多的是一种“例外管理”，这时，高层管理者的主要任务就是做出决策，而不是事无巨细，亲力亲为。①

4. 人本原理

以人为本，是科学发展观的核心。从管理学的角度，作为四大原理之一的人本原理，就是在管理过程中要以人为管理工作的出发点和中心，把人作为生产力中最活跃的部分，充分肯定人在管理活动中的主体地位和核心作用，围绕着人这个中心开展各项工作，同时实现人的全面发展。人作为一种特殊的资源，从某种意义上讲，不仅是管理的手段、工具，也是管理的目的。管理的根本目的是服务于人，这对教育管理来说，尤其具有启示作用。

三、学前教育管理的基本原则

学前教育管理的基本原则是学前教育管理工作中必须遵循的准则，尽管由于时代不同，地区和社会的发展程度不同，对学前教育管理会有不同的要求，但学前教育管理的本质特性在任何时期和任何地区

① 杜燕红：《学前教育管理学》，郑州大学出版社，2012 年。

都是基本相同的。我国台湾地区的幼儿教育研究者经过研究，曾提出如下几个学前教育管理的原则。

(1)专业化原则，主要指管理人员必须接受专业的训练，具有专业的智能素养。

(2)科学化原则，指要采用系统的方法，化繁为简，提高成效。

(3)学术化原则，指管理人员要经常进行学术研究，以便处理专业问题。

(4)民主化原则，指要群策群力，集思广益，反对独断专横，以收到良好的工作效果。

(5)整体化原则，指要从整体着眼，顾全大局，善于协调。

(6)弹性原则，指要多做计划和准备，以便适应环境可能的变化和发展。

(7)绩效原则，指既要创造经济效益，也要重视教育效益和社会效益。

通过对过去不同时期和不同地区的学前教育管理原则的借鉴与总结，结合前文对教育和管理的基本规律的讨论，我们试着根据学前教育机构管理的特点，总结了一套学前教育管理的基本原则。

(一)方向性原则

管理是一种有目的、有方向的活动，学前教育管理的方向性原则要求学前教育机构必须拥有正确的方向，以及科学、合理的近期目标和中长期目标。在我国，学前教育管理的方向性原则要求学前教育机构必须坚持党的领导和社会主义办园方向，即为社会主义建设培养人才，促进教育对象德、智、体、美全面发展，同时要坚持以教育幼儿、服务家长为目标。

我国的《幼儿园工作规程》明确指出，幼儿园是对 3 周岁以上学龄前幼儿实施保育和教育的机构，幼儿园教育是基础教育的重要组成部分，是学校教育制度的基础阶段。《幼儿园工作规程》第三条指出，幼儿园的任务是贯彻国家的教育方针，按照保育与教育相结合的原则，遵循幼儿身心发展的特点和规律，实施德、智、体、美等方面全面发展的教育，促进幼儿身心和谐发展。《幼儿园工作规程》规定了幼儿园的性质和任务，体现了我国幼儿教育的目的。“教育幼儿”和“服务家长”是幼儿园工作的核心价值。一方面，保育和教育幼儿是学前教育机构的根本职责，教育好幼儿可以为人才的培养奠定基础，也可以为中华民族的兴旺和发达提供有力保障；另一方面，学前教育机构要尽可能地为家长服务，解除家长在保育和教育孩子方面的后顾之忧，让家长安心地参与社会生产和建设，为家长的工作和学习提供更多的方便。

在贯彻方向性原则时，需要注意以下问题。

1. 坚持正确的教育目标与指导思想

教育作为上层建筑，注定要为促进社会经济的发展提供服务，因此，学前教育机构的管理者必须在坚持正确的观念和行为准则的前提下，善于将国家对幼儿教育的总目标、特定历史时期社会对幼儿教育的要求、幼儿的发展规律以及学前教育机构的实际情况结合起来思考，通过群策群力，制订出科学、合理的园所发展规划，确定长期、中期和近期的工作目标，并逐步将这些目标转化为可行的计划，带领全体教职员工围绕着工作目标和相配套的计划，分工协作，扎实地开展学前教育机构的各项工作。

在管理过程中，不仅要考虑经济效益，更要考虑教育效益、社会效益，不能本末倒置，被利益驱使而违背学前教育的规律性，应该始终坚持追求高质量的教育效益和良好的社会效益。只有把“教育幼儿，服务家长”作为学前教育机构的指导方针，保持高质量的教育和服务水平，坚持以幼儿的全面发展为核心，设身处地地为家长着想，提供更方便、更贴合需求的服务，建立学前教育机构良好的声誉和可靠的社会形象，获得社会和家长的认可，才能吸引更多的生源和资助，才会产生一定的经济效益，使其在日益激烈的竞争中占据牢固的地位，不断发展。

2. 坚持党的领导

2015 年，教育部颁发了《幼儿园园长专业标准》，要求贯彻落实党的十八大和十八届三中、四中全会精神。《幼儿园园长专业标准》强调，园长要坚持社会主义办园方向和党对教育工作的领导，贯彻党和国家的教育方针政策，增强法治观念，依法办园。① 在学前教育管理中，应坚持党的领导，自觉接受上级党组织对园所的指导，使正确的党的路线和方针政策在园所得到贯彻执行，保证和监督园所行政工作的顺利进行，同时应在园所中建立党的基层组织，发挥党员干部和党员群众在工作中的先锋模范作用，在党的领导下，为努力建设优良的园所而奋斗。

3. 加强优良园风建设

作为培养、教育人的场所，学前教育机构应注重思想政治工作，加强教职员工的职业道德建设，提高教职员工的素质，调动教职员工的积极性，建设优良的园风园貌。

园所风气是学前教育机构整体素质的重要组成部分，也是一种精神状态和行为风尚。优良的园所风气一经形成，便成为一种巨大的教育力量，促进儿童身心健康发展，使全体教职员工全心全意地为家长服务，这种特殊的力量是任何规章制度和任何管理机构都不能代替的。

(二)整体性原则

学前教育机构作为社会系统的一个有机组成部分，其本身也是一个由多种元素、多个部门相互联系而构成的整体。学前教育管理的整体性原则要求在实现教育管理目标的过程中，要符合学前教育对象——幼儿本身的特性，遵循教育的客观规律，以保教工作为中心，统筹安排，在园所科学化构成的基础上协调规划机构内各个部门的工作，全面发挥学前教育机构的保教功能，实现育人的目的。坚持整体性原则可以帮助管理者正确处理学前教育机构管理工作中主要工作和次要工作、主要矛盾和次要矛盾、整体利益和局部利益、教育工作和管理工作之间的关系。

在贯彻整体性原则时，需要注意以下问题。

1. 遵循教育规律，保教结合

以保教工作为中心，是由学前教育机构的性质和任务决定的，它与特定阶段幼儿身心发展的特点相适应，也是学前教育区别于其他阶段普通教育的特征之一。幼儿的身体机能、认知、情感、心理等处于发展水平较低、受外界影响较大的阶段，所以幼儿尤其需要保育员、保教员给予他们全面、科学的引导和照顾，使他们在健康、良好的氛围中学会学习，学会做事和做人。长期以来，受社会发展压力和家长功利化思想的影响，学前教育实践中存在着“重教轻保”“重智轻德”“重量轻质”等小学化现象，把小学中的读书、认字、算术等教学内容放在幼儿教育中，忽视幼儿良好行为习惯的养成，严重违背了幼儿身心发展的规律。因此，学前教育机构在开展一切活动时，必须以保教工作为中心，坚持教育教学和悉心保育并重，注重两者的结合渗透，只有这样，才能保证学前教育机构管理目标的实现。

2. 协调机构内的各种因素，统筹部署

学前教育机构管理者要善于区分工作的主次和轻重缓急，掌握机构内各部门工作的性质和要求，合理、科学地配置人力、物力、财力、时间、空间、信息等资源，统筹部署，使机构内的教育、饮食、医务、保卫、园区环境建设等方面的工作围绕保教工作展开，以实现系统效益的最优化。

3. 整合外部力量

学前教育机构作为社会系统的一个有机组成部分，必然会受到其所处的社会环境的各种因素的影响。学前教育机构、家庭和社区是幼儿生活和学习的重要场所与环境，三者的关系会越来越密切。就学前教育的国际经验来看，近年来，幼儿园社会功能的多样化、办园形式的小型化和家庭化、学前教育服务的社区化等，都是普遍的发展趋势，并且已经在促进儿童发展、有效利用幼教资源等方面显示出显著的成

① 朱峰:《教育部出台60条校长园长专业标准　强调师德违规处罚》。

效。在我国，幼儿园一直是学前教育的主要阵地，提高幼儿园的教育质量对幼儿身心的健康发展具有重大意义。但是，要提高学前教育的质量，仅靠幼儿园单方面的努力是不够的，还必须使教育从幼儿园封闭的围墙中解放出来，走进家庭，走进社区，构建幼儿园、家庭、社区合作的学前教育将是提高学前教育质量、促进幼儿身心健康发展的主要措施和方向。① 学前教育管理者应在发挥学前教育机构主体作用的同时，善于整合园内、园外资源，形成教育合力，以达到最佳的教育效果，更好地完成教育幼儿、服务家长的双重任务。

(三)民主管理原则

《中华人民共和国宪法》第二条规定，中华人民共和国的一切权力属于人民。人民依照法律规定，通过各种途径和形式，管理国家事务，管理经济和文化事业，管理社会事务。这表明，人民群众既是管理的客体之一，也是管理的主体。在学前教育管理中，人是核心，民主管理原则要求管理者在学前教育管理过程中，要处理好管理目标的实现和良好人际关系的建立之间的关系，遵循教育管理方针和规律，通过民主管理充分调动员工的积极性，使全员投入到学前教育机构的建设工作中，为学前教育机构的兴旺发达提供保障。

在贯彻民主管理原则时，需要注意以下问题。

1. 以人为本是前提

人类社会进入充满机遇与挑战的新世纪，办学理念与管理实践迫切需要全面的革新与提升，应注重以人为本的管理理念，实现科学精神与人文精神的融合。以人为本作为贯彻学前教育管理原则的前提，要求把教职员工作为管理的中心，以尊重教职员工的人格、工作、合理需求为基础，关注每个教职员工的价值和奉献，以人与人之间的感情为纽带，创造相互理解、团结合作的工作环境，依靠科学、合理的激励机制，使全员发挥最大的力量，并且通过对教职员工的继续教育使他们自身得到发展。要贯彻以人为本的管理理念，充分发挥人的积极性，首先要做到了解人、信任人和培养人。②

2. 建立健全的民主管理机制

学前教育管理机构要想真正地实现民主管理，就应在坚持党的领导这一方向性原则的前提下，坚持群众路线，为群众的广泛参与创造条件，建立群众性的监督咨询组织和相应的活动制度。《幼儿园工作规程》规定，幼儿园应当建立教职工大会制度或者教职工代表大会制度，依法加强民主管理和监督。明确的规章制度的建立，既可以使教职员工体会到被尊重以及自身的合法权益得到保障，又有利于调动教职员工的积极性，激励他们主动开展工作。

3. 协调民主与集中的关系

民主和集中是相对而言的，在充分实行民主管理的同时，学前教育机构的管理者还应掌握自身的决策权，坚持正确的办园原则和方向。在实际工作中，由于组织内各员工所处的岗位不同，与自身利益关联的元素不同，其看问题的立场也就有所不同。有时，教职员工看待问题大多是从个人的立场出发的，缺乏全局性，并因此导致意见不同，甚至使矛盾加剧。这时，管理者就要以保障园所的利益为前提，协调各方的需求和意见，从更高、更广的角度审视具体问题，从大局出发，不能一味地充当老好人，也不能使所有的问题都通过教职员工投票解决，只有通过充分的沟通和权衡，才能真正做出符合集体利益的决定。

(四)有效性原则

有效性原则要求用最少的投入，通过合理、科学的管理方式，创造出最好的经济效益和社会效益，这

① 刘贺佳，何珍：《浅谈幼儿园与家庭、社区合作共育》。

② 吕惠萍：《以人为本理念下的幼儿园管理刍议》，《科教导刊》，2010 年第 21 期。

种效益的最大化也是管理的根本目的。在学前教育管理中，有效性原则要求在正确的办园方向和目标的指导下，重视办园效益，通过科学、合理的管理方式，充分协调组织内的人才、资金、物品、信息、时间、空间等资源，充分发挥各要素的功能和潜力，提高管理效率，以最少的投入，高效率、高质量地完成学前教育机构的任务，为社会培养人才，同时为家长提供优质的服务。

在贯彻有效性原则时，需要注意以下问题。

1. 建立合理的管理机制

学前教育机构管理的制度化、规范化和程序化是实现机构管理效益最优化的基本保障。科学、合理的组织机构，是一个层次清晰、职责分明的系统，系统内既统一领导，又分工协作，保证管理活动正常有序地进行。而科学、合理的组织机构，需要以有效性为最终目标，建立健全的以岗位目标责任制为核心的各项管理制度，规范各部门的权力和责任；需要将各部门人员的工作有效地组织起来，形成前后连贯、环环相扣、相互促进的系列；需要形成稳定、正常的工作程序和制度，包括全园性制度、部门性制度和各种奖惩制度等，通过对各类人员的考核、评价，奖优惩劣，实现制度规范和组织规范的完美结合。

园所的一切管理工作都要按照一定的程序开展，只有这样，才能不断地完善管理工作，提高工作质量和效率。

2. 合理配置、有效利用资源

合理配置、有效利用学前教育机构有限的人、财、物等资源，充分地发挥这些资源的作用，为幼儿园的管理创造良好的条件，是实现有效性原则的核心。管理者需要对园内所有的资源进行全面的了解，例如对员工，可以通过建立员工档案，收集员工的学历、职称、工作年限、工作业绩、特长、业余爱好、兴趣、性格等信息，以便为其安排合适的工作岗位，使其充分发挥自己的特长。在所有的管理要素中，人是最具有能动性的关键要素，是组织中最宝贵的资源。对不同能力和水平的教职员工应该有不同的要求，并采取与之相适应的管理方式，合理地运用激励机制，从而发挥组织成员的聪明才智和潜能，获得良好的管理效益。

学前教育机构要坚持自力更生、勤俭办园的方针，开源节流，实现经济效益的最优化。管理者要合理利用资金和物资，科学经营，提高资金和物资的利用率，同时，要加强对教学仪器和设备的管理，定期维修保养，以延长其使用寿命，实现物尽其用。

管理者还要合理、有效地利用时间和信息等资源，根据事情的主次和轻重缓急进行合理安排，提高时间的利用率。另外，在信息化时代，信息作为一种特殊的资源，既是管理者进行计划和决策并对管理过程进行有效调控的依据，也是管理者与教职员工、家长沟通的纽带，所以，加强信息管理对学前教育机构也具有重要的意义。

（五）内外协调原则

学前教育机构是社会系统的一个有机组成部分，与社会密切联系，不可避免地会受到来自学前教育机构内部和外部环境的多种因素的影响。社会发展的多元化向幼儿教育和幼儿园管理提出了挑战，学前教育机构与外部环境之间也会相继产生一些矛盾和冲突。这些都使得当前的学前教育管理面临的问题复杂而尖锐，因此必须在坚持正确的办园方向的前提下，内外协调，根据情况的变化采取有针对性的措施，动态地调节管理活动，提高保教工作的质量和管理水平，使各项工作取得成效。

内外协调原则要求学前教育机构的管理者自觉认识到外部环境因素和学前教育机构内部因素的变化，主动采取与之相适应的管理措施，实行动态管理，对内要处理好各部门之间、各员工之间以及各项工作之间的关系，使各项工作规范、有序地进行，对外要协调好学前教育机构与其他社会组织、社区、幼儿家庭之间的关系，缓解学前教育机构内部，以及学前教育机构与外部环境之间的矛盾和冲突，实现有效的管理。

在贯彻内外协调原则时，应注意以下问题。

1. 处理好学前教育机构内部各要素之间的关系

学前教育机构是由人、财、物、时间、空间、信息等多种要素组成的，这些要素之间往往相互关联，形成不同组合和形式的复杂关系，包括人员之间、部门之间、工作之间、人与工作之间的关系等。管理者必须协调好学前教育机构内部的种种关系，只有这样，才能推动学前教育机构的各项工作有秩序地开展。

2. 处理好学前教育机构与外部相关组织之间的关系

学前教育机构作为社会系统的一个有机组成部分，必然会与外界环境产生千丝万缕的关系，这些关系必须得到管理者的重视。只有协调好学前教育机构与外部相关组织之间的关系，才能保证保教工作和管理工作的顺利开展。

1)处理好学前教育机构与上级主管部门之间的关系

学前教育机构的管理体制与工作方式直接受到上级主管部门的政策和思想的影响，学前教育机构的管理者应当贯彻落实上级主管部门的方针政策，同时主动采取有效的方式向上级主管部门反映实际情况并汇报工作，使上级主管部门了解园所的实际需求，并给予一定的指导和支持。

2)处理好学前教育机构与社区、幼儿家庭之间的关系

家、园、社区合作是世界幼儿教育的发展趋势，也是幼儿教育现实的需要。学前教育机构、家庭、社区的教育能够实现优势互补，有利于教育资源的充分利用，也有利于协调相关的社会力量，形成教育合力，促进幼儿的全面、健康发展。

3)处理好学前教育机构与小学之间的关系

著名教授哈克在《幼小断层理论看法国的幼小衔接措施》中曾说过，从幼儿园到小学，不仅学习环境发生了变化，教师、朋友、行为规范和角色期望等因素也发生了变化。他还提出了在这一时期会出现的六个断层问题：人际关系断层、学习方式断层、行为规范断层、社会结构断层、期望水平断层、学习环境断层。因此，做好幼小衔接工作是一件非常重要的事情，需要教师和家长共同努力，为幼儿更好地适应小学生活做好准备。①

4)处理好学前教育机构与其他社会行业之间的关系

学前教育机构所在地区的经济发展水平、市场供应状况、治安状况等，从物质和精神两个方面影响着学前教育机构的教育和管理水平。因此，学前教育机构的管理者要关心社会状况，及时采取有效的措施去适应社会状况的变化，从而提高管理效益。

3. 处理好内部协调与外部协调之间的关系

学前教育机构的内部协调与外部协调是相互影响的，内部协调是基础，外部协调是必要条件。只有协调好学前教育机构内部的工作，提高保教质量和管理水平，才能赢得家长、社会和上级主管部门的认可和信赖。同时，外部也要通力合作，多方面协调和支持学前教育机构内部的工作，这样有利于机构内部工作的顺利开展。

4. 灵活应对，稳中求变

学前教育机构在管理工作中应在坚持方向性原则的基础上，灵活应对内部及外部环境的动态变化，有针对性地调节管理策略和方法，保证管理工作沿着既定的方向顺利开展，从而实现管理目标。

(六)经济效益与社会效益相结合的原则

学前教育机构作为社会系统的一个有机组成部分，是国家教育体系中的重要一环，应该为社会发展提供人才，为构建和谐社会服务。学前教育机构的效益除了以自身营利为目的的经济效益外，还包括其对宏观经济和社会的综合影响，即社会效益。经济效益和社会效益是相对而言的，两者相辅相成，经济效

① 贺沙沙：《论幼儿如何向小学生转变——浅谈幼儿园与小学的衔接》，《学周刊》，2011年第10期。

益是社会效益的基础和前提，社会效益是经济效益的条件和保障，没有社会效益的经济效益注定不能长久。

在贯彻经济效益与社会效益相结合的原则时，需要注意以下问题。

1. 保证学前教育机构的福利性和普惠性

学前教育机构的主要职能是保教和服务，具有福利性和普惠性的特质。学前教育机构要以满足社会需要为出发点，以社会效益为根本，改善教育环境与教育质量。适当地提高收费标准对学前教育机构更好地发挥保教和服务职能有一定的促进作用，但在实际生活中，一些学前教育机构的管理者一味地追求经济效益，这样会使学前教育机构丧失所应有的福利性和普惠性的本质属性，这与当前我国政府大力倡导的教育公平及构建和谐社会的要求是背道而驰的。

2. 采取多种措施确保经济效益和社会效益并重

对于私立园所来说，满足社会需求和追求经济效益之间并不是矛盾的，而是相辅相成的。私立园所在追求合理的回报的同时，也要考虑学前教育的社会性，积极为国家和政府服务，通过实现社会效益体现其办园品质，这样，私立园所将会得到政府更多的优惠政策和资金支持，从而有利于私立园所的良性发展。教育行政主管部门应创造各种条件加强园所之间的观摩、交流，鼓励那些条件较好的公办园所对一些刚刚起步的私立园所提供帮助和指导，更好地发挥优质园所的引领示范作用，使学前教育机构尽可能地注重社会效益。

（七）规范治理原则

随着近些年一系列国家关于发展学前教育的政策法规的颁布，学前教育管理工作渐渐走上法治轨道，学前教育机构也必须有一套健全的管理制度，使所有工作有章可循，有法可依。原教育部部长袁贵仁在 2014 年全国教育工作会议上强调，要加快推进教育治理体系和治理能力现代化。[①] 推进教育治理体系和治理能力现代化在幼儿园的具体体现就是要依法办园、规范办园。

在贯彻规范治理原则时，应注意以下问题。

1. 建立健全的规章制度，做到有法可依

为了加强幼儿园的科学管理，提高教育质量，依据《中华人民共和国教育法》制定的《幼儿园工作规程》等国家政策和规章制度是幼儿园必须遵守的法规和制度。另外，各幼儿园应在国家政策的指导下，根据本园的特性和实际情况制定一套完整的适用于本园的具体化的规章制度，用以规范全体教职员工的行为。同时，管理者必须加强全体教职员工对规章制度的解读和学习，让他们了解这些规章制度，让全园的管理和工作有法可依，这是规范治理幼儿园的前提。

2. 执法必严，违法必究

要想使幼儿园的各项规章制度体现出约束力和强制性，就要做到有法必依。管理者应注意落实所制定的规章制度，严格要求全体教职员工遵守，并勤于检查和监督规章制度是否执行到位，发现问题应及时给予指导，公正处理，做到执法必严，违法必究。

3. 园长负责，分级督促

园长作为幼儿园的中心管理者，要以党支部的监督和教职员工的民主管理为支撑，充分发挥行政领导职能，加强对下级的管理。幼儿园可聘用责任心强、能以身作则的同志担任班主任，通过他们来帮助园

① 袁贵仁：《深化教育领域综合改革，加快推进教育治理体系和治理能力现代化——在 2014 年全国教育工作会议上的讲话》。

长督促更多的教职员工,形成园长领导下的管理网络。

4. 园长为首,加强监督

园长要以身作则,贯彻落实各项规章制度,自觉接受党支部及群众的监督,提高全体教职员工接受监督、规范行为的自觉性,只有这样,幼儿园才能弘扬正气,规范办事,提高效率。

第二节 学前教育管理的方法

管理方法是指为了实现管理目的而运用的手段、方式、程序和途径等的总称。在学前教育管理领域中,管理方法是指学前教育管理者为了完成一定的教育任务和实现教育目的所采取的与学前教育机构的各项管理工作相适应的形式、手段和措施等的总称。它既反映管理的一般规律,又和一定的社会文化现象密切联系。

创办和管理学前教育机构,不但要有明确的办园思想和管理目标、优良的师资和设施,也要遵循管理工作的客观规律,因地制宜,推陈出新,采取科学合理的管理方法对机构进行管理,这对于提高管理成效、实现管理目标具有重要的意义。

在学前教育机构的管理实践中,所运用的管理方法主要有法治方法、行政方法、经济方法和激励方法等。

一、法治方法

(一)法治方法的意义

法治方法是指学前教育机构的管理者通过国家制定的各种教育法律、法令、法规、条例和方针政策,对园所工作进行指导、调节的管理方法。

教育法律、法规、法令等是把体现统治阶级意志的教育宗旨、方针、政策法律化、规范化,以实现国家对教育的领导与控制。长期以来,我国的教育立法和司法工作没有得到应有的重视,各级管理者也不善于运用法律手段管理教育机构,导致了教育行政及教育机构内部的管理在很大程度上存在着无法可依或有法不依的现象。近些年来,我国颁布了《中华人民共和国义务教育法》《中华人民共和国教师法》《中华人民共和国教育法》等一系列教育法律文件,在幼教法规建设上也取得了可喜的成绩,20 世纪 90 年代以来,我国颁发了《幼儿园工作规程》《幼儿园管理条例》两个重要的法规文件,这对促进我国幼教事业的健康发展起到了重要的保障作用,同时也为幼儿园管理人员依法办园、依法治园提供了重要的法规依据。

(二)法治方法的特点

法律法规是由国家权力机关根据各自的职权范围,通过一定的程序制定和颁布的,各级组织和个人都要依法办事。

1. 强制性

法律法规明确规定人们应该做什么,可以做什么,禁止做什么。任何违反法律法规的行为都要受到国家力量的强制性纠正或制裁。

2. 规范性

法律法规是社会上的所有组织和个人行动的统一准则，对所有组织和个人具有同等的约束力。法律法规有极其严格的语言，准确地阐释一定的含义，并且只允许对它做出一种解释。所有的教育机构以及个人在教育法律法规面前都是平等的。

3. 稳定性

法律法规是具有普遍约束力的行为规范，因此，对它的制定、修改、废止都要非常慎重，从而保证法律法规的稳定性和持续性。朝令夕改会损害法律法规的严肃性和权威性。

(三)运用法治方法时应注意的问题

教育法律法规是统治阶级意志的体现，其实质是依靠上层建筑的力量来影响教育，控制教育机构的管理。法治方法并不是万能的，它只能在有限的范围内调整和控制学前教育机构内部的活动。事实上，在法治方法作用范围以外还存在着广泛的领域，有大量的管理工作要做。

1. 健全教育法规，做到有法可依

实现法治方法的关键是相关法律法规的制定。法律法规的制定一般具有滞后性，这就要求下属各级行政及管理部门时刻关注时政，与时俱进，针对学前教育发展的实际情况，及时出台相关的政策文件，并对一些过时的不适合现状的法律法规进行修订和更新，同时要借鉴国外教育立法的先进经验，建立一套适合我国国情的学前教育法规体系。

2. 做到依法办事，有法必依

如果不能做到依法办事，再完善的教育法规也是一纸空文。因此，在学前教育管理领域，教职员工要认真研读和领会各种教育法规文件，切实履行自己的职责，社会各界也要维护幼儿教师的合法权益，监督幼儿教师的行为，做到依法办事，有法必依。

3. 彰显人文关怀

法治方法也有一定的局限性，比如刚性过强、缺乏灵活性等，管理者不能过分地生搬硬套。另外，法律法规的惩罚并不是终极目的，而是为了保证工作正规合法、顺利达到目的而采取的一种保护和警示，管理者在执行法律法规时，应抱着“惩前毖后，治病救人”的态度，在依法办事的同时，彰显人文关怀。

只有加强法治管理，学前教育管理才能始终在法治的轨道上高效运行，以最优化的方式实现学前教育管理目标。

二、行政方法

(一)行政方法的意义

行政方法是指学前教育机构的管理者通过发布行政指令，直接对教职员工产生影响的管理手段。

采用行政方法进行管理时，学前教育机构中的各级各类组织及管理者的职责和权力范围是有严格规定的，各级之间的关系是明确的。行政方法的核心是各级各类组织及其管理者一定要有职务、有职责、有权力、有能力。如果职责与权力脱节，职务与能力脱节，就会影响行政方法的有效性。由此可见，行政方法意味着上级对下级有指挥和控制的权利，下级对上级有服从的义务。

任何一种社会活动，特别是管理活动，如果没有一定的控制和服从，都是不可能存在的。如果每个人想干什么就干什么，那就不会有共同的目标和协调一致的行动，也就不会有社会性组织及其活动的存在。

从这个意义上讲,行政方法对任何一种管理活动都是有必要的。

(二)行政方法的特点

1. 权威性

行政方法是以上级组织和管理者的权威,以及下级组织和被管理者的服从为前提的。上无权威,下不服从,就无法保证共同目标的实现,行政方法也就失去了应有的作用。

2. 强制性

学前教育机构的管理者在管理过程中有权对下级的行为进行强制性的干预,如果被管理者不服从命令,管理者有权进行强制性处理。强制性是行政管理的必然要求。

3. 单向性(垂直性)

行政指令的传递是单向、垂直的,上级对下级发出指示、命令等,下级执行。但是,如果行政指令的传递是完全单向的、无法反馈的,下级就会完全处于被动状态,员工的主观能动性便会被压制,主动性和积极性也会受到打压。

4. 无偿性

采用行政方法进行管理时,学前教育机构内部所进行的各部门之间的人力、财力、设备、空间、信息等资源的调配不考虑价值补偿,一切根据行政管理的需要进行统一调配。

行政方法在学前教育管理中具有重要作用,采用行政方法可以使纵向的信息比较迅速地传递到下级执行者,各种管理措施可以比较快地发挥作用,能够灵活地调配人力、财力、设备、信息等资源,保证学前教育机构内部上、下级行动的一致性,从而有利于管理目标的实现。

(三)运用行政方法时应注意的问题

1. 正确认识行政方法的局限性

虽然行政方法运用广泛,其作用不可忽视,但行政方法和其他方法一样,也不可避免地存在着局限性,主要表现为:第一,过分强调上级的权威,上、下级之间缺乏有效沟通,容易导致官僚主义;第二,不重视人的多方面的需要,使员工往往处于被动地位,员工的各种要求往往不能得到满足,从而不利于其能动性、创造性的发挥;第三,强调管理权力集中统一,管理者很多时候都是临时做出决定,下级不能根据情况的变化灵活采取应急措施和行动,使管理的适应性和灵活性受到限制;第四,行政方法的信息传递缺乏横向联系和必要的反馈,因此会影响学前教育机构内部上、下、左、右的沟通与协调。

2. 正确认识和对待权威的作用

为了有效地运用行政方法,管理者要正确认识和对待权威的作用,注意提高自身的素质水平。目前,幼儿园普遍实行园长负责制,国家通过教育法规的形式赋予园长一定的权力,目的是使园长在幼儿园管理中发挥更大的作用,更好地完成幼儿园的任务。但有一些园长不能正确理解园长负责制,把园长负责制简单地与“长官意志”等同起来,在工作中滥用行政方法,任意扩大行政方法的管理范围,随意强制下级接受自己的观点或命令,其结果是管理没什么成效,还挫伤了员工的积极性,也降低了自己的威信。因此,园长在运用行政方法时,应根据具体情况,将行政方法的运用限定在一个必要和可行的范围之内,并不断地加以完善,使其更符合幼儿园管理的客观规律。

【案例分析】

又是做操时间,园长发现中(1)班的明老师还是穿着高跟鞋做操,不免有些气恼:已经说过她三次了!

园长欲上前制止她的这种行为，转念一想，还是等她做操出现闪失或活动不方便时再指出其错误，这样针对性会更强。

然而整个做操过程中，明老师做得非常自然、顺畅，穿着高跟鞋的她跑、跳、转的动作做得也很到位，仿佛脚下是一双平底鞋。

幼儿园已有制度明确规定：教职员工带班时间不准穿高跟鞋。为了保持制度的严肃性，园长当面跟明老师说明其行为已违反幼儿园规章制度，要按规定给予她一定的处罚。不料，明老师却说："罚就罚呗，我懒得换鞋。"

事后，园务委员会给明老师做思想工作，她却振振有词地说："我穿高跟鞋带班已相当习惯，从来没有发生过踩小孩或扭脚等情况。况且，从树立幼儿园教师美好形象方面考虑，我这么矮，穿高跟鞋才能显现出气质和风度……"明老师私下还跟其他同事说："我就是不想听她们的话，她们上班可以穿高跟鞋，我们穿却要受罚，这不明摆着是领导整员工吗？"

一时间，这事在幼儿园里传遍了，给幼儿园的制度管理带来了诸多麻烦。

分析与思考

从表面上看，明老师明显违反了幼儿园的规章制度，按规定予以处罚是情理之中的事。但从更深的层次看，明老师的言行及此事在幼儿园中掀起的波澜，都说明该幼儿园在制度管理方面存在着亟待解决的问题。

首先，幼儿园员工对幼儿园规章制度的性质认识不足。规章制度是幼儿园的基本活动准则，它是依据国家立法机关和教育行政部门的规定，结合幼儿园的实际情况制定的，它是具有约束力的行为规范。因此，幼儿规章制度不是领导个人意志的体现。员工把执不执行规章制度简单地理解为听不听领导的话，进而认为领导依照规章制度实行处罚是有意整人，这样就极易产生逆反情绪，抵触规章制度的执行，继续我行我素，或失去工作热情，得过且过，极大地影响规章制度的执行。

其次，员工对规章制度的作用认识不够深刻。幼儿园规章制度是幼儿园各项工作正常开展的保证，有利于培养良好的工作作风，形成良好的园风园貌。幼儿园工作任务的特殊性，即要求一切工作从孩子出发，一切为孩子着想，决定了幼儿园规章制度不同于其他行业部门的规章制度。正是这些特殊的规章制度保证了幼儿园保教任务的完成。俗话说，"爱美之心，人皆有之"，穿高跟鞋对年轻老师来说，是一种美的体现，但穿高跟鞋带班却会给孩子带来很多意想不到的伤害，也不便于处理孩子活动过程中的突发事件。幼儿园规定教职员工带班时间不准穿高跟鞋是有必要的。

员工对这两方面的认识不足，说明该幼儿园的规章制度并未深入人心，因此产生不了积极的约束作用，更无法培养员工循章办事的自觉性。

建议

首先，坚持规章制度学习的经常性。幼儿园领导在执行制度的过程中应注反复讲解、宣传，使员工在实践中进一步明确工作要求。鉴于该幼儿园员工对规章制度的性质和作用认识不足，幼儿园领导的教育工作可以从头做起，将各类规章制度的具体要求暂且放在一边，把不同规章制度体现的精神实质转化为系列性的问题，组织员工开展"如何处理这些问题"的专题讨论，从而切实提高员工对规章制度的必要性和重要性的认识。

其次，坚持规章制度执行的严肃性。第一，幼儿园领导要以身作则，严格执行规章制度；第二，要注意规章制度执行的一贯性和一致性，定期、不定期地进行督促检查，避免因人而异，前紧后松。

最后，坚持规章制度制定和执行过程中的民主性、群众性。制定规章制度的出发点是使员工的言行符合幼儿园的工作需要，其落脚点是人的言行。员工主观能动性的发挥对规章制度的执行是很重要的。因此，在制定或修订规章制度时，要动员全园员工参与讨论，在统一认识的基础上做决定。这种做法既可以增强规章制度的可行性，也可以提高全园员工的积极性。对于执行规章制度的过程中出现的新问题，最好也采取员工讨论后做决定的方式，从而提高员工的认识，统一思想。如案例中出现的关于"领导是否可以穿高跟鞋上班"的问题，相信经过全体员工的讨论后会得到圆满的解决，同时也可以提高员工对规章制度作用的认识。

三、经济方法

(一)经济方法的意义

经济方法是指学前教育机构的管理者运用各种经济手段，调动教职员工的积极性，对教职员工的行为进行管理的方法。具体来说，经济方法是指根据教职员工的工作表现、实际成绩以及按劳分配的原则，运用工资、福利、奖金、罚款等经济手段，调节和影响教职员工的行为，从而提高管理效率，促进管理目标实现的管理方法。

心理学研究表明，物质利益是人们工作的基本动因之一。经济方法的实质是物质利益原则，即运用经济手段不断调整各方面的物质利益关系，把个人利益与集体利益结合起来，从而提高全体员工的积极性和责任感。如果不承认经济利益的调节作用，"吃大锅饭"，"干好干坏一个样"，就会严重挫伤教职员工的积极性。实践证明，经济方法在学前教育管理中的运用是一种客观要求，它是调动广大教职员工的积极性、提高管理成效的一种有效的方法。

(二)经济方法的特点

1. 利益性

将教职员工的工作业绩与个人物质利益直接挂钩，用物质利益作为杠杆调节教职员工的工作行为，是经济方法的根本特点。

2. 有偿性

经济报酬是根据"按劳分配，多劳多得"的原则进行分配的，付出得多，干得好，得到的经济报酬就多。教职员工的额外工作是一种有偿性的劳动，可以得到一定的补偿。

3. 平等性

工资、福利、奖金、罚款等是根据统一的价值尺度，按照员工的工作业绩来计算和分配的。在工作效率面前，人人都是平等的。

4. 间接性

经济方法最突出的特点就是不直接干预人们的行为，而是通过物质利益的调整间接地影响人们的行为。管理者通过制定一系列与员工的物质利益相关的措施、标准和奖惩制度，根据员工的工作业绩对他们进行物质利益的分配。至于员工在工作中究竟会采用何种行为，则完全由他们自己决定。

(三)运用经济方法时应注意的问题

1. 正确认识经济方法的局限性

经济方法在调动教职员工的积极性方面是有局限性的，因为人们除了物质需要外，还有精神方面的需要。经济方法不能解决一切工作问题，并且由于它是一种强调物质利益的管理方法，过分地运用容易导致金钱至上的错误倾向，使员工缺乏艰苦奋斗、无私奉献的精神。

2. 奖惩结合

在管理中运用经济方法时，必须奖惩结合。采用奖惩结合的管理方法时，必须注意以下几点。

(1)论功行赏，赏罚分明。

(2)慎重对待，不可滥施。奖惩的目的在于教育人，它关系到对一个人的某种肯定或否定，并直接关系到个人的物质利益，因此，必须慎重对待。赏得太滥，则无人珍视；罚得太滥，则无人畏惧。

3. 全面兼顾

管理者要考虑到人与人之间的能力差别是客观存在的，在运用经济方法时，既要考虑到不同工作水平的员工在经济报酬方面的差别，也要为每个员工提供最基本的物质保障。在社会主义市场经济条件下，幼儿园园长应正确行使办园自主权，依法合理地扩大幼儿园的经济利益。在实行分配时，必须全面兼顾，正确处理国家、集体、教职员工三者之间的利益关系。

四、激励方法

(一)激励方法的意义

激励方法是指学前教育机构的管理者运用马列主义、毛泽东思想、邓小平理论等与思想政治工作有关的理论，以及正确的人生观、价值观来教育、激励教职员工，提高他们的思想政治觉悟，提高他们贯彻党的教育方针和政策的自觉性，培养他们良好的职业道德，激发、调动他们的工作积极性，从而保证各项工作顺利开展的方法。激励方法又称为思想政治教育方法。

管理的核心就是要调动人的积极性，人的积极性的本质特点就是自觉性和主动性。在学前教育管理实践中，运用激励方法，可以帮助教职员工认识到学前教育对于社会发展和儿童个体发展的意义和价值，从而可以调动教职员工的积极性，使其创造性地开展工作，提高管理成效。在当前市场经济的背景下，学前教育行业工资水平不高，幼儿教师的付出与其社会地位和经济待遇不太相称，基于这种社会现状，激励方法对于激发幼儿教师的工作积极性具有不可替代的重要作用。①

(二)激励方法的特点

1. 启发性

激励方法并不会直接干预管理对象的具体行为，而是通过改变其思想意识，使其正确地决定该做什么及怎么去做，进而影响其工作行为。

2. 潜移默化性

许多学前教育机构的管理者会将思想政治教育目标寓于园所文化当中，通过渗透式的隐性教育来引导教职员工自主感知教育内容，自主选择教育信息，从而使教职员工的思想向着管理者所期望的方向发展。这是一个潜移默化的过程。转变人的思想不是一朝一夕就能完成的，需要长期不懈的努力。良好的思想品德和正确的价值观一旦形成，就会持久、稳定地对人的工作产生积极的影响。

3. 复杂性和多样性

学前教育机构的教职员工具有不同的社会和家庭背景，有着不一样的受教育程度、经济条件和个性特点，因此，他们的思想觉悟和接受能力必定存在差异。人的思想的复杂性和多样性，决定了激励方法具有复杂性和多样性的特点。

---

① 杜燕红:《学前教育管理学》，郑州大学出版社，2012 年。

(三)运用激励方法时应注意的问题

1. 正确认识激励方法的局限性

激励方法是通过思想和精神因素间接地影响管理工作的,不会直接决定管理的过程。现代学前教育管理不能沿用传统的管理理念和方法来管人,而应将最能管住人的规矩、道理融入人性化管理中,突出人性化管理的作用。激励方法所发挥的作用取决于教职员工个人的觉悟,而人的觉悟是千差万别的,并且,人性的弱点也可能会影响人的自觉行为。因此,激励方法是有局限性的。对于学前教育管理过程中的一些业务问题、社会心理问题,采用激励方法并不能有效地解决,因而激励方法并不是万能的。

2. 从思想和物质两个方面满足教职员工的合理要求

为了调动教职员工的积极性,学前教育机构的管理者要注意发挥物质生活需要对形成教职员工良好职业道德的促进作用,从物质和思想两个方面着手,一方面,要满足教职员工基本的物质生活需要,另一方面,要营造良好的氛围,经常主动地找教职员工聊天、谈心,为其提供成长的空间和机会,这样才能取得良好的管理效果。除此之外,管理者还要帮助教职员工消除焦虑,树立逐步满足生理需要、安全需要、交往需要的信心,这也应成为思想教育的内容。总之,管理者要从思想和物质两个方面满足教职员工的合理要求,力求切实打动、激励教职员工。

3. 教育的内容要讲究科学性

科学靠的是真理和知识的力量,学前教育机构的管理者只要正确运用马列主义、毛泽东思想、邓小平理论的基本原理,紧密联系学前教育领域的方针、政策,联系半个多世纪以来我国发生的巨大变化,特别是改革开放以来我国取得的举世瞩目的成就,联系教职员工的思想和工作实际,全面地进行思想政治教育和宣传,就能够有效地提高教职员工的思想觉悟。管理者在对教职员工进行思想政治教育时,教育的内容一定要符合马列主义和我国的实际情况,紧密联系学前教育领域的方针、政策,符合教职员工的思想和工作实际,实事求是,不回避现实问题,要能够切中要害。

4. 教育的方式要讲究艺术性

人的思想活动是有客观规律的,运用激励方法进行管理能否取得成效,关键在于管理者能否按照人的思想活动的客观规律,针对教职员工的思想实际,因时、因地、因人地进行思想政治教育。学前教育机构的管理者在运用激励方法进行管理时要做到以下几点。

(1)充分认识思想政治教育工作的长期性、艰巨性、复杂性,不要操之过急。

(2)进行思想政治教育时要正确选择适当的环境,创造良好的氛围,为思想政治教育的可接受性创造条件。

(3)思想政治教育是一门科学,也是一门艺术。艺术是靠感染力吸引人的,采用具有艺术性的思想政治教育方法,可以使教育更加生动、活泼、形象、直观。寓教育于闲谈之中,寓教育于娱乐之中,寓教育于日常的工作、学习之中,都是思想政治教育艺术性的体现。

以上介绍了我国学前教育管理工作中常用的几种管理方法。在现实的管理工作中,各种管理方法是相互联系、相互依存的,任何一种管理方法的作用和效果都是有限的,只有综合运用多种管理方法,才能取长补短,更好地实现管理目标。因此,学前教育机构的管理者要整体地、综合地运用这些管理方法,使其在学前教育管理中发挥更大的作用。

【本章小结】

学前教育管理应遵循的基本原则有方向性原则、整体性原则、民主管理原则、有效性原则、内外协调原则、经济效益与社会效益相结合的原则、规范治理原则。学前教育机构的管理者应该掌握这些原则的内涵，并在管理实践中遵循这些原则，通过法治方法、行政方法、经济方法、激励方法等学前教育管理工作中常用的方法对教职员工进行有效的管理。除此之外，管理者还应在管理实践中思考如何灵活运用这些原则和方法，不断总结和提升，形成管理艺术。

【思考与练习】

李老师是某幼儿园一位年轻的教师，聪明、漂亮、能歌善舞，工作能力也较强，曾被评为区骨干教师。但因家离幼儿园较远，每天需乘车上班，所以李老师经常迟到，还因此不能享受半年全勤奖，同时也在幼儿园内产生了不好的影响。李老师也经常为此懊恼，并产生了消极的情绪。一次，幼儿园召开职工大会，由教职员工自下而上地提出对各项制度的修改补充意见。李老师在讨论时提出迟到是家远、堵车等客观因素造成的，应该给予照顾。幼儿园规定，一学期迟到超过 3 次者不享受半年全勤奖。李老师提出应该放宽一次，即一学期迟到超过 4 次者不享受半年全勤奖。讨论时，有人认为家远造成的迟到应适当照顾，也有人认为家离幼儿园远的老师不止一个，有的老师就从来不迟到。

1. 你觉得该不该对李老师放宽要求？

2. 幼儿园应该如何处理教职员工的这些意见？

3. 怎样做才能既不影响李老师的工作热情，又能杜绝迟到的现象，还能保证其他教职员工没有怨言？

第五章

托幼园所的组织、规章制度、组织文化建设和特色培育

【学习目标】

1. 理解组织的含义以及托幼园所组织机构设置的意义。

2. 掌握托幼园所组织机构设置的依据。

3. 掌握托幼园所规章制度的含义、类型、制定原则，以及执行托幼园所规章制度时应注意的问题。

【案例分析】

新上任不久的某部门负责人姜老师，有较强的业务能力，工作热情、积极，经常加班加点地工作，并能主动配合园长完成幼儿园的各项工作，是园长的得力助手。

有一天，园长提前到幼儿园检查签到情况。这天正逢姜老师值班，姜老师应提前 30 分钟到岗，但 30 分钟后，姜老师才到幼儿园。园长马上向姜老师了解情况，姜老师这才记起来今天是自己值班。因为这几天她一直忙着组织教师设计、制作玩教具，所以把值班的事给忘了。园长听了姜老师的解释后，首先肯定了她的工作热情，并诚恳地告诫她，作为领导，虽然工作繁忙，但不能顾此失彼，更不能以此作为迟到的理由，要防止类似事情的发生，同时，作为领导，还要带头严格执行幼儿园的各项规章制度。

每月一次的月终考核开始了，根据考勤制度的有关规定，姜老师迟到 30 分钟，要扣发当月的考勤奖。园务会上，部分老师对扣发姜老师的考勤奖提出了不同意见：有的老师认为姜老师迟到是因为忙于幼儿园的工作，她平常加班加点拿不到加班费，迟到一次还如此惩罚，未免太严了；有的老师认为，不管怎么说，姜老师也是领导，园长应该给她留一点面子，不扣发或少扣发考勤奖……园长耐心地等大家发表完意见后，便组织到会的老师重温了幼儿园的考勤制度。园长说："如果姜老师迟到后找一个理由不扣发考勤奖，那么我们幼儿园以后执行考勤制度将会是怎样一种局面呢？如果因为姜老师是领导而妥协，那么我们以后该如何面对全园教职员工？"通过学习和讨论，老师们明确了制定和执行制度的目的、意义，提高了认识水平，统一了思想，姜老师也愉快地接受了扣发考勤奖的处理，并主动在会议上做了深刻的检讨，会场上响起了热烈的掌声，大家对园长严格执行制度表示满意，也对姜老师勇于承认错误表示钦佩。

思考

结合本案例，谈谈制定和执行规章制度的意义，并思考在执行规章制度的过程中要注意哪些问题。

第一节　托幼园所的组织

组织是人类社会活动的一种基本表现形式，每一项社会活动都要以组织的形式进行。在现代管理科

学中，组织是发挥管理职能，实现管理目标的重要手段。

一、托幼园所组织机构概述

（一）组织的含义

在中国，最早所说的“组织”，是指用蚕丝织物。后来，“组织”逐渐被理解为将无序的东西通过排列形成新的结构，产生新的作用。演变至今，“组织”有梳理、整理各种关系使之成为系统的含义。在西方国家，在管理理论初创时期，德国的著名学者马克斯·韦伯就提出了理想的行政组织体系理论。① 美国管理学家巴纳德认为，由于生理的、心理的、物质的、社会的限制，人们为了达到个人的和共同的目标，必须合作，于是形成了群体，即组织。② “组织”的英文为 organization，源于 organ（意思为“器官”），因为器官是具有特定功能的细胞结构，所以，“组织”的含义又演化为专门的人群，运用于社会管理中。③ 当今管理科学中的组织理论认为，组织是指为了有效地实现共同目标和任务，合理配置人力、物力、财力等资源，正确处理各种资源与各项任务、活动之间的关系而相互联系起来的系统。

（二）托幼园所组织机构的含义

托幼园所是教育性和公益性的社会组织，是为了达到一定的育人目标而共同活动的人群集合体。托幼园所组织机构是指按幼儿教育目的和程序，由互相合作的层级、部门和个人所构成的系统。托幼园所组织机构的设置是指通过建立适宜的机构及活动规则，确定领导关系和职权分工，将托幼园所所拥有的人力、物力、财力等组织起来，较好地实现托幼园所的任务目标。

（三）托幼园所组织机构的要素

托幼园所组织机构是按一定的目的和程序组成的较稳定的体系，具有以下四个要素。

1. 组织的共同目标

托幼园所是针对 3～6 岁幼儿实施保育和教育的机构，托幼园所的儿童需要成人的悉心照料，因此，在人员安排方面，托幼园所需要安排较多的保育员职位，同时需要配备后勤人员、医务人员等。总之，组织目标决定组织机构的设置，而合理、高效的组织机构又是实现组织目标的重要保障。

2. 纵向的等级系统

对于托幼园所的组织机构，往往会首先划分出纵向的等级系统。在有一定规模的幼儿园中，从园长、副园长、部门主任、班组长到每一个岗位的职工，通常会建立比较严格的上下级关系，上级管理并指导下级，下级接受上级的管理。理论和实践都证明，稳定的管理系统呈正三角形，如图 5-1 所示。

3. 横向的部门班组

组织机构在横向方面，显示出的是各平行部门的关系。在托幼园所中，常见的部门有教务组、各年级组、保健组等，有的幼儿园甚至设有专门的教学研究组。各部门的工作各有侧重，但又彼此关联，通过分工与协作，完成托幼园所的保教任务。

4. 明确的活动规则

在托幼园所中，层级、部门的关系纵横交错，为了保证各层级、各部门人员能高效互动，需要制定明确

① 昫熙：《马克斯·韦伯：组织理论之父》，《现代企业文化》，2012 年第 25 期。
② 尹刚，李金花：《浅析巴纳德系统组织理论》，《法制与社会》，2009 年第 36 期。
③ 张占耕：《企业组织的未来发展趋势》，《常州工学院学报》，2001 年第 1 期。

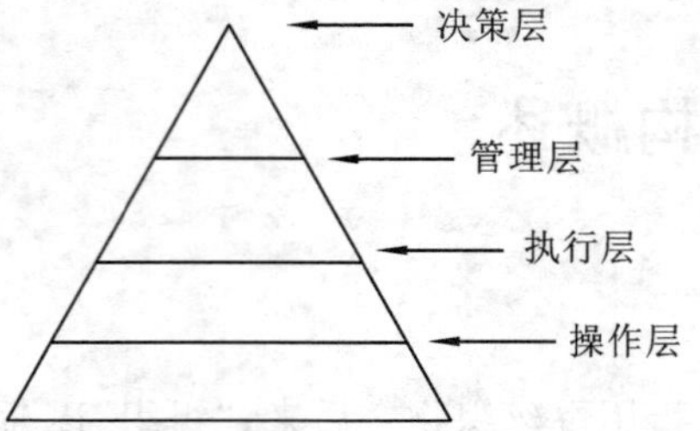

图 5-1 稳定的管理系统

的活动规则。这是支撑托幼园所组织框架的核心部分，它决定了托幼园所组织功能的发挥程度。

二、托幼园所组织机构的设置

（一）托幼园所组织机构设置的意义

托幼园所组织机构是组织教育幼儿的社会活动的载体，是发挥管理职能，实现管理目标的工具。美国著名管理学家德鲁克曾说，“没有机构就没有管理，没有管理就没有机构。”①

托幼园所组织机构发挥作用的关键在于它具有聚合、放大功能，从而可以形成一种扩大了的社会力量，即“1＋1＞2”。设置良好的托幼园所组织机构是具有内在关联性的有机整体，可以通过一定的机制进行内部和外部的协调，发挥管理职能。一方面，通过组织规范来协调成员的行为，形成共同意志并统一目标与步调；另一方面，通过协调和信息的沟通，使组织的活动更符合规律性，发挥复合叠加作用，从而形成扩大了的社会力量。

（二）托幼园所组织机构设置的依据

1. 国家和教育部门的有关规定

幼教机构是社会大系统中的一个子系统。在设置幼教机构时，必须明确幼教机构与社会系统的关系。国家和教育部门通过法律和行政法规等管理和调控各类教育机构。因此，设置托幼园所组织机构时必须了解国家和教育部门有关文件的内容与精神，将其作为托幼园所建设的根本依据。例如，教育部1989 年颁布的《幼儿园管理条例》规定了创办幼儿园的基本条件、审批程序，以及幼儿园的行政事务。

我国城镇相当一部分托幼园所由企事业单位创办，托幼园所组织机构的设置除了要符合国家和教育部门的有关规定外，还要符合主办单位的要求。

2. 托幼园所自身的实际情况

托幼园所组织机构的设置需要考虑托幼园所的内部环境和工作需要。例如，要根据托幼园所的规模大小、服务时间长短等确定组织机构的设置，同时还要从托幼园所所处的位置、自然地理条件，以及托幼园所所拥有的设备、资金、人员等方面的具体条件出发，考虑组织机构的设置与建设。

3. 理论依据

组织理论是在分析政策性要求和实际情况的基础上，进一步权衡组织机构设置的合理性、科学性时，用以参照的指导思想。

参照一定的组织理论是有必要的，政策性要求具有一定的时效性，托幼园所的实际情况也不是固定

① 马克平：《关于提高项目管理的五个建议》，《房地产导刊》，2013 年第 1 期。

不变的，特定时期有特定的状态，具有个别性、动态性等特点。因此，在设置托幼园所组织机构时应该寻找稳定的规律性的要求，以使组织机构的设置具有生命力，从而发挥组织机构的聚合、放大功能。抛开组织理论的指导而设置的组织机构，很可能缺乏合理性、严密性和稳定性，导致出现运转不灵、反馈不畅、人心涣散等不良现象，难以保证工作的顺利开展，更谈不上目标的实现。

托幼园所还要随社会生活条件的变化，以及社会对幼儿教育需要与要求的变化，对组织机构做出相应的调整，使之趋于完善，并不断发展。

(三)托幼园所组织机构设置的原则

在托幼园所组织机构的设置过程中，需要遵循一些基本原则，同时还要依据上级的有关规定并结合实际情况，做到组织与环境相互协调。

1. 任务目标原则

建立和设置组织机构就是为了实现一定的任务目标。进行组织机构的设置时，首先必须满足实现组织的任务目标的要求。管理者要明确确立组织的总任务和总体奋斗目标，并使组织成员明了和接受。通常需要将组织的任务目标分解为具体目标和工作内容，要坚持以“事”为中心，因“事”设职、设岗，围绕托幼园所的具体目标和工作内容进行组织建设，以提高组织效能。

2. 分工协作原则

在把握总体任务目标的基础上，按照分工协作的要求设置必要的工作部门，并安排各项工作，使各级各类部门与人员既有各自的任务目标，承担相应的职责，又明确相互之间的关系，相互协调配合，共同实现组织的总体任务目标。

3. 责权一致原则

责权关系的设计和实施是发挥组织职能的关键。分工就意味着明确各部门、各岗位的责任和应尽的义务，即要使各部门、各岗位知道自己要完成的任务和要做的事情是什么。组织中各岗位的确定和任务的分配要符合满负荷要求，从提高效率出发，定岗、定员、定编，并确定职责，使组织中各部门、各岗位责任分明。为了使各部门、各岗位真正担负起责任，组织应赋予各部门、各岗位相应的权力，做到责任和权力有机统一。

4. 结构合理原则

一个管理者直接指挥和协调的下级人员是有限度的，超过一定的数量，就不可能进行有效的管理，所以需要划分管理层次，减小每一级的管理跨度和宽度。但管理层次增多，会造成所需的人力、物力增加，同时也会产生上下联系渠道延长及信息传递复杂化等问题。设置组织机构时需要通过建立适宜的结构体系，达到宽度适当、层次合理的要求，从而做到指挥灵、信息通，提高管理效率。

5. 统一指挥原则

在管理工作中，要做到只有一个指挥中心，每个下属只接受一个直接上级的领导，要避免多重领导，否则必然会造成命令混乱，使组织产生内耗，甚至会使组织瓦解。该原则在实践中常常受到来自多方面的挑战，常见的情况有两种，以图 5-2 所示的等级关系为例进行说明。①

第一种情况：通常 D、E 只接受 B 的领导，F、G 只接受 C 的领导，B、C 不应跨越责权范围向对方的下属下达命令，否则，会导致员工 D、E、F、G 出现双重领导的现象，这样会使他们无所适从，从而会影响他们的工作效率。

① 杜燕红：《学前教育管理学》，郑州大学出版社，2012 年。

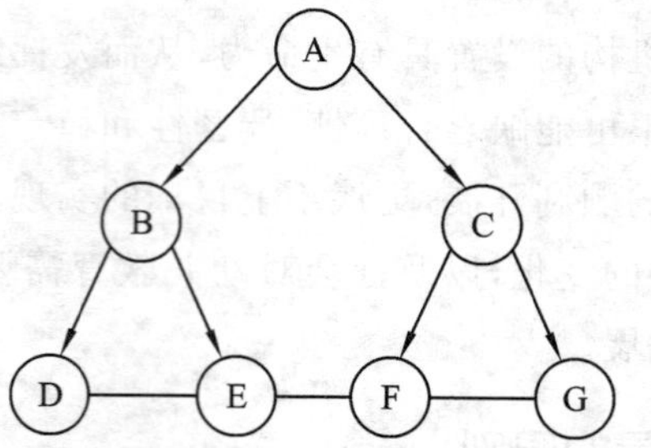

图 5-2　等级关系

第二种情况：通常 A 只能对 B、C 下达命令，如果由于某些原因，A 直接向员工 D、E、F、G 下达命令，虽然这些员工往往会积极执行 A 的命令，但如果这种情况反复出现，则会导致双重领导的现象。同时，越级指挥的现象也会带来越级请示的行为，长此以往，会影响 B、C 这类中层管理者的工作积极性，甚至会导致中间管理层的瘫痪。

为了避免上述现象的产生，托幼园所应通过建立良好的指挥系统和适宜的运行机制，使组织严密合理，指挥路线清晰，联系渠道畅通，做到既分工负责、分层管理，又统一指挥、步调协调，使组织成为战斗力强的有机整体，从而优质、高效地实现组织的预定目标。

(四)托幼园所组织机构设置应注意的问题

托幼园所组织机构设置的标准是要有利于园所管理职能的发挥。因此，设置托幼园所组织机构时应注意以下几点。

1. 建立健全行政组织体系

托幼园所行政机构是行使管理职能的组织保证。园所行政组织要合理，层次要适宜，各部门的工作内容要充实，形成运转高效、灵活的管理体系，从而为保教工作提供有效的服务。

2. 发挥非行政机构的监督与管理作用

托幼园所组织机构体系要形成有机联系的功能系统。托幼园所的非行政机构，如党支部、教代会、工会等，既行使管理职能，又起着配合和监督的作用，是有效的管理活动中必不可少的组成部分。这些非行政机构要发挥民主管理、民主监督和信息反馈的作用。

3. 注重人员的选拔与任用

人员的任用与配备是组织建设的一项重要内容。托幼园所在组织机构设置中，要注意选拔适宜的人员担任各部门的负责人和班组长，形成保教与管理的骨干力量。托幼园所在人员任用上，要尽可能压缩非教育人员队伍，保证保教工作第一线的力量。

4. 托幼园所组织系统的模式

一般，中大型托幼园所与小型托幼园所在机构设置、管理层次与职能部门的划分、人员配置等方面有所不同，同时，各个托幼园所自身的实际条件及人员素质状况等方面在客观上也存在着差异，因此，不同的托幼园所在组织系统的建立上也是不同的。

三、托幼园所的组织机构

(一)行政机构与非行政机构

托幼园所的组织机构通常由行政机构和非行政机构组成。

托幼园所的行政机构的核心人物是园长，由园长主持园务委员会，园务委员会的主要职责是讨论贯彻上级和教育行政部门关于教育方针政策的指示，坚持社会主义办园方向，研究决定园所工作的重大问题。园务委员会下设保健组、保教组与总务组，这是根据托幼园所的工作性质及其职能分工设立的三个职能组织。其职责是：贯彻执行决策，从各方面创造和改善幼儿生活、活动和教育所需的环境条件，负责保健卫生工作，组织保教工作，并提供业务指导。班级或班组是托幼园所的基层行政单位，在园长、保教主任及相应管理部门的领导和管理下，承担保育和教育幼儿的责任，完成具体工作。

托幼园所还存在着非行政机构，如党支部和群众组织。党支部作为基层组织，负责保证、监督托幼园所的办园方向，同时担负着对教职员工进行思想政治教育的任务。党支部要教育党员发挥先锋模范作用，团结全体职工努力实现托幼园所的工作任务。群众组织，如工会、教代会等，负责对行政工作进行监督，并积极配合行政机构开展各项活动，发挥民主管理、民主监督和信息反馈的作用。

（二）组织机构的多样性

组织中的各要素需要经过排列组合，形成有序而稳定的机构，便于发挥各因素的效能。社会组织的功能不同，机构形态也会不同，因此会形成某些比较典型的组织机构形态。同理，托幼园所组织机构的形态因托幼园所的类型、规模等因素不同而不同。

改革开放以来，我国托幼园所的创办形式丰富多样：有公立的，有私立的；有全日制的，有寄宿制的；有规模很大的，有规模较小的。

1. 公立幼儿园与私立幼儿园

公立幼儿园与私立幼儿园的组织机构有一定的差异。一般而言，公立幼儿园的人员编制比较宽裕，自上而下的正式行政机构比较完备，并设有党支部、工会等非行政机构，以协助和督促行政工作的开展；一般的私立幼儿园则不能严格按幼儿园的编制标准来配备各层工作和教育人员，人手比较紧张，往往较少设立工会、党支部等，决策与管理灵活、方便，存在的问题是信息反馈渠道不畅通，群众监督力度不够。

2. 全日制幼儿园与寄宿制幼儿园

同类创办性质的全日制幼儿园与寄宿制幼儿园（如公立全日制幼儿园与公立寄宿制幼儿园）的组织层次大致相同，一般都设有行政机构与非行政机构，但二者在后勤服务人员编制方面略有不同，寄宿制幼儿园往往多于全日制幼儿园。另外，社会上还存在少量全日制和寄宿制混合的幼儿园，即一所幼儿园中，部分班级是全日制的，部分班级则是寄宿制的。

我国大多数学前教育机构按照年龄编班，即小班、中班、大班。《幼儿园工作规程》规定：幼儿园每班幼儿园人数一般为小班 25 人，中班 30 人，大班 35 人，混合班 30 人，寄宿制幼儿园每班幼儿人数酌减。

目前，由于学前教育资源有限导致“入园难”，一些托幼园所出现超额现象，减少了幼儿活动的自由度，严重影响了保教质量的提升。因此，教育主管部门及学前教育机构应采取积极有效的措施，努力改变托幼园所只求经济效益而忽视保教质量的不利局面。

3. 大型幼儿园、中型幼儿园与小型幼儿园

托幼园所的规模不同，其工作实际需求也会有差别，而这种差别必然会在组织机构的设置上体现出来。

以上分析存在交叉重叠之处，更显示出托幼园所组织机构的多样性和复杂性。

（三）托幼园所组织机构的建立模式

根据各托幼园所的实际条件和需求，有不同的组织机构建立模式，如图 5-3 所示。

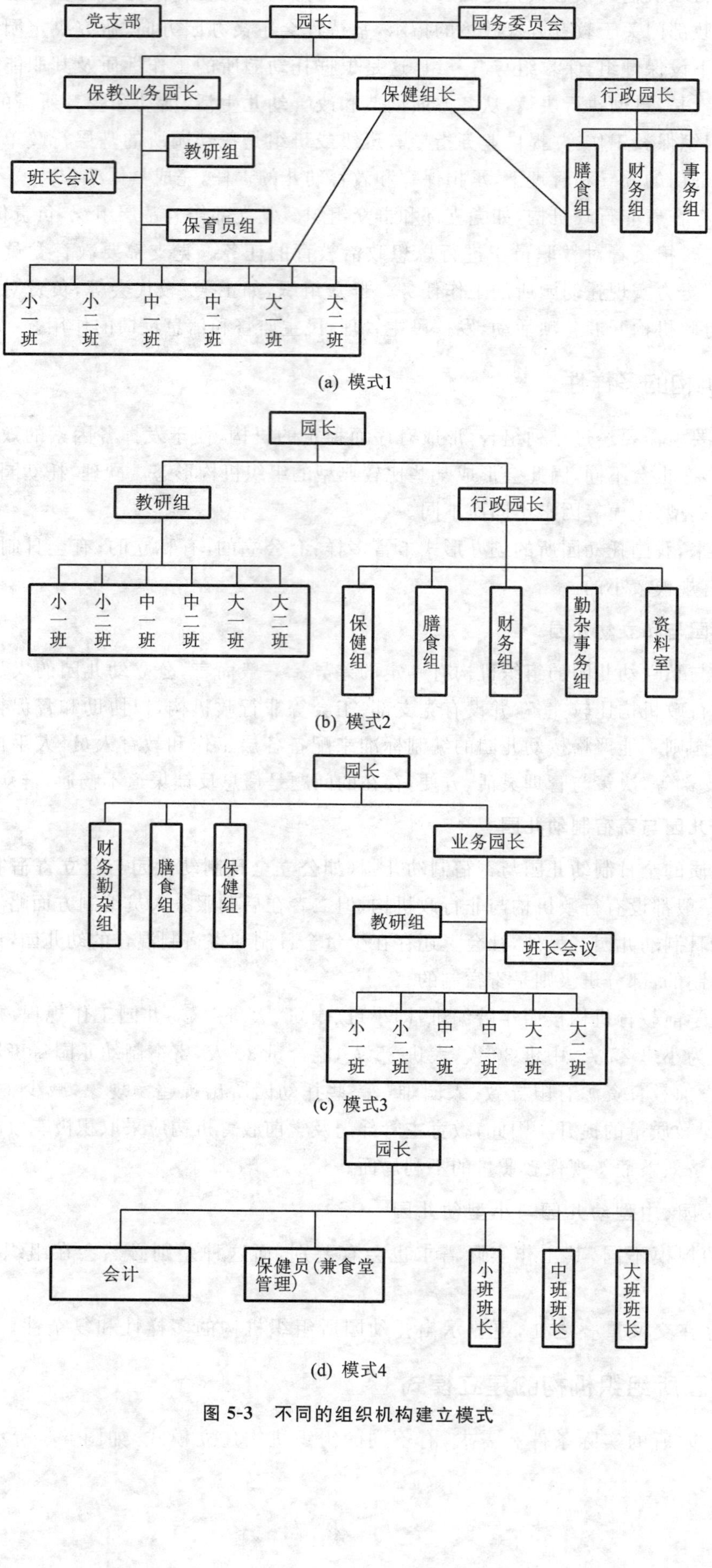

图 5-3　不同的组织机构建立模式

【案例分析】

某幼儿园在教师管理上采取的是分层管理的方式，即通过一定的程序，集体讨论后将全园教师按照日常工作表现、工作能力等区分为骨干教师和非骨干教师，然后有区别地进行培养。对于骨干教师，幼儿园会给予她们更多的锻炼实践、大型观摩、参与科研的机会。最初，园内确立的骨干教师在待遇上与非骨干教师相同，但在骨干教师取得一定成绩(如获得上级有关部门的奖励等)后，幼儿园会在待遇上做适当调整。骨干教师并不是固定不变的，一段时间后，会根据工作表现等重新进行调整。

分析与思考

这一案例涉及的是幼儿园管理中极为重要的一个方面——教师管理。现代管理思想强调人是管理的核心，离开了人的作用，管理目标就不能实现。对于幼儿园，其各项工作质量的高低，都取决于人，取决于教职员工的素质，特别是在保教工作第一线的老师，他们是幼儿园保教工作的直接执行者，他们对于保教质量的提高，起着至关重要的作用。因此，能否采取有效的措施，调动教师工作的积极性和主动性，促进他们各方面能力的提高，建设一支高素质的教师队伍，成了衡量幼儿园的管理工作是否有效的一个重要标准，也成了衡量幼儿园管理者管理水平高低的一个重要指标。

正因为幼儿园的教师队伍建设有着如此重要的意义，重视教师队伍建设也就日益成为幼儿园管理者的一大共识。不少幼儿园在教师管理上都有自己的模式，并据此进行教师的培养和培训工作。该幼儿园的教师管理制度实际上体现了这样一种思路：既是一项规章制度，也是师资培训的一种手段。下面具体分析该幼儿园的教师管理制度。

管理心理学的激励理论认为，动机的产生有赖于激励。也就是说，只有当外界环境，如工作条件、管理制度等，对人的行为的影响总是在同人的生存、发展、荣誉、社会地位等因素发生关系时，才会对人的行为产生激励作用，才能激发起人的行为的内在动机。该幼儿园对教师采取的分层管理方法，正隐含着上述一些因素的关系，如管理制度与发展的关系、管理制度与荣誉的关系。正因为这些关系的存在，这种管理制度才能更大地激发教师的竞争意识，使得所有教师都产生一种紧迫感：对骨干教师提出更高的要求，需要骨干教师付出更多的努力，提高自身素养；非骨干教师在这种刺激下，为了获得与骨干教师同等的待遇，不得不严格要求自己，向骨干教师靠拢。

根据马斯洛“需求层次理论”的观点，每位教师都有体现自身价值的需要，为了实现这种需要，他们都会不断地完善自己，提高专业素养，这在一定程度上能在幼儿园中逐渐形成一种你追我赶、共同进步的良好氛围，既对幼儿园教师整体水平的提高有益，也对幼儿园内优良园风的形成有利。

幼儿园内确立骨干教师和非骨干教师的主要依据是平时的工作表现和工作能力等，体现了“任人唯贤”的用人准则，撇开了过去流行的教龄型用人准则。这种打破教师岗位待遇的资格论(即教龄长的教师工资高)的做法，既能调动广大年轻教师的工作热情和积极性，也能对一些倚老卖老的老教师起到敲警钟的作用，迫使他们不断反省、发展。教师在竞争下求进取，全园整体的师资水平也就随之上去了，从而促进了全园保教质量的提高和办园水平的提高。

骨干教师和非骨干教师是幼儿园通过一定的程序，集体讨论后确立的，整个过程体现了民主、公平的原则。而且，最初确立骨干教师与非骨干教师时，由于只是幼儿园内部确立的，没有通过有效的审定，所以二者在待遇上并无差别，这就不易引发不必要的冲突和纠纷。骨干教师在取得一定成绩后，待遇才会有所提高。这种“各尽所能，按劳分配，优质优酬”的分配原则，由于有章可循，其他教职员工即使有不满，也没有足够的理由反对，同时，待遇的提高也有利于进一步激励骨干教师不断提高自身的素质。

骨干教师并不是固定不变的，一段时间后，会根据工作表现等重新进行调整。这种做法比较可行，相当于给那些最初没有被确立为骨干教师的老师以发展的机会和希望，同时对那些最初被确立为骨干教师的老师也是一种鞭策，因为他们随时都有可能因为工作表现不佳而被降为非骨干教师，失去以前的那些有利的发展机会和锻炼机会。由于这种不确定性的存在，使得所有教师都有机会成为幼儿园内确立的骨干教师，所以所有教师都会不断提高自身的素质。

建议

幼儿园采用分层管理的方式对教师进行管理时，如果把骨干教师看得过重，把大部分观摩、锻炼的机会都给骨干教师，就会有意或无意地剥夺非骨干教师锻炼的机会和权利，容易造成以下问题：第一，非骨干教师锻炼的机会少，不利于其发展，会进一步拉大骨干教师与非骨干教师的差距，同时，也容易使非骨干教师感到不受重视，从而使工作的积极性受到影响；第二，骨干教师有可能会恃才傲物，不思进取；第三，教师之间的竞争过于激烈，可能会引发教师对荣誉、奖励等的过分重视，使教师之间产生隔阂及误会，这对幼儿园融洽、团结的园风的形成会很不利。因此，幼儿园采用分层管理的方式对教师进行管理时，不能把骨干教师看得过重。

第二节　托幼园所的规章制度

俗话说，“没有规矩，不成方圆”。制度是组织的基本活动准则，是组织正常运转的保证。在组织管理中，通常要以制度的创立为基础，但在实际工作中，一些管理者往往只强调制度外在的强化和制约功能，忽视制度的教育和内化功能，反而导致管理对象对制度的抵触和制度深层次功能的弱化，使管理效果不佳。要使制度发挥功能，就要保证制度制定的民主性、制度管理的公平性和制度执行的规范性。正确理解托幼园所规章制度的含义和作用，掌握其种类和内容，了解规章制度制定的原则和执行规章制度时应注意的问题，是正确运用托幼园所规章制度进行管理的前提。

一、托幼园所规章制度的含义和作用

(一)托幼园所规章制度的含义

托幼园所规章制度就是托幼园所的“法”，是托幼园所根据党和国家的有关方针、政策、法规等，按照保教工作规律和托幼园所的实际情况，采用条文的形式，针对全园教职员工的工作、学习和生活等行为活动制定的具有约束力和一定强制性的准则和规范。合理制定和规范执行规章制度，对建立托幼园所正常的工作秩序，提高托幼园所的管理效率，保证托幼园所工作任务的完成，具有重要的意义。

(二)托幼园所规章制度的作用

托幼园所规章制度的建立，是园所管理的一项常规性工作，也是实现科学管理的手段，在强化管理、提高工作效率和形成良好的园风等方面具有重要意义。具体来说，托幼园所的规章制度具有以下作用。

(1)具有行为导向作用，有助于增强教职员工的责任意识，形成良好的园风。

(2)有利于保证正常的工作秩序。

(3)有利于规范人们的行为，协调相互关系，提高管理成效。

(4)有利于调动和保持教职员工的工作积极性。

(5)有利于保护教职员工和幼儿的合法权益。

在贯彻执行托幼园所规章制度的过程中，各类人员要各司其职，各负其责，逐步将外部的制约规范内化为行为主体的责任意识，从而培养良好的工作作风，并在全园形成健康的园风园纪。合理的规章制度对于建设优良的组织文化具有重要意义，既可以为教育提供良好的条件，本身也可以发挥教育感染作用，从而可以推动托幼园所发挥教育机构的文明辐射作用，改善社会风气。

二、托幼园所规章制度的内容、层次和类型

（一）托幼园所规章制度的内容

1. 组织系统各层次、各部门的工作制度与人员职责

每一个托幼园所都是一个由不同层次、不同部门组成的有机整体。在制定规章制度时，要根据托幼园所总的目标确定各个部门的工作任务，并落实到有关的工作人员。

【拓展阅读】

教职工岗位职责

（一）保教主任职责

1. 认真传达贯彻园长及园务委员会的各项决议，根据园长及市、区教育行政部门的要求，制订保教工作计划，带领并指导保教人员制订各种计划。

2. 认真贯彻《幼儿园工作规程》，有计划地开展专题教研或科研活动，组织教改试验活动，组织各个节日庆祝活动，深入教育第一线检查各班的生活管理、卫生保健、教育活动等计划的落实情况。

3. 协助园长做好保教人员的思想工作，鼓励并支持保教人员在教育实践中大胆创新。

4. 经常与保健室和后勤部门联系，互相支持、配合，共同搞好幼儿的保健工作和饮食营养工作。

5. 做好教材、教具的计划、购买和分配工作，并指导资料员保管好教材、教具、服装等，有目的地收集和分析本市、区和外省市的幼教改革信息，促进本园的教改工作。

（二）后勤主任职责

1. 在园长的领导下，认真做好幼儿园的后勤管理工作，关心幼儿的饮食卫生和活动场所的创设，为幼儿创造一个良好的生活、游戏环境。

2. 接受园长的委托，制定食谱，养育好幼儿，并定期向家长报告伙食收支情况。

3. 督促医务人员执行“预防为主”的方针，认真做好卫生保健工作，把好防病治病和食物、用品消毒关。

4. 负责抓好后勤人员的思想和业务工作，提高烹调技术，协助园长合理地安排好后勤人员的工作，不断改善服务质量。

5. 协助园长做好幼儿园的园舍维修、水电供应、仓库管理等工作。

6. 园长因公外出、脱产学习或因病休息时，协同保教主任共同全面负责幼儿园的各项工作。

（三）教师职责

1. 认真贯彻国家幼教法规和《中华人民共和国未成年人保护法》，努力做好班级工作，使幼儿在体、智、德、美等方面得到发展。

2. 结合本班幼儿的年龄特点和个体差异，制订班级教育工作计划，并有计划、有秩序地组织实施，开展各类教育活动。

3. 观察、分析并记录幼儿的发展情况，做好各项活动的记录工作，积累经验，找出差距，研究改进措施，不断提高保教质量。

4. 树立正确的教育观、儿童观，热爱、尊重幼儿，做到为人师表，禁止任何形式的体罚和变相体罚。

5. 积极参加教育研究活动和业务学习活动，认真备课，不断改进教学形式、方法，科学、合理地安排幼儿的一日生活。

6. 积极创设良好的环境，自制玩教具，为幼儿提供丰富的游戏、操作材料。

7. 严格执行幼儿园安全、卫生保健制度和幼儿一日作息制度，带班时做到"人到、心到、手到"。

8. 与班内的保教老师、卫生老师配合管理本班幼儿的生活，做到教中有保、保教并重，培养幼儿良好的进餐和睡眠姿势，保证幼儿衣着整洁、卫生，减少各种疾病的发生。

9. 经常与家长保持联系，了解幼儿的家庭教育环境，商讨符合幼儿特点和个体差异的教育措施，有目的、有计划地做好家访工作，搞好家长开发活动，共同配合完成教育任务。

(四)保育员职责

1. 负责本班房舍、设备、环境的清洁卫生工作，做到每天小扫除，每周大扫除，经常保持活动室内空气的流通，为幼儿创造一个舒适、干净的环境。

2. 按照消毒制度的规定，认真做好水杯、毛巾、碗、筷的消毒工作，认真做好水杯架和餐桌的消毒工作，每天定时冲洗厕所，做到厕所槽内无污垢，保证厕所内清洁、无臭味。

3. 在本班教师的指导下，组织好幼儿的一日生活，全面了解幼儿的饮食、睡眠情况，精心护理幼儿。

4. 在医务人员和本班教师的指导下，严格执行幼儿园安全、卫生保健制度，夏天做好防暑降温和防蚊、蝇工作，保证幼儿开水供应，每天擦净席子，冬季做好防寒保暖工作，定时拆洗和翻晒幼儿的被褥、枕套，定期清洗、消毒玩具，保持睡具、玩具的清洁、卫生。

5. 妥善保管幼儿的衣物和本班的设备、用具，防止霉烂、损坏、丢失。

(五)保健医生职责

1. 根据卫生部门的要求与《幼儿园工作规程》《幼儿园教育指导纲要》的有关规定，制订幼儿园的卫生保健工作计划，并健全幼儿园内的各项卫生保健制度，协助园长组织实施有关卫生保健方面的法规、规章制度，并监督执行。

2. 执行"预防为主"的方针，认真做好每天的晨间检查，做到"一摸、二看、三问、四查"，若发现病情，应及时隔离，做好消毒、登记工作，并和家长取得联系。

3. 与当地的卫生保健机构保持密切联系，及时做好免疫和疾病防治等工作，填好预防接种卡，避免漏种或复种。

4. 研究调整和改善幼儿膳食，开展膳食调查和营养计算，检查饮食、饮水和环境卫生，抓好厨房的营养卫生监督工作，做好食物检验工作，制定每周食谱，保证幼儿有足够的营养。

5. 负责督促各班搞好卫生保健、消毒隔离及环境卫生工作，落实"四定"制度，定期对全园的卫生保健、消毒隔离、环境卫生工作进行检查，做好分析评比工作。

6. 定期测量幼儿的身高、体重、胸围、头围、坐高等，并及时做好记载、统计、分析工作，要注意保护幼儿的视力、牙齿，做好病牙的矫治工作，幼儿烧至38摄氏度，必须让幼儿到隔离室休息待查。

7. 负责登记各项保健资料，每周定期向园领导汇报全园卫生保健工作情况，每月统计各班幼儿的发病率。

8. 采取多种形式向全园工作人员、幼儿和家长宣传卫生保健常识，配合园长做好工作人员的计划生育工作。

9. 妥善管理医疗器械、消毒用具和药品(尤其是有毒药品)，以防发生事故。

(六)炊事员职责

1. 热爱本职工作，树立一切为幼儿服务的思想，努力提高服务质量，根据幼儿的生理和年龄特点制作营养丰富、易于消化的饭菜，促进幼儿身体健康。

2. 努力钻研业务，提高烹调技术，做到色香味俱全、米饭软硬适当，提高幼儿的食欲。

3. 严格执行营养卫生要求，把好食物验收关；青菜先洗后切，做到无沙、无尘、无杂质；食具每餐消毒，熟食加盖，生熟分开；已腐烂变质的食物不能给幼儿吃，严防食物中毒。

4. 搞好厨房的清洁卫生工作，保持厨房干净、整洁，每天小扫除，每周大扫除，厨房用具要定期擦洗干净。

5. 注意个人卫生，上班要穿好工作衣，戴好工作帽，上厕所或干脏活后要用肥皂把手洗干净，定期进行身体检查。

6. 落实食谱计划，坚持按时开餐，做好食物保温工作，做到公私分明，团结协作，不断改进服务态度。

7. 做好安全工作，防火、防毒、防盗，不出事故。

（七）会计员职责

1. 贯彻执行《中华人民共和国会计法》和财务工作方针政策，为教育教学服务。

2. 执行财务制度，工作认真、细致，及时公布幼儿的伙食账目，做到账目清楚，手续完备，日清月结，按时交报表。

3. 不挪用公款，以身作则，办事公道，坚持原则。

4. 认真履行监督职能，发现问题应及时处理并向有关领导反映，坚持勤俭办园的方针，精打细算，协助园长搞好学期和年度预算工作，合理安排经费，计划开支。

5. 努力钻研业务，服从领导的分配，除了做好本职工作外，还要做好园长分配的其他工作。

6. 对家长、同事热情、和蔼，不怕麻烦，虚心听取各方面的意见，改进工作。

（八）出纳员职责

1. 认真做好现金收支和银行结算工作。

2. 严格执行现金管理制度，做到日清月结，手续完备，库存现金不得超过银行规定的限额，数目清楚，不得利用工作之便牟取私利。

3. 每月及时统计幼儿出勤天数及职工出勤天数，计算幼儿伙食费，编制工资表，并及时收取幼儿的各项费用，按时发工资。

4. 坚持原则，手续齐全，发票必须有经办人、验收人、领导的签名方能报销。

5. 不断提高业务水平，勤俭节约，工作热情、细心，态度和蔼。

（九）保管员职责

1. 对全园的财产进行全面管理，做到随时验收、入库，分类保管，存放地点清楚、明确，每半年清点一次，账物相符。

2. 新购入物品凭发票入账，领用或借出物品手续齐全，领用人、借用人必须签名或盖章。

3. 严格做好三防（防盗、防火、防潮）工作，保证物品安全、卫生、整洁，杜绝霉烂变质，做到手勤、脚勤。

4. 做好开学前的物品准备工作，对各班财产进行清点，做到有计划地供应；学期末对财产进行核对，生活用品做到日清月结。

5. 及时供应所需物品，对园内的桌椅要做到心中有数，发现丢失或损坏应及时追查。

（十）采购员职责

1. 按食谱要求有计划地配合食堂及时采购所需物品，做到物美价廉。

2. 关心集体利益，尽量做到少花钱，多办事，节约开支，减少浪费，执行物品验收制度，严禁利用工作之便牟取私利。

3. 配合相关人员制定好食谱。

4. 负责采购幼儿园日常所需的一切用品，协助后勤主任做好有关工作。

（十一）传达室值班员职责

1. 坚守工作岗位，实行坐班制，严禁擅离职守，防止幼儿走失，做好安全工作。

2. 负责杂志订阅及书信收发等工作，不得遗失，不得出差错。

3. 负责本园门口“三包”区域的卫生工作和绿化管理工作。

4. 提高警惕，除本园工作人员、幼儿及家长外，其余人员未经联系，一律不准入园。

5. 除了教学需要外，凡是园内财产，不得搬出园外，公物出门必须有批准手续。

6. 对幼儿、家长及外来人员要礼貌、热情。

(十二)水电维修工职责

1. 负责全园水电的管理及维修,保证水电畅通(除停电、停水之外)。

2. 负责园内大型运动器械的保养工作,发现问题应及时维修,消除安全隐患。

(资料来源:学前教育网,内容有改动)

2. 全园和各部门工作、学习的秩序和标准

托幼园所全园和各部门要根据幼教工作规律,建立稳定、有效的工作和学习秩序,确定工作质量标准,保证园所工作正常进行。例如,依据园所工作以学期、学年为单位运行的阶段性特点,建立工作常规,安排托幼园所在学期开始、期中、期末及节假日的例行活动,特别是对保教工作,一定要严格制定常规工作程序和标准。

【拓展阅读】

消毒标准

消毒内容	消毒频率	消毒方法
毛巾	1次/日	1∶250的84消毒液浸泡10分钟
水杯	1次/日	消毒柜消毒45分钟
餐巾	1次/餐	洗干净后消毒柜消毒45分钟
桌椅	1次/日	1∶250的84消毒液擦洗
门把手、水龙头	1次/日	1∶250的84消毒液擦洗
厕所	1次/日	1∶50的84消毒液冲刷10分钟
室内空气	1次/周	紫外线照射30分钟,冬季每半日通风10～15分钟
玩具	1次/周	1∶250的84消毒液浸泡10分钟
床单、枕巾、被套	2次/月	1∶250的84消毒液浸泡20分钟,清洗,然后用洗衣粉洗涤,再用清水洗净
被褥	1次/月	阳光暴晒4～6小时
图书	1次/月	阳光暴晒

(资料来源:学前教育网,内容有改动)

3. 教职工行为规范

行为规范是必须遵守的行为准则。托幼园所要根据教育目标和工作任务,结合教师工作的特点与师德要求,制定全园教职工必须遵守的行为规范,培养教职工良好的行为习惯和工作作风。

【拓展阅读】

教职工劳动纪律

1. 严格遵守园内作息时间,不迟到,不早退,不旷工,请假必须经领导批准。

2. 上班时间没有重要的事情不接、不打私人电话。

3. 严格遵守幼儿一日生活制度。

4. 为了保证幼儿的安全,在工作时间内不闲逛,不做与工作无关的事情,不挑拨是非,不在园内争吵、辱骂和打架。

5. 上班时,不嚼口香糖。

6. 不用孩子的东西,不吃孩子的食品,班上的收录机等不能随意拿到宿舍使用。

7. 教职工要注意言谈举止，不叉腰，不背手，衣扣要扣好。带班教师上岗时不穿高跟鞋和拖鞋，不梳披肩发。

8. 带班时要做到低声教学，微笑服务，教育幼儿要做到“四心”（热心、耐心、细心、诚心）。

9. 每天保持教室的清洁、卫生，玩具、用品等各类物品摆放整齐、有序。

（资料来源：学前教育网，内容有改动）

4. 对财务管理的严格规定

托幼园所的财力和物力资源通常是有限的，而需要开支的地方却很多，这就需要利用良好的管理对策来合理控制资金的收支，物品的采购和使用还涉及严格的财务纪律，所以一定要制定严格的制度，以规范经办者、使用者的行为，保证园所有限的资源能充分地发挥作用。对某些自创自支的幼儿园来说，职工的工资、奖金的发放属于财务管理的范围，一般会针对这方面制定既符合幼儿园实际，又符合国家政策的制度。此外，财务的预算和决算制度、审计制度在大型公立幼儿园中也是常见的，玩具、教具的领用制度是针对物品制定的，也很常见。

5. 对各类活动协调管理的规定

托幼园所要制定适当的规章制度，如家长工作制度、会议制度、汇报制度等，对各类活动进行协调和控制，以保证各部门、各类人员在教育和管理活动中步伐一致、协调配合。

【拓展阅读】

学习和会议制度

（一）学习制度

党政管理人员（领导班子）每两周学习一次，全体教职工每周政治学习、业务学习各一次。

（二）会议制度

1. 全园会议：每学期两次，开学前和学期末进行。
2. 园务会和部门会议：每月一次，月底进行。
3. 领导班子会议：每周一次。
4. 班务会：每月一次，月底进行。
5. 伙委会：每月一次，月底进行。
6. 党组织生活：每两周一次。
7. 共青团组织生活：每月一次，月中进行。

（资料来源：学前教育网，内容有改动）

（二）托幼园所规章制度的层次

托幼园所规章制度可以分为不同的层次与类型，按制定和颁布规章制度的部门，可以划分为以下两个层次。

一是由国家立法机关即全国人民代表大会和各级政府及其教育行政部门等统一制定的教育法规和有关的规章制度，如《中华人民共和国教育法》《中华人民共和国教师法》《幼儿园管理条例》《幼儿园工作规程》，以及地方制定的幼教行政法规等。这是国家和各级政府宏观管理各级各类幼教机构的法令、法规，是创办和管理托幼园所必须遵循和贯彻执行的。国家通过制定法律和法规政策，实现对教育机构的控制。国家和各级政府的宏观政策法规是管理托幼园所的根本依据，对于建立托幼园所的正常秩序具有指导作用。托幼园所领导者、管理者要熟悉了解并认真学习有关教育和幼儿教育的各项法规条例，理解精神并掌握各项法规的具体内容，同时还要注意向全园工作人员广泛宣传，以便遵照执行，依法治教。

二是托幼园所依据国家法律和教育行政机关制定的法规，结合本园的实际情况自行制定的规章制度。这是托幼园所具体实施园所管理的工具，是协调各类人员的行为，提高组织管理效率的保证。建立和健全机构内部的规章制度，是办好托幼园所的一项基础性工作。

(三)托幼园所规章制度的类型

托幼园所规章制度主要可以分为四大类：整体性规章制度、部门性规章制度、岗位责任制度，以及考核与奖惩制度。

1. 整体性规章制度

整体性规章制度可以起到指导、组织集体的共同活动，统一各类人员的行为，建立正常的工作秩序的作用。

托幼园所应根据园所总目标和培养优良园风的要求，制定出一整套指导集体活动的规章制度，使各部门、各类人员的工作、学习和生活有一个统一的准则或规范，如教职工职业规范、教职工考勤制度、交接班制度、值班制度、学习制度，以及个人卫生与环境卫生制度等。

另外，托幼园所还应注意制定幼儿接送制度、安全保卫制度、家长联系制度等，并使全园教职工遵照执行。

【拓展阅读】

交接班制度

1. 为了保证保教工作的顺利进行，各班教师、保育员必须认真做好交接班工作，认真填写交接班记录本，经常交流本班情况，采取切实可行的、有效的措施，搞好保教工作。

2. 当班老师应及时、认真完成当班的各项任务，并对幼儿的健康、学习等情况做好记录。对当班时所发生的问题要妥善处理，并向接班老师做好口头、书面交代，以免发生意外。

3. 接班老师应首先清点幼儿人数，及时、仔细查看交接班记录本，掌握幼儿情况，对遗留问题做好妥善处理。如果因交接手续不清引起事故，应追究当事人的责任。

4. 交接班记录本每学期末应上交给园领导，平时要随时抽查。

安全保卫制度

1. 全园教职工应坚守岗位，高度负责，保证幼儿身边有人，随时清点人数，严防幼儿走失。

2. 加强对幼儿的常规教育，培养幼儿良好的行为习惯，随时检查幼儿的鞋带、衣物，发现不安全因素，应及时处理解决。经常向幼儿进行安全教育，以使幼儿增强自我保护意识，提高自我保护能力。教会幼儿知道幼儿园的名称、家庭地址、父母姓名等，防止意外事故发生。

3. 带幼儿外出活动，必须请示领导，选好安全场地，有组织、有纪律地进行，并随时清点幼儿人数。

4. 外来人员必须登记经允许后方能入园，一般情况下，当班老师不能会客和接电话。

5. 车辆必须停放在指定区域，严禁车辆进入幼儿活动场所或停放在走道上。

6. 一切不安全的用品、药品必须由专人妥善保管，热水、热汤应放置在适当的位置上，电器设备应安装合理，严防中毒、烫伤、触电等事故发生。

7. 全体教职工应自觉遵守门卫制度，做好防火、防盗工作，下班后应关好门窗，做好巡视工作，安排好节假日值班人员，切实做好安全保卫工作。

8. 要注意房屋、场地、家具、玩具、用具的安全，定期进行检查和维修，避免砸伤、摔伤等事故发生。

9. 幼儿如果在幼儿园内发生骨折等重大事故，当班老师必须及时向园领导汇报并送医院治疗，同时要及时通知家长，写出事故情况报告，幼儿园根据情节轻重，给予当事人相应的处理。

（资料来源：学前教育网，内容有改动）

2. 部门性规章制度

建立和完善托幼园所各部门的规章制度，可以起到明确各层次、各部门的工作任务和职责，加强科学管理的作用。部门性规章制度包括以下四种。

(1)行政管理的各种会议制度。会议是一种重要的管理手段，通过会议，可以使托幼园所领导之间、各部门之间互通信息，协调运转。

(2)卫生保健部门的规章制度。托幼园所卫生保健部门的规章制度包括生活作息制度、体格锻炼制度、健康检查制度、膳食管理制度及卫生保健登记制度等。

【拓展阅读】

膳食管理制度

1. 幼儿伙食实行民主管理，定期召开伙委会，不断改进工作，提高膳食质量。

2. 炊事员及保健人员每两周制定幼儿食谱，食物的搭配力求做到平衡，主、副食品种多样，定期计算幼儿的进食量和营养素摄入量。

3. 严格区分幼儿与职工的伙食，做到公私分明。

4. 炊事员认真搞好饮食卫生和个人卫生，一切炊具、餐具要定期擦洗，严格消毒。

5. 炊事员定期召开业务会议，虚心听取群众的意见，提高烹调技术，讲究科学烹调（如蔬菜要先洗后切等）。

6. 严格执行幼儿作息制度，按时开餐，两餐间隔不少于三个半小时。

7. 保教人员注意进餐护理，进餐前后不处理幼儿发生的问题，保证幼儿吃好。

（资料来源：学前教育网，内容有改动）

(3)保教部门的规章制度。托幼园所保教部门的规章制度包括学籍管理制度，保教人员工作常规，备课、听课制度，保教质量全面检查制度，教研活动制度等。

【拓展阅读】

备课、听课制度

1. 教师必须认真学习《幼儿园工作规程》和《幼儿园教育指导纲要》，并以此为依据，研究制订各类教育教学计划。

2. 认真学习教育理论知识，不断吸收新的信息，并用于备课。

3. 深入钻研教材，结合本班幼儿的年龄特点和实际发展水平备好课，突出重点，突破难点。

4. 按时按质制订好系列计划，如学期计划、月计划、周计划、日计划、课时计划、游戏计划等，每周写一篇以上的观察笔记和教育笔记，每周星期五上午准时将下周计划和笔记交给园领导审阅。

5. 备课时间除做案头工作外，还必须制作教育活动所需的各种教具、学具，并准备各种玩具、材料。

6. 坚持集体备课与个人备课相结合，主班教师每天下午准时到备课室备课，配班教师每天上午准时到备课室备课，不得迟到。

7. 备课时不得外出或闲谈，不做与备课无关的事情，需要外出时，应向园领导请假，经同意后，方可外出。

8.鼓励改革、创新,每学期进行一次评比,对设计新颖、富有创造性的计划、笔记、教案、教育活动设计等予以奖励。

9.组织教师相互听课、相互学习,取长补短,每学期组织相互听课不少于20次,认真做好记录和评议工作。

10.园长每学期必须有针对性地下班听课40次以上,保教主任下班听课80次以上,做好听课记录,及时进行评议,肯定成绩,找出差距,并提出建议和希望。

教研活动制度

1.成立教研组,制订科研计划,按照计划定期开展教学研究活动。

2.每学期组织群众性的教学观摩和教学研究活动,鼓励创新,观摩后,组织讨论、评议、评分,并将评议结果作为教师业务考核内容存档。

3.经常开展学术研究讲座,定期组织教师、保育员进行业务学习和培训。

4.每学期开始各班教师要根据实际情况写出教学科研计划及实施方案,期末写出专题总结或经验论文等,在园内进行交流、评比。

5.每学期期末,对各班进行教育质量检查和班级工作评估,开展评选优秀班级的活动。

6.积极参加各级教育领导部门组织的各种教研活动。

7.对于在期刊上公开发表论文的教师,给予物质奖励。

8.每年组织保教人员到其他幼儿园参观学习一次,开阔视野,取长补短。

(资料来源:学前教育网,内容有改动)

(4)总务部门的规章制度。托幼园所总务部门的规章制度包括财务制度、财产管理制度、物资采购与验收制度、档案资料管理制度等。

【拓展阅读】

财务和财产管理制度

1.设会计员、出纳员管理财务收支事务,以上级财政规定为会计事务处理准则,做到经常核对账目,保证账目相符,根据上级批准的计划和预算,支付各项资金。

2.支付款报销手续要齐全,报销单据必须有经办人及验收人的签名,方可由会计员审核支付。

3.财务人员要加强请示和汇报,重大开支不得擅自处理,要经领导审批后方能支付。

4.园内各种财产都要登记注册,贵重物品要由专人负责保管,对自然损坏的物品做到定期维修,对人为损坏物品的,应追究责任,并按制度要求其赔偿。

5.管理人员要定期、不定期地到各班检查、掌握物资的使用情况,避免积压与浪费。

6.加强房屋、设备管理,及时做好房屋、水电维修工作,保证安全,防止发生事故。

(资料来源:学前教育网,内容有改动)

3.岗位责任制度

岗位责任制度是通过明确的规定,使每个工作岗位的职责明晰化,并将其落实到具体负责人的一种制度。岗位责任制度是在对托幼园所的全部工作实行定员、定编、定岗的基础上,对每个岗位规定完成工作任务的时间、工作质量与数量的制度。岗位责任制度起着明确职责,调整和处理各个岗位之间的职务、责任、权力关系的作用,使各类人员能够在其位,谋其事,尽其责。

岗位责任制度是托幼园所各项规章制度的核心。列宁曾经说过,管理的基本原则是一定的人对其所管的一定工作完全负责。[1] 岗位责任制度可以使工作落实到每个岗位和组织中的每个成员。托幼园所应注重建立各类人员的岗位责任制度，如园长责任制度、保教主任责任制度、教师责任制度等。岗位责任制度应包括工作内容、方法和质量要求，要明确具体、条理清楚、定性与定量结合，要便于执行和检查。岗位责任制度的建立和执行有利于实现人人有专责，事事有人管，办事有标准，同时也有利于形成人人尽职尽责的良好园风。

制定岗位责任制度，要遵照党和政府的方针、政策、法规及具体要求，如《幼儿园工作规程》等对幼教机构各类人员的有关规定，同时又要合乎教育规律并考虑园所实际，如针对各个园所的类型、性质、规模、人员编制等具体情况，确定各类人员的岗位职责。岗位责任制度的建立，既要体现各岗位的共性和一般要求，又要体现各岗位在具体机构中所具有的独特性。

4. 考核与奖惩制度

托幼园所有了岗位责任制度后，还需要建立与之相配套的考核与奖惩制度，从而保证岗位责任制度和其他规章制度的贯彻执行。

考核是指在组织成员履行职责和完成工作任务后对其进行检查和评定。考核的方式有自评、群众互评及领导评价检查三种，在实际工作中，应将三者有机结合，定期或不定期地进行，并形成制度。

奖惩是指在考核的基础上，对考核结果给予肯定或否定。奖惩的方式既可以是综合的，也可以是单项的，既可以是对个人的，也可以是对集体的。

三、制定托幼园所规章制度应遵循的原则

托幼园所规章制度的制定，是一项十分严肃的工作，应遵循以下基本原则。

(一)政策性

制定和实施托幼园所规章制度是一项政策性很强的工作。政策性是指托幼园所制定的规章制度必须符合党和国家的政策法规，符合党的教育方针和教育行政部门颁布的有关法规条例的规定，不能与之相违背。托幼园所规章制度应是党的方针政策与国家法规在托幼园所工作中的具体体现。托幼园所规章制度必须体现园所的社会主义办园方向，关于保教工作、教师管理的规定，要与国家及上级教育行政部门的有关政策协调一致。

(二)科学性

科学性是指托幼园所的规章制度必须是科学的、规范的，要充分体现幼教工作的本质属性，符合教育与管理的客观规律。托幼园所的规章制度既要符合教师的劳动特点，符合幼儿的身心发展规律，也要从本园所的实际情况和工作需要出发加以制定，使之具有可行性。托幼园所规章制度的制定既要适合现有状况，又要高出一步，要具有一定的先进性、前瞻性。托幼园所管理者、领导者要以科学的态度检验规章制度的实施情况和实际效果，并进行补充、修订。

(三)具体性

托幼园所的工作具有烦琐性的特点。针对该特点，其规章制度的制定也应注意具体性，即每一项制度，从工作规范到工作质量标准、从操作要求到奖惩方式、从责任小组到责任人，都应有具体的说明。

(四)民主性

规章制度作为托幼园所的“法”，应具有一定的权威性，但它并不是管理者个人意志的体现。各项规

① 王品潮:《对建立健全“三师”负责制的一点想法》,《中国农垦》,1980 年第 1 期。

章制度的制定要走群众路线，充分发扬民主，发动群众参与和讨论，在民主决策的基础上进行。只有这样，才能既使规章制度更切合工作实际，又可以在规章制度制定的过程中，调动群众的积极性，从而提高群众执行规章制度的自觉性。

（五）教育性

托幼园所的一切教育和管理工作，都具有教育性。托幼园所制定规章制度的根本目的是促进教育目标的实现，为培养社会主义建设者奠定良好的基础。规章制度的制定，要从人才培养、教育工作的实际需要出发，内容要具有教育意义。

（六）稳定性

规章制度必须保持相对的稳定性，在一定时间、一定条件下发挥管理功能，规范各类工作人员的行为。托幼园所的规章制度一般不能朝令夕改，否则会使教职工无所适从，也会使规章制度本身失去严肃性和约束性。当然，随着形势的变化，托幼园所的规章制度也应不断完善，从而增强管理功能。

四、执行托幼园所规章制度应注意的问题

为了充分发挥规章制度作为管理手段的作用，需要重视规章制度的贯彻执行。管理者、领导者应注意做好以下几个方面的工作。

（一）注重宣传教育

规章制度的贯彻执行，不能仅仅依靠行政命令，还要在提高教职工认识水平的基础上，强调自觉精神。一方面，管理者要通过反复讲解各项规章制度的目的、意义和基本要求，引导教职工增强是非观念和自我调控能力；另一方面，管理者要通过广泛的宣传教育，在托幼园所内形成一定的集体舆论，这样有助于提高教职工的认识水平，形成相互督促、共同遵守规章制度的氛围。

（二）领导者带头严格执行规章制度

要想使托幼园所的各项规章制度顺利实施，成为全体教职工认同并遵守的“法”，托幼园所的领导者必须以身作则，带头严格执行规章制度，而不是只要求教职工遵守，自己则置身“法”外。

（三）严格检查规章制度的执行情况

要使托幼园所的规章制度成为具有约束力和强制性的“法”，就要注意规章制度执行的严肃性。领导者与管理者要注意深入基层，了解和检查规章制度的执行情况，并进行指导和督促。规章制度的执行要保持一贯性、一致性，避免前紧后松、因人而异，使规章制度充分发挥作为管理手段的作用，从而保证各项工作顺利开展。

（四）制度化管理与人性化管理相结合

俗语说，“规矩是死的，人是活的”。规章制度是硬性的管理手段，它体现的是强制性的特点。但是，在实际工作中，有时会出现一些不以当事人的主观意志为转移的事情，如教职工个人无法预知的其他社会性外因所导致的事件，在这种情况下，在极力倡导人文关怀的今天，为了保护教职工的工作积极性，可以考虑采用相对灵活的处理方式，让规章制度的执行过程既成为约束教职工行为的过程，也成为使教职工的思想境界升华的过程。

【案例分析】

案例1:某幼儿园人手比较紧张,为了提高员工出勤率,保证各项工作能够正常开展,幼儿园设立了满勤奖,并制定了相关制度,制度规定,对缺勤人员要适度扣减工资。制度执行不久后,幼儿园里的一位老师和她家庭中的一个成员都得了大病。她因病缺勤,工资减少,还要负担高额的医疗费用,生活十分拮据。园长了解到这些情况后,协同工会给了这位老师适当的困难补助,并且动员全园教职工献爱心,帮她渡过了难关。对于按规定扣减她的工资,这位老师没有怨言;对于领导对她的关怀,这位老师非常感谢,病愈后,她的工作干得十分出色。

案例2:某幼儿园的一位老师因为母亲生病而私自调课,违反了幼儿园的规章制度。园长得知情况后,立即带着礼品登门看望了这位老师的母亲。这位老师深受感动,主动找园长承认了错误。园长也因势利导,对她进行了批评。

分析与思考

幼儿园为了维持正常的工作秩序,必须制定严格的规章制度,并且坚决贯彻执行。但是在具体的执行过程中,往往会遇到一些复杂的情况。有些员工违反规章制度,确实有一些令人同情的客观原因。如果执行规章制度时,不考虑到这种情况,不仅不能发挥规章制度的积极作用,还容易产生负面效应。在这种情况下,一方面,要严格执行规章制度;另一方面,应考虑具体情况,采用人性化的处理方式。在这两个案例中,园长的做法给了我们很大的启示。

两位园长在老师违反了规章制度以后,先了解老师违反规章制度的原因。如果园长只看结果不看原因,简单地执行规章制度,难免会使老师感到委屈。如果老师认为园长没有人情味,就会增加园长与老师之间的距离感,使园长的非权力性影响力下降,老师的主动性、积极性、创造性也会受到影响。园长在了解了情况后,考虑到老师的难处,对老师伸出了援助之手,这样就会使老师感到很温暖。在案例1中,园长让老师感受到了集体的温暖;在案例2中,园长使老师感受到了领导对自己的关心和尊重。两位园长都是采取情感投入的方法使教师接受处罚、主动承认错误的。两位园长的做法,既调动了当事人的积极性,又维护了规章制度的权威性。

事实上,很多员工都是在身不由己的情况下违反规章制度的,他们的心情也极度矛盾,一方面,因为违反规章制度而感到愧疚;另一方面,渴望组织能理解和尊重他们,并帮助他们解决具体问题。在这种情况下,领导者如果能关心员工,并千方百计地帮助员工解决困难,就会使员工感到非常温暖,并产生克服困难的动力。

当然,强调情感投入并非漠视制度化管理,而是通过情感投入更好地落实制度。在处理教师的违规行为时,既以情换心,又不失原则,是每一个优秀的幼儿园领导者应该具备的基本理念。

第三节 托幼园所的组织文化建设

一、托幼园所组织文化的含义与作用

(一)托幼园所组织文化的含义

组织文化是组织的理论价值观,是组织的灵魂,是组织生存的基础,是组织发展的动力和成功的关键。

托幼园所组织文化就是托幼园所以组织精神为核心，以组织目标为动力，在长期的行政管理、保教、后勤等活动中形成的全体教职员工共同遵循的价值观念和行为方式的总和。

(二)托幼园所组织文化的作用

1. 导向作用

托幼园所的教职工来自四面八方，有着不同的气质、性格和爱好，各种各样的思想和言论都会在园所中聚集和碰撞。这既会使人耳目一新，又会使人感到迷惑和彷徨。在这种形势下，组织文化的导向作用就显得非常重要。在组织文化的导向作用下，教职工会不断提高自身的政治觉悟和思想境界，形成一套自我调控机制，充分认识幼儿教师工作的社会价值，激发较高层次的社会动机，从而会更加努力地工作。

2. 教育和规范作用

组织文化作为一种环境力量，会对组织成员产生巨大的影响。我们知道，不管是物质环境，还是精神环境，其源泉都是客观现实。良好的环境(包括物质环境与精神环境)条件能使托幼园所的组织成员自觉地投身于幼教事业，并在其中受到感染和熏陶。一方面，以园规园风、文化传统、价值观念、人际关系等方式表现出来的组织文化，对组织的各个方面及成员起着教育和指导的作用；另一方面，与组织文化观念体系相适应的优美、整洁、有秩序的学习、生活和工作环境，对每个人起着陶冶情操和规范行为的作用。这种教育、指导与规范作用是无形的，又是无所不在的。托幼园所的组织文化对教职工具有潜移默化的影响，使教职工较快地适应园所的要求。

3. 凝聚作用

组织文化作为组织成员所共同具有的价值观念与行为方式，对组织成员具有心理上、感情上的凝聚作用。这种凝聚作用会使组织成员愿意留在组织中并为其服务。健康、积极的托幼园所组织文化，体现着良好的精神风貌和价值观念，可以使教职工形成共同的荣誉感和责任感，从而激发出高度的自觉性和创造性，产生巨大的凝聚力。任何一个组织，其组织文化的正面作用对组织成员的影响越大，则凝聚力越强，越容易使组织成员互相帮助，同舟共济，形成团结一致、齐心协力的工作局面。

4. 激励作用

良好的托幼园所组织文化，对组织成员是一种无声的要求，特别是共同的理想、信念、目标追求和良好的人际关系，可以激发组织成员形成集体荣誉感，成员间可以进行认识、情感和态度等方面的交流，使成员产生对集体的期望，从而增强主体意识和社会意识，发挥集体和组织对个人的影响和激励作用，促使组织成员积极、努力地为实现组织目标而奋斗。①

5. 辐射作用

托幼园所通过与家庭、社区等外界社会环境的各种交流活动，不仅能推动托幼园所的发展，提高办园质量，还能将自身的组织文化扩散至外界社会环境，并对其产生影响，从而创造有利于学前教育发展的社会环境和氛围。

二、托幼园所组织文化的结构与内容

(一)托幼园所组织文化的结构

通常，我们将托幼园所的组织文化按照实践活动的构成划分为以下四个层面：精神文化层面、物质文

---

① 王星：《论组织文化在幼儿园管理中的作用》，《内蒙古师范大学学报(哲学社会科学版)》，1998年第4期。

化层面、制度文化层面和行为文化层面。这几个层面的托幼园所组织文化并不是相互孤立的，而是相互依赖、相互补充的。一定的精神文化的作用有赖于一定的物质文化的保障，而物质文化的建设则有赖于一定的精神文化的配合和支持，它们之间是相互依赖、相互补充的。制度文化本身要有精神文化的内涵，而精神文化的倡导则是制度文化的集中反映。精神文化深入到比制度文化更深的层次，则体现为人的行为。

1. 精神文化层面

精神文化是组织文化的源泉，是组织文化的核心和灵魂。在整个组织文化的结构中，精神文化层面处于最里层。托幼园所组织文化的精神文化层面就是组织精神文化在一定的社会文化背景下长期形成的精神成果和文化观念，包括托幼园所组织团队精神、组织价值观、组织风貌、心理素质和审美情趣等，是托幼园所组织物质文化、组织行为文化的升华，在整个托幼园所组织文化系统中处于核心地位。

2. 物质文化层面

物质文化是组织文化中最直观的部分，物质文化层面处于组织文化结构的表层。托幼园所组织文化的物质文化层面包括托幼园所的工作场所、办公设备，建筑设计、造型布局、社区环境等。作为组织文化中精神文化的物质载体，托幼园所的物质环境不仅直接影响教学，而且影响幼儿的态度和观念，是托幼园所组织文化中最具体的成分，也是最容易进行设计和更改的部分。

3. 制度文化层面

制度文化是由精神文化转向物质文化的中介。托幼园所的制度文化是渗透于托幼园所的各种组织机构和规章制度中的价值观念与行为方式，是体现具体组织文化特色的各种规章制度、道德规范和员工行为准则的总和，也包含组织内分工协作的组织结构。托幼园所的制度文化层面是园所管理最重要的手段，它反映了一所托幼园所所特有的管理思想和管理风格。规章制度是托幼园所的“法”，是科学管理和组织正常运作的保证，新时期托幼园所制度文化的建设必须坚持“以幼儿为本，以教师为本，以园为本”。

4. 行为文化层面

托幼园所组织文化中的行为文化是指人们行为背后所表现出来的内隐规范和内隐概念。行为文化不是一种个人属性，而是一种受个体因素、组织因素和社会因素影响的个人状态。行为文化建设的根本是人员不断改进对待各种行为的态度和方式。托幼园所组织文化中的行为文化层面包括经营、宣传教育、人际交往、文娱和体育活动等。

(二)托幼园所组织文化的内容

托幼园所组织文化的主要内容包括精神文化、制度文化、行为文化、物质文化和形象文化五个方面。

1. 精神文化

托幼园所精神文化是托幼园所组织文化的核心，主要是指托幼园所全体员工所信奉的价值观和组织精神。托幼园所精神文化是托幼园所组织成员的集体意识，是他们行动的指导原则。

2. 制度文化

托幼园所制度文化首先表现为各种文本化的规章制度，这样的制度既包括国家制定的教育方针、政策、法律、规章，也包括政府主管部门制定的有关教育的各类规章、规则、指示、要求等，还包括园所结合自身的实际情况制定的大量有关教育教学、科研、工作、学习、日常管理的规章制度。

3. 行为文化

托幼园所行为文化主要是组织活动和组织成员行为规范的体现，如员工是否具有时间观念，是否能够建立和谐、融洽的同事关系，对待家长是否热情，对待幼儿是否有耐心和爱心，部门之间是否团结协作等。它是托幼园所园风、精神面貌、人际关系的动态反映，是以动态形式存在的组织文化。

4. 物质文化

物质文化可以让人对一个组织的文化形式产生直观的印象,从中领会到该组织的文化内涵。管理者可以通过物质文化的构建来传递本组织的文化理念,并不断提升组织文化的品位。随着经济的发展和教育观念的转变,人们越来越关注托幼园所的物质文化建设。例如上海的一所幼儿园,园内大门左侧是一尊古铜色的徐悲鸿雕像,大楼走廊的墙面上悬挂着一幅幅徐悲鸿的名画。人们置身于其中,无不受到艺术的感染和熏陶。毋庸置疑,这是一所美术特色的幼儿园。西安的一所幼儿园,园舍主体是一幢五层楼高的舰船形建筑,建筑的周围是600平方米的水域,设有几十个不同形式的水柱,象征一艘乘风破浪的巨轮,承载着新世纪的儿童勇往直前。独特的物质环境布局,折射出幼儿园力图建设的组织文化的内涵及办园理念。

5. 形象文化

我们经常会发现,有的幼儿园走过几十年,历经教职员工的更替,仍然像一颗恒星,越来越亮,而有的幼儿园办园时轰轰烈烈,但时隔不久,就像流星一样转瞬即逝;有的幼儿园招生时门庭若市,而有的幼儿园招生时则门可罗雀。说到底,是托幼园所形象文化的力量使然。

托幼园所的形象,是托幼园所的教育教学能力和特征在社会公众心目中的反映,是社会公众对托幼园所的总体评价。需要特别注意的是,在当前越来越激烈的竞争中,教师和幼儿是托幼园所形象的实际代言人,因此,管理者一定要重视教师和幼儿的形象塑造和行为引导,要求教师以敬业、乐业的职业形象,幼儿以遵守公德、团结互助的形象,向社会展示托幼园所的形象。

三、托幼园所组织文化建设的原则与方法

(一)托幼园所组织文化建设的原则

1. 以人为本

人是组织文化建设的第一要素。以人为本,是托幼园所组织文化建设的首要原则。发展要依靠人,发展是为了人。组织文化建设中要强调尊重人、理解人、信任人和关心人。这就要求管理者在建设托幼园所组织文化的各项举措中,要体现出对教职工和幼儿的人格的尊重,让他们在和谐、融洽的氛围中工作、学习、生活、发展。只有遵循了以人为本的原则,托幼园所的组织文化建设才能深入人心,才能得到教职工的认同。

2. 目标明确、统一

托幼园所组织文化建设应围绕组织发展的共同目标,激励全体教职员工向着这个目标奋发前进。托幼园所组织文化建设需要全体教职员工有共同的价值观,并为之付出努力,因此,需要有一个明确、统一的目标来引导组织文化建设。例如,有的托幼园所实施的是快速扩张型战略,其组织文化就必须体现反应快速、行动迅速、乐于奉献的办事风格;有的托幼园所实施的是保守型战略,其组织文化就应体现稳扎稳打、实事求是的风貌。

3. 注重内涵建设,内容与形式相统一

托幼园所组织文化具有意识性,属于意识形态的范畴,但它又要通过托幼园所的外部形态和教职员工的行为表现出来,这就容易造成表里不一的现象。建设托幼园所组织文化必须从教职员工的思想观念入手,让教职员工树立正确的价值观念,在此基础上形成园所形象,防止搞形式主义,内容与形式不一致。

4. 普遍性与特殊性相结合

托幼园所组织文化建设一方面要与社会主流价值观相一致,即使组织文化具有一定的普遍适用性,

另一方面，在进行托幼园所组织文化建设时，管理者要注重结合本园的历史背景、幼师特点、物质环境等，有意识地在组织文化中体现出本园的个性，防止千篇一律，没有特色。

5. 全面渗透，不断创新

虽然组织文化一旦形成，就具有一定的稳定性，但它并不是一个封闭的系统，它会不断地与外界进行信息、能量和物质的交换。由于托幼园所处在一个不断变化的环境中，所以不能固守一种固定的文化表现形式，既要保持其本质与精髓不变，又要不断创新它的表现形式，补充新的文化内容，将其全面渗透于各项保育、教育和管理活动中，这是组织文化发展的必然要求。可以说，创新是托幼园所组织文化建设的生命力所在，是托幼园所组织文化得以持续发展的内在要求和不竭动力。

(二)托幼园所组织文化建设的方法

1. 榜样法

榜样法是指通过宣传典型人物的事迹，发挥党员的模范带头作用，对好人好事直接进行表扬，为广大员工提供直观的学习榜样的方法。

2. 激励法

激励法是指运用各种激励手段，激发员工的行为动机，从而营造良好的氛围的方法。管理者可以从以下几个方面入手，对员工进行激励。

1)赞许

赞许是指以当面称赞、书面表扬等形式，对员工符合组织价值观的行为给予肯定，从而强化其行为动机。

2)奖励

奖励可以是物质的，也可以是精神的，或物质奖励、精神奖励并用。奖励要根据论功行赏的原则，慎重、准确、公正地进行。

3)参与

让员工适时参与一些重要活动或园所的管理决策，可以增强员工的归属感。参与有多种形式，例如：让教师出席重要会议，并鼓励他们在会议上发言；鼓励教师和园长一起讨论他们的目标与计划，允许他们发表意见等。

4)竞赛

竞赛是激励员工的一种有效方式。开展竞赛活动时应注意以下几点：一是要事先公布竞赛目标及具体规则；二是评定标准要具有可测性和可比性；三是竞赛的结果要公布；四是承诺的奖励要及时兑现。总之，整个竞赛过程要体现客观、公正的原则，只有这样，才会取得较好的效果。

实践证明，恰当地运用激励法，坚持以人为本的原则，充分发挥教师的主体性，有利于调动教师工作的积极性、主动性，使教师自觉地将幼儿园的发展目标与个人的奋斗目标结合起来，这对幼儿园组织文化的建设具有积极的推动作用。

3. 教育法

教育法是指通过宣传、学习、会议等形式，向员工灌输组织文化的内容与目标的方法。管理者在运用教育法进行组织文化建设时，一方面要注意做好正面的灌输教育工作，另一方面要注意做好员工的自我教育工作，即通过研讨会的形式，让参与的员工在讨论中进行批评与自我批评，找出自己与他人的差距，认识自身的优点与不足，这样的自我教育会使员工更容易接受组织价值观。

4. 感染法

感染法是指通过开展一系列的文娱活动、体育活动和读书活动等，培养员工的自豪感，在潜移默化的过程中形成集体凝聚力的方法。托幼园所组织文化建设除了要采用正面的、明确的榜样法、激励法和教育法以外，还要采用“春风化雨”的感染法。感染法不强调活动目标直接指向组织文化建设，而是强调通过活动形成良好的氛围，寓教于乐，使员工自觉地接受并认同组织理念。例如，幼儿园可通过开设“生日温馨吧”“倾听互动屋”“才艺比拼台”“非常好搭档”“快乐大家庭”等活动，让员工产生情感共鸣，从而建立和谐、融洽的关系，增强员工的归属感和集体荣誉感，间接地促进幼儿园组织文化的建设。

【案例分析】

教师节，某幼儿园以年级为单位，组织设计自己团队的队徽、队训，采用不同的方式展现优势、憧憬未来。独具风采的模特表演，诙谐、幽默的小品，声情并茂的诗朗诵，充分显示出了每个人的才华。新颖的展示活动，增强了园所的凝聚力、战斗力。

新年前夜，在“打造园所文化，构建和谐四幼”的主题联欢会上，领导班子精彩的歌伴舞、青年教师深情的独唱、展示新时期党员风采的三句半、小班感人的诗朗诵，都表达了真挚的感情，展现了园所的文化内涵。

该幼儿园还开展了许多种其他形式的活动，例如：每年寒、暑假要求教师读一本书，并写读书笔记；收集信息进行交流；每次业务学习前十分钟推荐好书；教研活动后总结收获，畅谈体会；评选星级教师等。这些活动的开展，既开阔了教职工的视野，增强了教职工的综合素质与能力，也有效地促进了教职工队伍的整体优化。

第四节　托幼园所的特色培育

随着我国社会经济的快速发展以及经济全球化进程的加快，社会竞争越来越激烈。随之而来的是，家长对自己子女的教育越来越重视。学前教育是我国基础教育的有机组成部分，也是我国学校教育的基础阶段，加上托幼园所因为市场竞争机制的引入而面临越来越大的竞争压力，所以特色培育是托幼园所发展的必然趋势。托幼园所要想长久地发展，形成本园的特色是关键。因此，托幼园所必须采取行之有效的策略来加强本园的特色培育。只有通过不断的实践，托幼园所才能真正形成符合本园发展特点的特色，才能提高本园的竞争力。

一、托幼园所特色培育的含义

特色是指事物所表现出来的独特的色彩、风格等。托幼园所的特色是指园所某一方面特别优于其他方面，也特别优于其他学前教育机构的项目，一般以特色项目或优势项目的形式表现出来。托幼园所特色培育的目的是促进儿童个性的发展。

《幼儿园教育指导纲要》指出，各类幼儿园都应从实际出发，因地制宜地实施素质教育，为幼儿一生的发展打好基础。托幼园所的特色培育也应符合这一教育理念，既符合幼儿的现实需要，又有利于其长远发展；既贴近幼儿的生活来选择幼儿感兴趣的事物，又有助于开阔幼儿的视野。

二、托幼园所特色培育的重要性及现状

（一）托幼园所特色培育的重要性

托幼园所的特色培育，既有利于幼儿的全面发展，也有助于幼儿的个性向多元化的方向发展。除此

之外，托幼园所的特色培育还能使园所形成符合自身发展特点的特色，从而增强其竞争力。因此，在当今的社会形势下，特色培育是托幼园所发展的必然趋势。因为教师是托幼园所特色培育的执行者，所以托幼园所在特色培育的过程中不能忽视教师的作用。

(二)托幼园所特色培育的现状

目前，在具体的实践过程中，我国托幼园所特色培育的现状并不乐观，存在一系列问题，主要表现在以下几个方面：部分托幼园所无法确定符合自身发展特点的特色课程；部分托幼园所的特色培育只停留在理论上，没有贯彻落实到实际工作中；有些托幼园所的教师素质较低，且很少参与特色课程建设；部分托幼园所特色培育的程度较低，不仅缺乏科学、民主的管理，而且对课程资源整合与利用的程度较低。

特色培育对于托幼园所来说是极其重要的，因此，托幼园所必须采取行之有效的策略来加强本园的特色培育。

三、托幼园所特色培育的特性

1. 独特性

每个托幼园所都是一个与众不同的独立存在的实体。托幼园所的特色是其独特优势的集中体现。托幼园所的特色培育是教职员工在相应的活动理念的指导下，结合园所的实际情况形成园所的独特个性的培养方式。

2. 创新性

托幼园所特色培育的过程既有对过去的批判与继承，以及对现在的分析和思考，也有对未来的预测和憧憬，是一个不断扬弃、逐渐累积的动态化的创新过程。

3. 整体协调性

对于托幼园所而言，一位富有个性的园长、一个结构合理的教师团队可能是特色培育的关键。除此之外，特色培育还需要有与之相适应的教育理念、适宜的发展目标、与园所发展理念相一致的课程、和谐的园所运作机制、有效的制度保障等。只有具备了这些条件，才能形成托幼园所的特色。

4. 以人为本

托幼园所特色培育的根本目的是促进参与其中的幼儿的素质发展和个性发展。衡量和评价托幼园所特色培育的成果，不但要看幼儿在特定活动和项目中的表现与成就，而且要看这种活动和项目对其整体发展所产生的短期和长远的影响。

四、托幼园所特色培育的原则和策略

(一)托幼园所特色培育的原则

1. 符合园所自身的实际情况

1)发展背景

托幼园所的发展背景是托幼园所特色培育的基础，不能脱离本园的发展背景而生搬硬套其他园所的特色去培育本园的特色。托幼园所在考虑如何培育及培育什么样的特色时，审视本园的发展背景是非常有必要的。

2)办园理念

办园理念是托幼园所的灵魂。任何学校特色的形成，都需要有一个适应时代潮流和教育发展方向的先进理念作为支撑。托幼园所某种特色的形成,实际上是该园践行某种办园理念的结果。

2. 以科学为本

托幼园所要形成符合自身发展特点的特色,就必须坚持以科学为本的原则,具体体现在以下几个方面。

(1)坚持以幼儿及其发展为本的教育理念。教育理念是教育的指导思想,在一定程度上决定了教育水平的高低。

(2)五大领域是课程体系所围绕的基本元素。在课程方面,共包括五大领域,即健康领域、科学领域、社会领域、语言领域以及艺术领域。这五大领域是相辅相成、互相渗透的,教育者通过充分利用教育资源可以轻松驾驭这五个领域。

(3)循序渐进地开展教学实践。一般而言,托幼园所开展教学实践的手段与基本方法是"学中玩,玩中学"。托幼园所开展教学实践,必须遵循循序渐进、由点到面的原则,除此之外,还要确保教学实践的活力,其形式既要丰富多彩,也要灵活多变。

(4)构建符合自身发展特点的评价和评估体系。在特色培育活动中,评价和评估起到了非常重要的作用,是整个活动的关键环节。目前,虽然对于特色培育的评价和评估标准还未形成统一的规范,但是特色培育因其本身的特殊性,对评价和评估体系提出了多样化的需求。因此,托幼园所必须从本身的实际情况出发,构建符合自身发展特点的评价和评估体系。

3. 符合幼儿身心发展的规律和学习特点

《幼儿园教育指导纲要》指出,幼儿园应为幼儿提供健康、丰富的生活和活动环境,满足他们多方面发展的需要,使他们在快乐的童年生活中获得有益于身心发展的经验。幼儿园教育应尊重幼儿身心发展的规律和学习特点,以游戏为基本活动,保教并重,关注个别差异,促进每个幼儿富有个性的发展。过分强调所谓的特色,就会导致不尊重幼儿的个别差异,是对幼儿身心发展的践踏。

(二)托幼园所特色培育的策略

1. 以发展战略为主导

发展战略是托幼园所特色培育的有力保障。托幼园所的发展战略是通过发掘本园的优势资源,充分调动全园教职工的积极性,提高全园的工作水平,以优质的服务得到幼儿家长及社会公众的支持和帮助,从而获取更多的机会和资源,拓宽园所的发展道路。

2. 寻找突破口,充分发挥优势

结合托幼园所的实际情况,分析本园的潜在优势,寻找突破口,充分发挥优势,这是托幼园所特色培育的基本方法。

3. 抓住机遇,充分利用

机遇是事物发展过程中由于出现某一偶然因素而形成的可能改变事物发展现状的特定条件。机遇是客观存在的,它的出现不以人的意志为转移。托幼园所的管理者应当机立断,充分开发机遇的潜能,不坐失良机。

4. 填补空白

在尚未有人耕耘的领域,常常蕴含着令人惊喜的机会。托幼园所要善于创新,开发出前所未有的特色,不断激发园所的生命活力。需要注意的是,创新要在结合实际的基础上进行,脱离实际的创新只能是一种空想。培育托幼园所的特色不仅要结合实际,还应提出具有可操作性的具体行动方案,从而提高创新成功的概率。

5. 培养特色教师

托幼园所的特色培育离不开对特色教师的培养。皮亚杰指出,有关教育与教学的问题中,没有一个问题不是与师资培养有联系的，如果没有足够数量的合格教师，任何最使人钦佩的改革也势必会在实践中失败。[①] 由此可见，培养大量的个性突出的教师是托幼园所特色培育的重要前提。国内有学者认为，特色学校与特色教师之间是一种动态的关系，两者相互依存，相互促进，特色教师是特色学校建设的中坚力量，特色学校是培养特色教师的摇篮。

6. 形成特色内容

托幼园所的特色内容是指托幼园所在某方面或某领域体现出来的与众不同之处。一些托幼园所成功开展的蒙氏教育、科技教育、生存教育、挫折教育、成功教育等，是这些托幼园所在千锤百炼后所形成的特色内容，它们的经验值得其他托幼园所学习和借鉴。在学习和借鉴时有两点值得注意：一是要找到与本园条件相近的特色园所，并向其学习，这样会因为有可比性而更容易学到先进经验；二是要着重研究学习特色园所的发展历程。学习和借鉴其他托幼园所的成功经验后，要进行科学决策，找准有决定意义的突破口，并由点到面，分类推进，以特色项目带动其他工作，以其他工作促进特色项目的优化，真正形成独树一帜的特色内容。

五、托幼园所特色培育应注意的问题

1. 要符合事实根据，不要片面地追求标新立异

在培育托幼园所的特色时，创新性是根本要求。但是，一味地追求标新立异，会导致背离办园宗旨。首先，特色的培育要以托幼园所的发展背景为基础，分析托幼园所的历史文化传统，在继承优良传统的基础上进行创新；其次，托幼园所培育的对象是3～6岁的孩子，年龄小，在生理、心理等方面发展还不成熟，特色培育要符合幼儿身心发展的规律。

2. 要处理好特色培育与全面教育的关系

特色应该是多样化、多层次的。特色应该涉及托幼园所，特别是幼儿发展的各个方面，包括智力、品德、身心健康等方面。

3. 特色是逐步形成的，具有相对的稳定性

特色不是外加的，而是在办园过程中自然形成的。真正的特色应该是在实践过程中逐步形成的，一旦形成，就具有相对的稳定性。稳定的特色有利于形成良好的园风，有利于促进教师学习理论、钻研业务，有利于提高幼儿学习的积极性，促进其身心和谐发展。因此，托幼园所应当坚持不懈地维持和发展这种特色。

4. 要重视与家长的沟通

家长望子成龙，希望超前教育的意识常常在教育中起到相反的作用，扼杀了幼儿学习的兴趣。托幼园所要帮助家长了解幼儿身心发展的规律，明确托幼园所开展特色培育的目的，使特色培育真正起到促进幼儿全面和谐发展的作用。

【案例分析】

目前，我国由于升学压力和就业压力，许多学校采取的是应试教育的模式，这也影响到我国的学前教育，如社会上风行的“零岁方案”“神童方案”。一些家长和托幼园所难以摆脱这种短视的教育方法，表现出重知识灌输轻能力培养、重智力培养轻人格因素培养等错误倾向。一些幼儿园迫于家长的压力或由于经济利益的驱使，办起了各式各样的兴趣班、特长班。

---

① 周雪华：《教师专业化成长的有效途径》，《学前教育研究》，2005年第7期。

分析与思考

我国幼儿园教育的目标是对幼儿实施德、智、体、美等方面全面发展的教育，促进其身心和谐发展。这一目标是确定幼儿园教育任务、评估幼儿园教育质量的根本依据，国家通过这一目标对全国的幼儿园教育进行领导和调控。

教育从根本上说就是培养人，所以教育目标除了要符合社会要求之外，还要符合教育对象身心发展的规律。举一个简单的例子：画一个菱形图案对于成年人来说是一件轻而易举的事，然而对于幼儿来说，却是很困难的，即使是临摹一个菱形图案，也是很困难的。这就说明，幼儿的发展是有一定的年龄特征和规律的，幼儿园教育目标如果不符合幼儿发展的规律，就不可能实现。因此，幼儿园教育目标的制定必须符合幼儿身心发展的规律。

一味地追求幼儿某个方面的发展，忽视幼儿的全面发展，可能会严重影响幼儿生长发育的自然进程，造成儿童期、青少年期乃至成人期体力、心智、能力、性格、气质等方面的缺陷。

托幼园所要帮助家长了解幼儿身心发展的规律，明确园所开展特色培育的目的，让其知道在幼儿阶段什么是最宝贵的，什么是应该着重培养的，共同教育幼儿，使特色培育真正起到促进幼儿全面和谐发展的作用。

【本章小结】

托幼园所作为一种规范的学前教育组织，其组织机构的设置，以及规章制度的制定与完善，是其完成保教任务和提高工作效率的基本保障。除此之外，托幼园所还应加强组织文化建设。组织文化是组织的灵魂，是组织可持续发展的保障。另外，托幼园所还应注重特色培育。探究特色培育与幼儿个体发展的内在联系，挖掘其丰富的文化内涵和教育功能，是特色托幼园所科研工作的重点之一。

【思考与练习】

近些年来，为了更好地适应幼儿教育改革和自身发展的需要，许多幼儿园的教师纷纷利用业余时间参与多种形式的学习和培训，如研究生课程班、函授教育、高等教育自学考试等。尽管许多高校针对在职人员而开设的班尽量安排在节假日，但由于种种缘故，学习时间和上班时间难免会有冲突，例如：周末安排了毕业答辩，那些路途较远的幼儿园教师就需要提前请假；高校放假安排课程了，但是少数幼儿园还没有放假等。因此，一些参加进修的幼儿园教师有时会面临两难的选择。针对这种情况，许多幼儿园制定了相应的规章制度。例如，某幼儿园制定了《教师进修制度》，其中规定，为了提高学历而参加进修的教师，全部学习必须利用业余时间完成，考试期间，经园长同意，每学期可享有3个半天假，以保证考试。一位参加了业余自修的教师，在学习过程中结识了其他幼儿园的教师，了解到有些幼儿园对于教师学习的政策非常优厚，不仅保证考试时间，而且规定教师拿到毕业证以后，单位可以报销一定比例的学费，想到自己所在的幼儿园没有这些政策，于是心中感到不平，但又不敢提意见，工作积极性因此受到很大的影响。

1. 上述《教师进修制度》反映了该幼儿园领导怎样的管理理念？如果你是正在参加进修的幼儿园教师，你希望有怎样的进修制度？

2. 你认为上述制度的合理性、可行性程度怎样？分析这一制度可能存在的问题。

第六章

托幼园所的目标与管理过程

【学习目标】

1.理解目标管理的含义和特点。

2.掌握托幼园所的教育目标和管理目标的关系。

3.理解和掌握托幼园所的管理过程，领会每一个环节的管理要求。

4.学会运用目标管理理论和过程管理理论来分析托幼园所管理中存在的问题。

【案例分析】

新学期开始，刚刚上任不久的某幼儿园李园长针对以前该幼儿园管理中出现的由于教职工责任不够清晰、奖罚不明等而造成的教职工工作积极性不高、工作作风散漫、效率低下等不良现象，对该幼儿园的管理进行了改革，实施了新的管理措施，即在明确各人职责的基础上，采取按劳分配的原则，根据教职工的工作表现和实际成绩，给予不同的工资、福利待遇，并且对工作表现好、成绩突出的人员给予适当数额的奖金奖励，而对工作散漫、不能完成任务或工作中有明显失误的人员则酌情进行惩罚。为此，该幼儿园制定了一整套对教职工工作进行检查和评估，以及根据教职工的工作成绩实行奖励和处罚的制度，并在实际工作中切实执行此制度。半年以后，李园长发现教职工工作的积极性明显比以前高了，不但没有了以前那种拖沓、散漫、相互推诿的现象，反而是争任务、抢任务，整个幼儿园的工作效率大大提高了。同时，李园长也发现幼儿园里的教职工越来越看重钱了，没有物质报酬的工作几乎没人愿意去干，并且工作人员之间的关系似乎变得有些冷淡了。看到这些现象，因自己成功地进行了幼儿园管理改革而沉浸在喜悦之中的李园长又陷入了深思。

思考

李园长对幼儿园管理进行改革采用的是哪种方法？这种方法有何利弊？如何正确运用这种方法？

第一节　托幼园所的目标

一、目标的含义

目标是指一个组织、群体或个体在一定的时期内通过开展各种活动所追求的最终目的，即预期结果所要达到的标准或状态。人们只有对客观要求和客观规律有了正确的认识之后，才能制定出正确的目标，只有顺应客观规律的目标才能最终实现。

(一)组织的宗旨是组织最基本的目标

组织的宗旨表明了社会赋予这个组织的基本职能或该组织应完成的社会委托给它的任务。组织的宗旨是一个组织最基本的目标，也是一个组织各项日常管理工作的出发点，需要通过目标的具体化才能成为行动的指南。

(二)组织的任务是组织目标的明确化

组织的任务在一定程度上规定了实现组织目标的活动领域、内容和对象等。《幼儿园工作规程》第一章提到了幼儿园的宗旨、任务及目标等。第二条规定，幼儿园是对 3 周岁以上学龄前幼儿实施保育和教育的机构，幼儿园教育是基础教育的重要组成部分，是学校教育制度的基础阶段。该条规定实质上明确了我国幼儿园的宗旨和性质。第三条规定，幼儿园的任务是贯彻国家的教育方针，按照保育与教育相结合的原则，遵循幼儿身心发展的特点和规律，实施德、智、体、美等方面全面发展的教育，促进幼儿身心和谐发展。这一条款规定了幼儿园保育与教育的双重任务，并从原则、内容、效果等方面概括了幼儿园的活动领域、对象和内容等。这些任务是对第二条提到的"对 3 周岁以上学龄前幼儿实施保育和教育"这一组织目标的明确化。

(三)项目和指标是组织目标的具体化

具体的项目、指标是组织目标和任务的进一步具体化和明确化。它能够使组织成员明确奋斗方向、工作重点和具体要求。

(四)目标应该具有一定的时限性

带有时限性的目标，是指一定时期内期望达到的标准或状态，也称为阶段性目标。目标本身应该有一定的时间限制，如果缺乏时间限制，不仅无法进行绩效考核，还可能会造成考核过程中的不公平现象。

二、目标的作用

(一)导向作用

目标能够引导行动指向特定的方向。整个管理工作必须以目标为出发点，以目标来指导工作的发展方向。托幼园所管理者在管理过程中，始终以目标为出发点，对教职工的行为进行管理，从而使教育工作和管理工作有目的、有计划地开展。

(二)激励作用

目标的激励作用主要表现在三个方面：一是在目标确定后，由于它能使人明确方向，因而能起到鼓舞人心、激发斗志的作用；二是由于目标具有一定的挑战性，在实际工作中必须通过一定的努力才能实现，因而有利于激发人们的积极性和创造性；三是在目标实现以后，人们看到了自己的工作成绩，因而会在心理上产生一种满足感和自豪感，这样就会激励人们以更大的热情和信心去承担新的任务并实现新的目标。

著名心理学家弗鲁姆在1964年出版的《工作与激励》一书中提出了“期望理论”。① 该理论主要研究需要与目标之间的关系。弗鲁姆认为，人总是渴求满足一定的需要和达到一定的目标，此目标又对激发人的动机有影响，激发力量的大小，取决于目标价值和期望概率。它说明个人或组织积极性被调动的程度与组织内的目标价值和期望概率有关。目标价值表示某个人或某个群体对既定目标的需要程度，不同的目标在不同的对象（人或群体）看来有不同的价值。期望概率是指达到既定目标的可能性。有可能目标价值很高，但实现的可能性即期望概率很小，因而只会使人感到遥不可及而难以调动人的积极性。托幼园所管理者只有把目标的可行性与挑战性结合起来，才能激励全体教职工为实现目标而努力，同时在实现目标的过程中使教职工的自我价值不断得到实现，这样就会促使他们寻求新的更高的起点，激励教职工朝着确定的目标更加积极地工作。

(三)凝聚作用

组织的目标是组织的中心，是组织中各要素的联结点。组织目标直接影响着组织的凝聚力。当托幼园所的目标充分体现教职工的共同利益，并能够与教职工的个人目标和谐一致时，就能够激发教职工的工作热情，调动他们的积极性、主动性和创造性，使他们齐心协力地为实现组织目标而努力。

(四)协调作用

目标管理以工作成果为标准，强调团队合作精神。管理者通过目标来协调全体组织成员的思想与行为，使其齐心协力，步调一致，最终保证组织总体目标的实现。

(五)衡量作用

目标管理以确定目标为起点，以考核、评估目标的完成情况为终点。在管理过程中必须有检查、总结等环节，目标在检查和总结的过程中起到了考核标准的作用。部门、个人工作情况的优劣用目标的完成情况来衡量，目标是评价部门、个人工作情况的依据。

在我国当前的学前教育实践中，《幼儿园工作规程》《3～6岁儿童学习与发展指南》等文件提出了一系列教育目标和儿童发展目标，这些目标已经成为广大幼儿园园长和教师的行动标准，其导向作用、凝聚作用和衡量作用已不断得到发挥，成为推动幼儿园发展的重要工具。

三、托幼园所的教育目标与管理目标

托幼园所的目标包括教育目标和管理目标，二者有机地构成目标管理系统。

(一)托幼园所的教育目标

教育目标，即培养目标。在托幼园所里，起主导作用的不是园舍和设施等物质条件，而是教育目标。明确的教育目标，体现着办园方向，引导着托幼园所的全部教育活动，并制约着全部管理活动。因此，确立科学的教育目标，是托幼园所的首要任务。

托幼园所的教育工作是保育和教育幼儿的活动，托幼园所的教育目标决定了要把幼儿培养成怎样的人，它规定了幼儿园的教育要求、教育内容和教育任务。我国托幼园所的教育目标由教材分类目标、幼儿身心发展目标、学段目标、单元主题教育目标及一个个具体的教育活动目标等组成。

---

① 袁勇志，奚国泉：《期望理论述评》，《南京理工大学学报（社会科学版）》，2000年第3期。

(二)托幼园所的管理目标

1. 托幼园所管理目标的含义

托幼园所的管理目标是指托幼园所管理者在一定时期内通过开展一系列的管理活动所追求的最终目的,即预期管理结果所要达到的状态或标准。换言之,就是托幼园所管理者希望通过开展一定的管理活动把托幼园所办成什么样子,沿着什么轨道发展,最终达到什么要求。

2. 托幼园所管理目标的特点

1)指向性

目标,是人们所追求的一种未来的结果,总是指向一定的方向。它为组织或个人指明了奋斗的方向,展现出了预想的前景。不体现一定方向的目标是不存在的。托幼园所的管理目标体现了园所的办园方向,是托幼园所管理者通过管理活动所希望达到的一种未来的结果。托幼园所的管理目标为教职工指明了前进的方向。

2)社会性

托幼园所作为一个社会组织,是整个社会系统的一个组成部分。托幼园所的发展要受到社会政治、经济、文化等因素的制约,它的管理目标要与社会发展的总目标统一方向。我国托幼园所的管理目标必须体现我国的社会主义性质,贯彻执行党和国家的教育方针、政策、法律、法规。

3)层次性

托幼园所的管理目标是托幼园所管理的总目标,是比较抽象、纲领性的目标,要实现这个总目标,必须将目标分解为各个层次的子目标。

4)可行性

托幼园所的管理目标必须符合园所的实际情况,符合学前教育机构管理规律,具有可行性,即必须是经过努力可以实现的,必须具有具体的可操作的内容。

(三)托幼园所的教育目标与管理目标的关系

1. 教育目标与管理目标的区别

如前文所述,托幼园所的教育工作是保育和教育幼儿的活动,托幼园所的教育目标决定了要把幼儿培养成怎样的人,它规定了幼儿园的教育要求、教育内容和教育任务。管理工作是对教育工作的组织、指导、协调,管理目标是管理的方向和标准。托幼园所的教育目标与托幼园所的管理目标是两个不同的概念。教育目标是高层次的目标,它要统领管理目标;管理目标是为实现教育目标而结合园所实际情况制定的,是低层次的目标,二者不能混淆。

2. 教育目标与管理目标的联系

教育目标与管理目标既有区别,又有联系。托幼园所的教育目标是托幼园所的根本目标,是确定管理目标的依据;管理目标是实现教育目标的保证和前提。教育目标是托幼园所管理的出发点与归宿,园所的全部工作都是为了实现教育目标。托幼园所的工作目标应该包括教育目标和管理目标,只有使教育目标与管理目标有机结合,才能构成托幼园所的总体目标。管理者首先要明确托幼园所的教育目标,然后才能确定园所的管理目标,园所的管理目标是为实现园所的教育目标而制定的,不能本末倒置。

托幼园所的教育目标和管理目标的关系如图 6-1 所示。

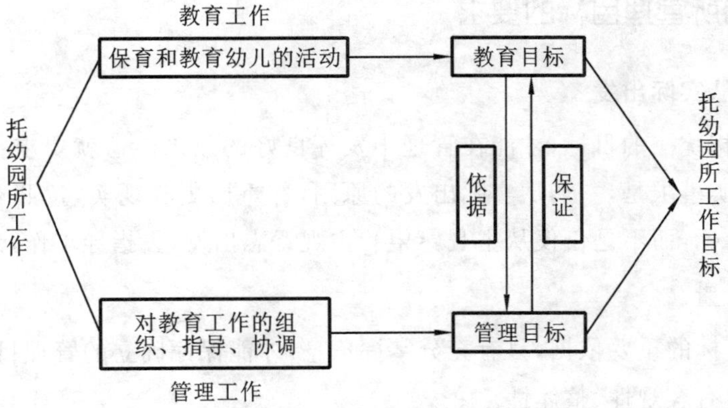

图 6-1　托幼园所的教育目标和管理目标的关系

四、确立托幼园所管理目标的依据及要求

管理目标是实施管理的基础，科学、正确地确立托幼园所的管理目标是目标管理的关键。确立管理目标实际上是主、客观条件统一的过程，是主观愿望与客观环境、条件有机结合的过程。在确立托幼园所的管理目标时，要充分了解国内、外环境，处理好上级指示、社会环境和本园的实际情况三方面的关系，使确立的管理目标既有挑战性，也有可行性，真正成为全园教职工努力奋斗的方向。

(一)确立托幼园所管理目标的依据

1. 上级指示

上级指示主要包括党和国家的有关方针政策，尤其是教育方针、幼儿园法规，以及上级教育行政部门对某一时期、某项工作任务的要求等。这是制定托幼园所管理目标的主要依据。

2. 理论依据

科学的理论是制定管理目标的理论依据，主要有马克思主义基本原理、辩证唯物主义认识论和方法论、管理科学理论、教育理论、幼教改革和研究动态等。理论依据强调目标的制定必须反映事物发展的客观规律。

3. 社会环境

社会环境是托幼园所活动的空间，以及生存和发展的基础。因此要在对环境条件等基本情况做出分析和预测的基础上，制订出切实可行的行动方案。制订方案时需要进行广泛的调查和研究，获取相关信息，并对各方面的信息进行系统的分析和加工，做到情况明了，心中有数。在此基础上，对托幼园所的未来发展，进行科学的预测，从而确立托幼园所的管理目标。

4. 托幼园所的实际情况

目标的可行性在于其有实际的可操作性，因此，托幼园所管理目标的制定必须从园所的实际情况出发。这里所说的实际情况主要是指园所实现目标的主、客观条件。客观条件主要包括园所的人力、物力、财力等资源的情况，以及园所已有的工作基础、已取得的成绩、存在的问题等。主观条件主要是指园所人员的整体素质、园所的工作氛围和凝聚力等。

托幼园所的管理者要认真分析本园的实际情况，并结合对外部环境的分析，综合考虑社会环境的变化对托幼园所的生存和发展提出了什么样的挑战，同时也提供了什么样的机遇，面对挑战和机遇，园所自身的优势有哪些，劣势有哪些，怎样才能迎接挑战，抓住机遇，使园所在挑战面前能积极应对并处于主动地位。

(二)确立托幼园所管理目标的要求

1. 实事求是,一切从实际出发

只有主、客观条件相统一的目标,才能在管理中发挥良好的效果。这就要求托幼园所管理者在确立管理目标时,必须坚持实事求是,一切从实际出发的原则,尊重历史和现实,按照客观事物的发展规律及趋势制定战略和管理目标,而不是仅仅从主观愿望和主观意志出发,去指导工作,制定管理目标。

2. 保证足够的信息量

信息是制定管理目标的重要依据,只有充分掌握信息,才能保证确立的管理目标有足够的信息量,从而使管理目标的制定具有客观性、整体性。

3. 体现办园特色

所谓特色,就是与众不同之处。办园特色对园所的生存和发展具有十分重要的意义。因此在制定管理目标时,必须将上级的方针政策与本园的实际情况相结合,因地制宜,制定出富有独创性的管理目标。在托幼园所面对社会需求的种种挑战下,托幼园所管理者应根据主、客观条件大胆、灵活地进行探索,不断总结经验和教训,从而找到适合本园所的发展方向。

第二节　托幼园所的目标管理

一、目标管理理论的产生和普及

1954 年,美国管理学家德鲁克在其名著《管理的实践》中最先提出了一个具有划时代意义的概念——目标管理。[①] 目标管理是德鲁克所提出的最重要、最有影响力的概念。目标管理是以目标为导向,以人为中心,以成果为标准,使组织和个人取得最佳业绩的现代管理方法,已成为当代管理学的重要组成部分。

德鲁克所提出的"目标"与其他管理学家所提出的"目标"是不同的,其独到之处表现在以下几个方面:①德鲁克并不只是简单地强调目标对于一个组织的重要意义,而是构建了以目标为中心的管理体系;②德鲁克所提出的"目标"是一种协作手段;③德鲁克认为,目标是先于计划的;④德鲁克认为,制定目标时需要坚持一定的原则;⑤德鲁克认为,管理的真正含义就在于确立目标,以此来决定管理者应该做什么以及如何做才能实现这一目标,即把目标作为管理的核心,把管理作为围绕目标做决策的一种实践。

德鲁克的目标管理理论一经提出,就立刻引起了极大的反响,对当时的美国企业组织活力的激发起到了很好的作用。当它被逐步推广到企业组织中的所有成员和各项工作中时,同样取得了良好的效果。因此,目标管理理论得到了迅速推广。20 世纪 50 年代末以后,日本和西欧各国相继引进目标管理的方法,广泛应用于金融、公共事业及政府机关等行业和部门,并综合本国特点使之逐渐丰富。到了 20 世纪 70 年代,伴随着质量管理在我国的全面推行,目标管理在一些大企业中渐渐兴起,并取得了显著的成效。当前,我国许多行业实行的归口管理等管理方法,也源于目标管理。实践证明,这是一种行之有效的管理方法。

---

① 李睿祎:《德鲁克目标管理体系初探》,《北华大学学报(社会科学版)》,2007 年第 2 期。

二、托幼园所目标管理的含义

目标管理是以目标为导向，以人为中心，以成果为标准，使组织和个人取得最佳业绩的现代管理方法。目标管理也称为成果管理，俗称责任制，是指在组织成员的积极参与下，自上而下地确定工作目标，并在工作中实行自我控制，自下而上地保证目标实现的一种管理方法。

托幼园所目标管理是指托幼园所以目标为中心进行管理的一种现代管理方法。它始终以目标作为出发点和归宿，特别强调以目标指导行动，以成果和贡献作为管理活动的重点。

三、目标管理的特点

目标管理的具体形式多种多样，但其基本内容是一样的，即组织中的上级和下级一起协商，根据组织的使命确定一定时期内组织的总目标，以此决定上、下级的责任和分目标，并将这些目标作为组织评估每个部门和每个成员的贡献的标准。

与传统的管理方法相比，目标管理具有一些鲜明的特点，详述如下。

(一)重视人的因素

目标管理是一种把个人需求与组织目标结合起来的管理方法，注意采用多种尊重人的做法调动人的积极性，让下级成员参与目标的制定。这使得目标的制定者同时也是目标的实现者，十分有利于全体成员对目标产生认同感，并自觉、主动地为实现目标而努力。

(二)强调自我控制

目标管理的一大特点在于其管理过程强调自我控制。在实施目标管理的过程中，组织的各个部门、各个成员明确了自己的目标，明确了自己的职责和工作的具体任务，可以通过比较实际结果和目标来评估自己的工作成果，以便进一步改善，实现自我控制。用自我控制式的管理代替上级主管压制性的管理，能充分发挥组织成员的聪明才智和创造性。正如德鲁克所说，目标管理的主要贡献之一就是它使得我们能够运用自我控制式的管理来代替由别人统治的管理。

(三)建立目标体系，促使权力下放

采用目标管理的管理方法时，管理者通过专门设计的程序，将组织的整体目标逐级分解，转换为各部门、各成员的分目标。在目标分解的过程中，权、责、利三者已经明确，而且相互对称。在实施目标管理的过程中，让下级参与目标的制定，显然有利于自我控制的实现，这本身就意味着权力下放的比重的增大，组织成员的自我可控部分和权力的增加对他们的工作有激励和推动作用。这些目标方向一致，环环相扣，相互配合，形成协调统一的目标体系。只有每个成员都完成自己的分目标，整个组织的总目标才有完成的希望。

(四)重视工作成果

目标管理以确定目标为起点，以考核、评估目标的完成情况为终点，工作成果是考核和评估的依据。目标管理重视工作成果，可以排除管理者对组织成员的主观印象、组织成员的工作态度等主观因素对考核和评估的影响，提高考核、评估结果的科学性、公平性。至于完成目标的具体过程、途径和方法，上级并不会过多干预。

四、托幼园所实施目标管理的意义

行之有效的托幼园所目标管理机制，能够形成工作动力，增强教职工在工作中的主动性、积极性、创造性和自觉性，从而促进教职工个人潜力的发挥。采用新的目标管理方法，摒弃旧的不符合时代要求的观念，是现代托幼园所发展的必经之路。

（一）目标管理以目标为导向，具有激励作用

目标起着调动组织成员积极性的重要作用。目标管理以目标为导向，通过逐级分解将总目标转化为分目标，形成目标体系，同时将分目标落实到每个岗位和每个人，将人与工作统一起来，这样可以激励全体成员为实现目标而努力。在实现目标的过程中，组织成员的业务水平也在不断提高，自我价值也不断得到实现，从而可以促进他们寻求新的更高的起点，不断取得新的成绩。

（二）目标管理以人为中心，以人的发展为本

目标管理以人为中心，以人的发展为本。托幼园所发展的成败取决于教师队伍素质的高低。托幼园所的发展必须以人为基础，以人为前提，以人为动力，注重对教师的培养；托幼园所的发展必须以人为中心，以人为需要，以人为目的，为每个教师提供展示自己能力的机会和条件，充分发掘每个教师的潜能；托幼园所的发展必须以人为尺度，以人为原则，以人为标准，关心人，尊重人，理解人，解放人，发展人，真诚地赏识每一个教师，促进教师全面、和谐、健康地发展。

（三）目标管理以工作成果为标准，强调团队合作精神

目标管理以工作成果为标准，强调团队合作精神。托幼园所管理者通过目标来协调全体教职工的思想与行为，使其齐心协力，步调一致，最终保证托幼园所总体目标的实现。

五、托幼园所实施目标管理的步骤

托幼园所实施目标管理通常按照建立目标体系、实现目标、目标考核三个步骤进行。

（一）建立目标体系

1. 制定托幼园所的总体目标

托幼园所实施目标管理的第一步就是制定园所的总体目标，即托幼园所全体成员共同认定的体现园所发展方向的奋斗目标，包括教育目标和管理目标。

托幼园所某一时期总体目标的制定，应综合考虑园内、园外的多种因素，如国家的政策和上级的指示、国家的需要与家长的要求、幼儿教育改革的动态信息、本园教职工的素质状况、本园的经济实力与物质条件，以及本园所具有的经验和特色等。在此基础上，通过全园上下沟通、多方合作研究，最终确定托幼园所的总体目标。

2. 将总体目标层层分解，建立组织目标与个人目标一致的目标体系

确定托幼园所的总体目标后，就明确了托幼园所管理的基本方向和宗旨。在此基础上，可以将总体目标层层分解，逐级授权，使总体目标分解并落实到每个部门和每个成员，从而使园所的总体目标转化为

具体的便于检验的部门目标和个人目标，形成目标体系。通过部门目标、个人目标的实现，最终可以实现托幼园所的总体目标。目标体系建立的过程如图 6-2 所示。

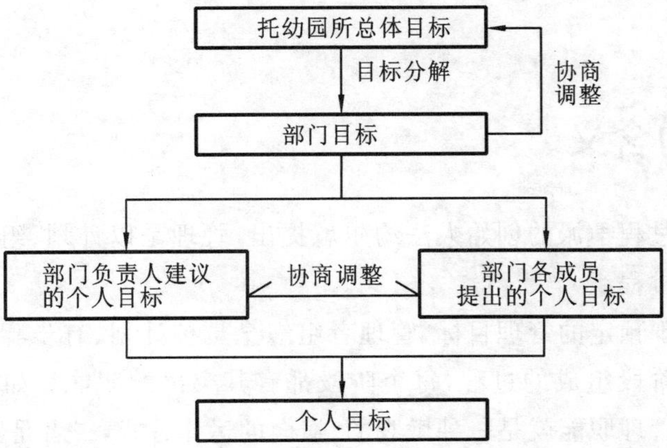

图 6-2　目标体系建立的过程

3. 围绕目标制订计划

目标管理要通过计划管理来实现。计划是实现目标的具体方案和行动步骤。要想实现目标，就需要围绕目标制订计划，从而规划目标实现的程序、方法、措施等。托幼园所的目标应通过各时期、各部门的工作计划来实现。

(二)实现目标

在实现目标的过程中，首先要建立高效能的组织机构系统，使各部门围绕目标协调有序地运转，然后科学地安排目标的优先次序，建立目标控制系统，科学地组织、安排人力、物力、时间等，统筹兼顾，使各项工作都能围绕托幼园所的目标有序开展，从而实现有效管理。

为了保证目标的顺利实现，托幼园所管理者应着重做好以下两个方面的工作。

(1)尽可能下放权力给教职工，给教职工自由处理工作的余地。管理者在下放权力的同时，也要强化教职工的责任心和及时汇报的机制。管理者还应努力为教职工开展工作提供有利条件。

(2)抓好检查和控制工作。如果不对目标完成的情况进行检查和控制，目标的实现就有可能因为教职工不努力工作而落空。因此，应实行动态控制，以保障目标的实现。

(三)目标考核

目标考核首先要有能够客观衡量目标完成情况的具体标准，其次要特别重视数据的统计和分析。在目标管理过程中，科学地进行数据统计和分析，可以帮助我们更好地了解和掌握各种目标完成的情况以及工作中存在的问题。

目标管理是教育管理创新的新课题，如何在托幼园所中实施目标管理，在实施过程中会出现哪些新问题、新情况，仍然需要我们继续探索。目标管理的关键是管理，管理的关键是管人，对人的管理重在激励。托幼园所管理者一定要掌握目标管理的原则和方法，向目标管理要质量，通过目标管理，不断提高办园水平。

第三节 管理过程概述

一、管理过程的含义

早在20世纪初，管理过程学派的创始人法约尔就提出，管理是以计划、组织、指挥、协调与控制这五项职能为要素组成的活动过程。

管理过程是指为了实现预定的管理目标，管理者组织全员按计划、有步骤地进行共同活动的步骤与程序。管理是一个由不同阶段组成的过程，每个阶段都有其突出的职能。如果说管理过程是一种宏观的、纵向的运作方式，那么管理职能就是一种微观的、横向的运作方式，二者是紧密结合，相互渗透的。只有有效的管理职能，才能保证管理过程的顺利开展，而管理职能的有效发挥，是在整个管理过程中进行的。因此，管理职能的有机结合及周期性的活动就是管理过程。

在现代管理理论中，一些学派继承和发展了法约尔的理论，形成了不同的管理理论[①]，详述如下。

(1)七阶段说：美国的管理学者曾把管理过程划分为计划、组织、用人、指导、调整、报告、预算七个阶段。

(2)六阶段说：日本的管理学者曾把管理过程划分为计划、信息、预算、分析、评估、复始六个阶段。

(3)五阶段说：把管理过程划分为提出目的、获取信息、制订计划、建立反馈、结束总结五个阶段。

(4)四阶段说：美国管理学家戴明把管理过程划分为计划、执行、检查、处理四个阶段。四阶段说最具有代表性，在众多国家、众多领域得到了人们的广泛认可，并逐渐占据主导地位。

二、戴明的管理过程理论

美国管理学家戴明是著名的质量管理专家，因为对世界质量管理发展做出卓越贡献而享誉全球。他首创了全面质量管理的思想，并提出了管理过程理论。[②]

(一)戴明管理过程理论的基本原理——戴明环

戴明认为一切管理过程都是由计划、执行、检查、处理四个阶段构成的，这四个阶段围绕着一个目标展开，并构成一个管理周期。

第一阶段是计划(plan)。计划是一个管理周期的起始环节，包括方针和目标的确定，以及活动计划的制订。

第二阶段是执行(do)。执行是管理过程的中心环节，指管理者组织人、财、物等资源，按目标和计划的要求去实施。

第三阶段是检查(check)。检查是指总结计划执行的结果是否达到预期目标，找出问题并分析原因。

第四阶段是处理(act)。处理是一个管理周期的结束环节，指对检查的结果进行处理，肯定成功的经验并予以标准化，对于失败的教训也要进行总结，制定调整和改善措施，为下一个管理周期的良好运作奠

① 卢盛华：《20世纪管理理论与思想的发展演变》，《管理科学文摘》，2003年第2期。

② 苏伟伦：《戴明管理思想核心读本》，中国社会科学出版社，2003年。

定基础。

戴明环循环图如图 6-3 所示。

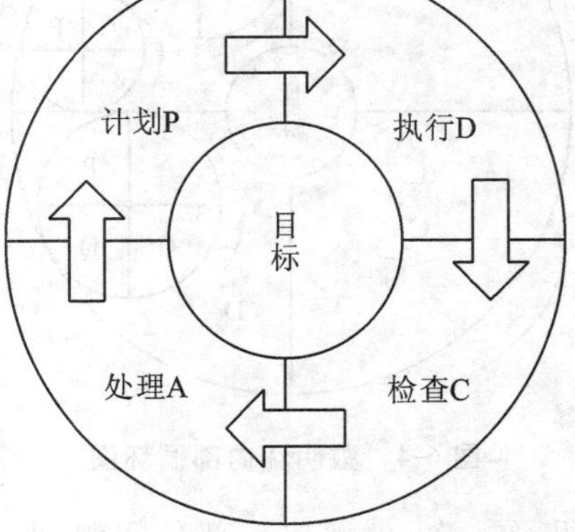

图 6-3　戴明环循环图

具体来说，一个管理周期包括八个步骤：①分析现状，发现问题；②分析导致问题的各种影响因素；③分析导致问题的主要原因；④针对主要原因，制定解决问题的措施和计划，包括为什么要制定这个措施、要达到什么目标、计划在何处执行、由谁负责完成、什么时候完成等；⑤执行，即按计划的要求去实施；⑥检查，即对执行结果与要求达到的目标进行对比；⑦标准化，即总结成功的经验，制定相应的标准；⑧把没有解决或新出现的问题转入下一个管理周期中去解决。

(二)戴明管理过程理论的特点

1. 目的性

管理的四个环节始终是围绕着预定的目标展开的，管理本身就是一种目的性极强的活动。

2. 双边性

管理活动的参与者包括管理者与被管理者，缺少了任何一方，也就不存在另一方，管理活动也就终止了。管理者与被管理者的双边关系具有多种层次，如教育行政干部与园长之间、园长与教职工之间、教职工与幼儿之间等，同一个人在不同的管理层次中可能处于不同的地位。

3. 程序性

管理过程是有计划、有规律地从一个阶段过渡到下一个阶段的过程，这些阶段有一定的客观顺序，不能随意排列。

4. 整体统一性

PDCA 循环作为过程管理的基本方法，不仅适用于学前教育机构整个系统的管理，也适用于各部门、各年级组的管理。各级部门根据机构的总体目标，都有自己的 PDCA 循环，大环套小环，小环里面又套更小的环。大环是小环的母体和依据，小环是大环的分解和保证。各级部门的小环都围绕着机构的总体目标朝着同一个方向转动，通过循环把机构上下或机构整体的各项工作有机地联系起来，彼此协同，互相促进。戴明环内部循环图如图 6-4 所示。

5. 周期性

戴明环的四个环节构成了一个管理周期，一个管理周期的结束便是下一个管理周期的开始。这些循

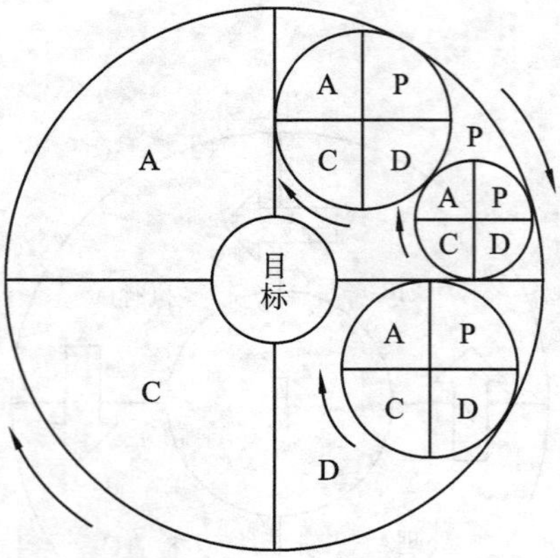

图 6-4　戴明环内部循环图

环不是在同一个水平上进行的，每循环一次，就解决一部分问题，取得一定的成果，工作也就前进一步。戴明环上升图如图 6-5 所示。

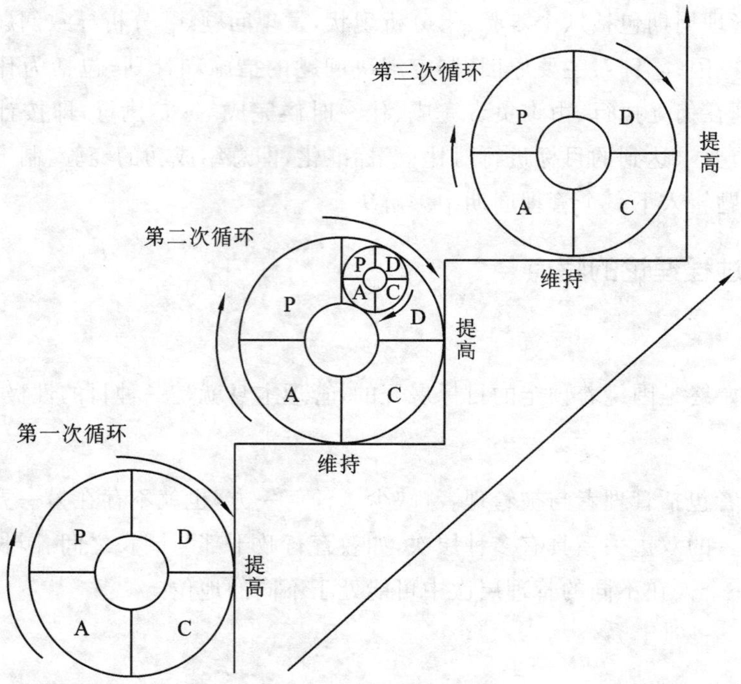

图 6-5　戴明环上升图

6. 渗透反馈性

戴明环的各个环节之间是相互联系、相互渗透、相互制约和相互促进的关系，在实际工作中，各个环节之间都存在着反馈回路。

戴明环的基本原理，反映了管理的规律和特点，对管理实践具有重要的指导作用，其最大贡献在于为管理提供了科学的思想方法和工作程序。

第四节 托幼园所的工作计划

计划作为戴明环的首要环节,是托幼园所进行管理的第一步,可以为托幼园所更好地落实保教工作指明道路,保障园所目标的实现。

一、计划的含义

正如哈罗德·孔茨所言,计划工作是一座桥梁,它把我们所处的这岸和我们要去的对岸连接起来,以克服这一天堑。[①] 计划工作给组织指明了通向未来目标的道路,为一系列管理工作奠定了基础。

计划是为了从事某项工作预先规划好的详细方案,计划工作是指为了对未来活动做出决策所进行的周密思考和所做的准备工作,如制定组织的总体目标和总体战略,并制订一系列派生计划。计划工作是行动的前提,它促使管理人员通盘思考问题,尽管不可能预见到未来的一切,但还是能做出情理之中的决策,并对潜在的问题进行研究。

计划工作是托幼园所管理的起点和基础。“凡事预则立,不预则废”和“人无远虑,必有近忧”这两句话高度概括了计划的重要性。在当今社会经济高速发展的时代背景下,托幼园所为了生存和发展,更应该注重计划的重要性,科学地制定发展目标和战略,并进行严密的规划和部署。

二、托幼园所工作计划的内容与分类

(一)托幼园所工作计划的内容

无论是在名词意义上还是在动词意义上,计划的内容都包括“5W1H”[②],即计划必须清楚地确定和描述以下内容:做什么(what)、为什么做(why)、何时做(when)、在哪里做(where)、谁来做(who)和怎样做(how)。

做什么就是明确所要进行的活动的内容及其要求。托幼园所的主要任务是开展保教工作,这是托幼园所管理者开展管理工作前必须明确的。

为什么做就是明确制订工作计划的原因和目的,并论证其可行性。只有把“要我做”变为“我要做”,才能充分发挥托幼园所教职工的主动性和创造性,从而实现预期目标。

何时做就是规定计划中各项工作的开始和完成时间,以便进行有效的控制,并对资源进行平衡。

在哪里做就是规定计划的实施地点或场所,明确计划实施的环境条件,以便合理安排计划实施的空间。

谁来做就是规定由哪些部门和人员负责实施计划。

怎样做就是制定计划实施的措施,以及相应的政策和规则,对资源进行合理的分配和充分的利用,对生产能力进行平衡,对各种派生计划进行综合平衡等。

(二)托幼园所工作计划的分类

由于托幼园所管理活动的复杂性与多样性,计划的种类也变得十分复杂和多样。在实践中,有些管

---

① 海因茨·韦里克,哈罗德·孔茨:《管理学——全球化视角》,第11版,马春光,译,经济科学出版社,2004年。

② 郭研:《试论创建一个科学的宏观经济核算体系的构建思路》,《消费导刊》,2008年第6期。

理者认识不到计划的多样性，在制订计划的过程中忽略了某些重要的内容，导致计划的有效性降低。了解计划不同的分类方法可以使我们更全面地了解计划的性质。工作计划按不同的分类标准可以分为很多种类型，常见的分类标准主要有以下几种。

1. 按期限分类

按照期限，托幼园所的工作计划可以分为长期计划、中期计划和短期计划。一般，人们习惯于把1年以下的计划称为短期计划；把1年到5年的计划称为中期计划；把5年以上的计划称为长期计划。但这种划分方法不是绝对的。

长期计划通常是根据托幼园所的发展方向和方针绘制的发展蓝图。

中期计划通常是对长期计划和目标的分阶段设想。

短期计划通常具体规定部门在目前到未来各个较短时期，特别是最近的时间段内，应开展何种活动，以及开展该活动时应达到何种要求。短期计划可以为教职工在近期开展工作提供依据和行动指南。

中、长期计划为托幼园所的科学发展指明了方向，而短期计划则是中、长期计划的具体化。在托幼园所的管理过程中，要注意把不同期限的计划有机结合起来。从逐步实施短期计划，到落实中、长期计划，是一个循序渐进的过程。

2. 按覆盖范围分类

按照覆盖范围，托幼园所的工作计划可以分为整个机构的工作计划、部门工作计划和个人工作计划。

整个机构的工作计划在每学年或每学期都要制订，也称为园务计划。该计划应在对某时间段内园所的整体目标进行规划的基础上，对卫生保健、保教工作、总务后勤、教师培训、家长工作、教学研究等工作提出要求。该计划对整个机构、各年级组、各部门的工作具有指导作用。

部门工作计划与整个机构的工作计划是从属关系，部门工作计划应落实整个机构的工作计划提出的任务和要求，对部门工作甚至各个岗位的工作做出较为详细的安排。这类工作计划一般由部门负责人制订。

个人工作计划是每位教职工结合自身岗位的需要，对部门工作计划所做的操作性安排，具有一定的自由度和灵活性，能够体现教职工的工作积极性和创新精神。

3. 按职能类别分类

按照职能类别，托幼园所的工作计划可以分为业务计划、财务计划和人事计划。

业务计划主要包括托幼园所的保育工作安排、教学任务安排、膳食卫生工作安排、园务活动安排、拓展生源安排等。

财务计划与人事计划是为业务计划服务的，是围绕业务计划来制订的。财务计划研究如何从资本提供和利用等方面促进业务活动的有效开展，如建立新的融资渠道或采用新的融资方式，促进整个机构的发展。人事计划研究如何为业务规模的维持或扩大提供人力资源保障，如组织人事培训等。

4. 按工作性质分类

按照工作性质，托幼园所的工作计划可以分为常规性工作计划和临时性工作计划。

常规性工作计划包括卫生保健工作计划、教育教学工作计划、教职工培训工作计划、总务工作计划、招生工作计划等。这些工作计划每年都要制订和落实。尽管以上工作的具体内容每年都不尽相同，每年都有一定的创新之处，但一般来说，整个工作流程大致相同。

临时性工作计划是指托幼园所在面临一些临时性任务时所制订的工作计划。临时性工作计划既可以单独制订，也可以是对常规性工作计划进行补充，将特殊安排纳入到常规性工作计划之中。

三、托幼园所工作计划的制订

为了保证计划的合理性，确保组织决策的落实，制订托幼园所的工作计划必须采用科学的方法。虽然工作计划的类型和形式多种多样，但管理者在编制任何完整的工作计划时，采用的都是相同的逻辑和步骤。

1. 分析环境因素

环境因素对组织工作计划的制订有很大影响。任何一个组织的高级管理人员，要想制订出能引导组织走向成功的计划，都必须全面调查和分析环境因素，同时获取和分析与本组织、本行业有关的环境因素的信息情报，这是制订工作计划的起点。工作计划是否科学，是否切合实际，在很大程度上取决于信息的调查与掌握是否全面、准确。编制工作计划时，需要调查和掌握的信息有很多，既有组织外部的信息，也有组织内部的信息，既有现阶段的信息，也有预示未来的信息。因此，在该阶段，托幼园所需要对未来可能出现的变化和机会进行初步分析，看清楚自己的优、劣势，了解自己利用机会的能力，分析不确定因素可能带来的影响，勾勒出未来的发展图景。

2. 确定目标

目标可以为组织整体、各部门和各成员指明方向，同时，目标也是用来衡量托幼园所实际工作成果的标准。因此，确定目标是管理和决策工作的主要任务，只有明确托幼园所的整体目标，并围绕该目标制定相关的战略、政策、规程、程序等，才能保证工作计划的科学性。

3. 确定前提条件

前提条件是有关实现计划的环境的假设条件。确定前提条件，可以使计划工作更有效。

4. 拟订可行性方案

目标确定以后，就需要拟订尽可能多的可行性方案，可供选择的方案越多，被选方案的相对满意程度就越高。因此，在可行性方案拟订阶段，要发扬民主，广泛发动群众，充分利用组织内、外的专家，产生尽可能多的可行性方案。拟订各种可行性方案时，一方面要借鉴过去的经验；另一方面，也是更重要的方面，就是要创新，因为托幼园所内、外部情况时时刻刻都在发展变化，昨天的方案不一定适应今天的要求，所以必须创新。该环节的工作需要管理者发挥创造性，既要大胆设想，又要仔细推敲，使方案尽可能严密、可行。

5. 评估和选择方案

拟订可行性方案以后，需要根据托幼园所的实际情况，充分分析各个方案的优、缺点，并认真评价和比较，最后选择最接近许可条件和目标要求、风险最小的方案。评估时，要注意以下几点。

(1)要认真考察每一个方案的制约因素和隐患。

(2)要用总体的效益观点来衡量方案。

(3)既要考虑到每个方案的许多有形的可以用数量表示出来的因素，又要考虑到许多无形的不能用数量表示出来的因素。

(4)要动态地考察方案的效果，不仅要考虑执行方案所带来的利益，还要考虑执行方案所带来的损失，特别要注意那些潜在的、间接的损失。

(5)按一定的原则选择出一个或几个较优的方案。

(6)若考虑的因素较多，还要依靠经验、实验和研究等进行选择。

6. 拟订主要计划

拟订主要计划就是将所选择的方案用文字形式表达出来。拟订主要计划时，要清楚地描述“5W1H”的内容。

7. 制订派生计划

派生计划是为了保证主要计划的落实而由各个职能部门制订的计划，主要计划需要通过派生计划来保证。

8. 编制预算,使计划数字化

在做出决策和确定计划后,需要编制预算,使计划数字化。编制预算,一方面可以使计划的指标体系更加明确,另一方面可以使组织更易于对计划的执行情况进行控制。

第五节　托幼园所的管理过程

将戴明的管理过程理论运用于托幼园所的管理实践中,有助于促进托幼园所管理的科学化、条理化,提高管理成效。结合戴明的管理过程理论和我国托幼园所的实际情况,托幼园所的管理过程可以划分为计划、执行、检查和总结四个阶段,它是托幼园所管理者组织全体教职工,合理配置园所资源,为达到教育目标和一定时期的管理目标,运用正确的原则和科学的方法,对全园所的工作进行管理的客观程序。

计划是托幼园所进行管理的第一步。制订托幼园所的工作计划后,接下来就需要开展一系列的工作,这些工作是推动“戴明环”滚动起来并持续上升的强大动力。

执行是将计划转化为行动,将设想转化为现实的管理活动。衡量一个组织或单位的工作不能只看它的计划制订得如何,更重要的是看其计划的执行情况。没有行动,再好的计划也是纸上谈兵。执行是实现目标的关键。计划实施的整个过程由执行、检查、总结三个环节组成。

一、计划执行阶段的管理

执行阶段的工作内容是由计划规定的,计划中提到的就是执行阶段要做的,计划确立的任务目标,通过执行成为工作成果。在执行阶段,托幼园所领导要着重抓好组织、协调、指导、激励与教育等工作。

(一)组织、协调

1. 健全组织机构,发挥组织的作用

任何一项计划,只有通过建立有效的组织机构和合理的工作规范,才可能得到实现。托幼园所领导应按确定的职责分工安排工作进程,并采取有力措施,使计划得以按时、按层次、保质、保量地落实到部门和具体的个人。在执行计划的过程中,全体教职工必须按照园所的各种工作规范、行为准则约束自己的行为,以保证计划的顺利实施。

2. 合理分配各种资源

资源分配的原则是使利用的资源与所要完成的工作任务相称,即分配的资源既足以保证在规定的时间内完成任务,又不至于造成无谓的损耗和不必要的浪费。托幼园所领导主要依据计划提出的任务目标,对人力、物力、财力及其他管理资源进行合理分配和妥善安排。托幼园所领导在分配各种资源时,特别要重视人力的安排,必须坚持任人唯贤的用人原则,做到选人得当、用人所长、人尽其才、才尽其用,形成一种良好的用人机制。

3. 协调各种关系

协调是指为了完成计划和实现目标,对各项工作及人员的活动进行调节,使之同步,从而做到互相促进、互相配合。

托幼园所的各项工作虽然都经过计划和安排,但是由于各个部门和各个工作人员的任务、利益、环境不同，每个人的能力、性格、认识水平等不同，因此在执行计划的过程中难免会产生矛盾和冲突，这样就会导致工作效率下降，甚至会影响目标的实现。协调的目的就是要减少矛盾和冲突，把内耗降到最低。

(二)指导、激励和教育

1. 加强教育指导

托幼园所领导在计划执行阶段应对各类人员的工作给予指导，发挥指导者、指挥者的作用，使组织的各类人员进一步明确工作目标，不断改进工作方法，保证计划的顺利实施。管理者要注意深入了解实际情况，如掌握工作进度、物质准备与消耗情况、员工的思想及情绪状态等，在此基础上给予具体的指导，帮助员工解决实际问题。

2. 建立激励机制

激励机制是管理的重要机制，应贯穿于管理的全过程。在计划执行阶段，应注意将教育与激励相结合，及时发现好人好事，给予表扬和鼓励，激发员工的积极性和创造性。要注意的是，实行激励机制时应确保激励的公平性和层次性，否则会引发部分员工的不满情绪，弄巧成拙。总之，要想科学、有效地实行激励机制，就应注意坚持物质激励与精神激励相统一、自我激励与组织激励相统一的原则。

(三)计划执行阶段应注意的问题

1. 避免形式化

计划一经制订和公布，就必须坚决执行，避免形式化，不能为制订计划或为应付上级检查而制订计划。

2. 考虑计划的科学安排

托幼园所领导应通过建立计划体系，将全园的各项工作全面组织起来，例如，可以根据时间确立包括学期计划、月计划、周计划、每日工作安排的计划体系。另外，托幼园所领导还可以通过制订每周全园工作日程表，并记录每日的工作，保证每项工作都落到实处，从而提高管理的有效性。

3. 注意发挥各级组织的作用

托幼园所领导应充分调动各方面的积极性，充分发挥党支部、工会等非行政组织的作用，并注意发挥各部门、各年级组的作用，形成合力，确保托幼园所任务目标的实现。

二、对计划执行情况的检查

(一)检查在管理过程中的作用

检查是管理过程的中间环节，是计划执行阶段的必然发展，也是总结阶段工作的前提和依据。检查是为了促进工作计划的执行，通过检查，可以掌握工作进展情况，及时发现问题，解决问题，总结经验，促进各方面工作的有效进行。检查是控制的一种有效形式，同时也是评价的基础。托幼园所领导通过检查既可以检验决策的正确性并获得反馈信息，也可以评价教职工的工作状况并增强其责任感。

(二)检查的类型

检查的类型多种多样，分类方法也有很多种，详述如下。

(1)按时间来划分，检查可以分为定期检查和经常性检查。定期检查一般是指阶段性的集中检查，如期中检查或期末检查。托幼园所工作的一个特点就是具有阶段性,通常每个学期都需要进行定期检查,这样可以比较系统地对计划执行阶段的工作进程和质量水平进行分析,为后期工作提供指导。经常性检查是指平时经常进行的检查。通过经常性检查,可以及时发现问题和解决问题。

(2)按检查的内容来划分,检查可以分为全面检查和单项检查。全面检查是一种常规性的检查方式,有利于全面掌握情况。单项检查是指对工作中某个方面的问题进行检查。通过单项检查,可以深入、细致地了解某些比较突出的重点问题。

(3)按执行主体来划分,检查可以分为领导检查、群众检查和自我检查。目前,在托幼园所管理中,后两种检查方式越来越受到重视。将群众检查、自我检查与自上而下的管理相结合,可以起到自我调控和自我管理的作用。

托幼园所领导要注意根据园所工作的实际需要,采取多种检查方式,多方面了解情况,掌控全局。

(三)检查阶段应注意的问题

检查是为了促进计划的执行。管理者要组织好检查活动,并进行有效的分析,发挥检查作为管理手段的作用。管理者在对计划执行情况进行检查时,应注意以下几个方面的问题。

1. 明确检查的目的

检查是一种管理手段,其目的在于促进计划的执行。通过检查,可以发现问题,找出原因,从而可以保证计划和目标的实现。

2. 检查要以目标为标准

检查要以计划规定的目标为标准,有目的、有计划、有步骤地进行,特别要注意防止标准的主观化,否则会造成检查标准的不统一,从而造成工作上的混乱。

3. 及时获取可靠、有效的信息

检查过程中能否获得准确、可靠 全面的信息,对控制管理过程有很大影响。检查过程中获取的信息应满足以下要求。

(1)及时性。信息必须及时反映当时的情况,否则会耽误控制工作。

(2)可靠性。信息的可靠性与其准确性和全面性有关。

(3)有效性。有效性是指信息的类型、范围、内容、详细程度等,符合控制工作的要求。

4. 检查的形式应多样化

管理者可以通过实地考察,召开会议,查阅工作记录、笔记等形式,获取足够的信息。

5. 检查既要注重工作结果,又要注重工作过程

管理者在对计划执行情况进行检查时,应将工作结果与工作过程结合起来进行考察和分析。如果只检查工作结果,不检查工作过程,就无法分析问题产生的原因。

6. 检查必须与指导相结合

检查必须与指导相结合,以便推动工作顺利开展。常用的指导方式有以下三种。

(1)检查过程中,对于一些具有普遍性的问题,可以召开全体工作人员会议,对问题进行分析,并提出改进的建议。

(2)有时在检查过程中会发现一些“亮点”,应及时总结经验并树立榜样,为后期工作提供指导。

(3)针对每个人的工作情况和实际问题,有针对性地进行指导。

三、对计划执行情况的总结

(一)总结的意义和作用

总结是管理活动一个周期的最后一个环节,管理活动到了总结阶段便完成了一个周期。总结是对工作的全面回顾,并对工作的过程及结果做出质量评价。通过总结,可以得出经验和教训,探讨工作规律,为下一周期计划的制订提供依据。具体来说,总结具有以下作用。

1. 承上启下

总结是管理活动一个周期的最后一个环节,其对象和内容是计划的执行情况、检查所发现的各个方面的问题、全体教职工的表现状况等。也就是说,总结就是要对管理过程的计划、执行、检查等环节做出总体分析和评价。通过回顾和总结,可以为下一周期计划的制订提供依据,便于在以后的工作中扬长避短,不断前进。

2. 激励作用

通常,总结会充分肯定成绩,这有助于计划执行主体看到自身的长处和成就,增强信心,更自信、更积极地投入到新一轮的工作中。例如,在某个幼儿园的学期全面工作总结中,园长将本学期幼儿园在教育、教学、科研、后勤等方面取得的成绩、占有的地位以数据的形式向全体教职工公布,令许多平时交流少的部门、人员大受鼓舞,这无疑有助于增强集体荣誉感和凝聚力,从而提高生产效率。

3. 催化作用

总结一般既要列举工作成绩和不足,也要对取得成绩的原因和产生不足的原因进行剖析,以便巩固工作成果,弥补缺憾。这种分析和研究的过程,有助于托幼园所为整体工作寻找规律并形成特色。总结可以对提高托幼园所的工作质量起到催化作用。

4. 促进作用

总结对管理者具有促进作用,这一点也体现在托幼园所的管理实践中。学年或学期总结要求园长认真反思本阶段的工作思路、计划执行情况、工作成果等问题。为了深入认识托幼园所的管理过程,园长需要在工作经验的基础上,从理论上研究有关幼儿教育、科学管理的观点,从而形成理性的、有价值的工作总结,并影响、教育全体教职工。这个过程可以促使园长自觉钻研与工作有关的理论,自觉探索托幼园所管理的规律,这对提高园长科学管理托幼园所的水平是有益的。

(二)总结的类型

总结的类型有很多种,可以从不同的角度进行划分。

按内容来划分,总结可以分为全面总结和单项总结。例如,幼儿园在上级分类验收后所做的总结即为单项总结,在学期末对全园工作所做的总结即为全面总结。

按时间来划分,总结可以分为月总结、年度总结、阶段性总结等。

一般,一个计划执行完后就应做相应的总结。托幼园所管理者应通过适时地进行总结,推动管理过程不断运转,促使管理科学化。

(三)总结阶段应注意的问题

总结阶段,应注意以下几个方面的问题。

(1)应注意以目标、计划为依据,对照工作结果,判定工作成绩与不足,总结经验和教训。总结应以检查阶段的工作为基础,在掌握充足的事实材料和数据的基础上进行全面、系统的总结,这样才能客观、公正地肯定工作成绩，找出存在的问题并分析问题产生的原因。在总结过程中，应坚决杜绝弄虚作假的不正之风。

(2)总结要有群众参加，要具有教育和激励作用。总结并非管理者的独角戏，而应动员全体员工参加。总结是对工作过程的回顾，回顾过去是为了展望未来，增强信心，积极改进工作，确立新的奋斗目标。通过总结，可以使全体员工了解计划执行的整个过程，清楚地看到取得的成绩和存在的问题。托幼园所可以结合总结，适时开展评比活动，交流经验，树立榜样，从而鼓舞士气，进一步调动员工的积极性。

(3)总结要注重探索规律。总结是管理活动一个周期的最后一个环节，总结工作做得好不好，直接关系到能否推动下一周期的管理活动提高一个层次，能否促进管理水平的提高。管理者在总结过程中应注重研究工作中的经验和教训，分析原因，将管理实践中获得的感性认识上升到理性认识的高度，用以指导今后的实践，从而促进工作质量不断提高。

(4)总结应能为下一周期的工作提供依据并指明方向。管理者应将总结作为探索规律和提高自身管理水平的过程，要将总结过程中找出的问题或不足作为确定下一个周期的管理目标的重要参考依据，同时要注意将实践证实带有规律性的经验运用到日常工作中，并使之制度化、规范化。

【本章小结】

目标是开展管理活动的依据和出发点，在托幼园所管理中，实行目标管理有着十分重要的意义。本章首先介绍了目标、托幼园所教育目标和托幼园所管理目标的含义，厘清了教育目标与管理目标的关系。然后，在此基础上，对管理过程理论进行了介绍。美国管理学家戴明提出，一切管理活动都是由计划、执行、检查、处理四个环节组成的，这四个环节之间有机联系，贯穿于各项管理活动的始终。最后，深入分析了计划、执行、检查、总结四个基本环节在托幼园所管理活动中的地位、作用及注意事项，便于学习者明确掌握托幼园所管理的操作流程，有助于托幼园所管理活动科学、有序地进行，从而提高管理成效。

【思考与练习】

李老师为人正直，活泼大方，热爱幼教事业，深得家长和小朋友的喜爱。同时，她也敢于向领导转达群众意见，为幼儿园工作献计献策，深得教职工的喜爱。可是，最近她经常无精打采，沉默不语，不接受领导的工作安排，不参加学校组织的任何活动，见到园长时甚至会扭头就走。这究竟是为什么呢？原来是因为前段时间开职称评审会，有些人不同意园长的方案，李老师正要说出理由时，被园长强行制止了，因为园长怕她的话有导向作用。李老师很气愤，与园长吵了起来。她认为园长霸道、专横、没有人情味，而且不讲民主，于是对园长产生了抵触情绪。此事在教职工中产生了较大的影响。

1. 李老师为何会发生如此大的变化？

2. 园长与教职工的关系在什么情况下会影响领导的有效性？

3. 怎样解决案例中的问题？

第七章

托幼园所的保教工作管理

【学习目标】

1. 了解托幼园所保教工作的地位。
2. 领会保教结合的内涵。
3. 了解保教工作的任务和内容。
4. 掌握班级保教工作的特点。
5. 了解保教工作的管理过程。
6. 了解托幼园所开展教研活动的意义。

【案例分析】

据调查,在不同地区的幼儿园,教育方式与教育内容大不相同。在一些发达城市,幼儿园以培养孩子的行为习惯为重点,注重孩子一日生活的方方面面,这种教育方法,得到了家长的支持与赞同。而在一些欠发达城市,尤其是农村地区,家长更希望幼儿园能加强对孩子技能方面的培养。

思考

从管理的角度分析,幼儿园保教工作应包含哪些基本内容?应该遵循什么原则?

第一节　托幼园所保教工作的地位和作用

一、保教工作是托幼园所双重任务的核心

1. 双重任务:为幼儿服务和为家长服务

《幼儿园工作规程》对幼儿园的性质和任务做了明确的规定。

幼儿园是对3周岁以上学龄前幼儿实施保育和教育的机构。幼儿园教育是基础教育的重要组成部分,是学校教育制度的基础阶段。

幼儿园的任务是贯彻国家的教育方针,按照保育与教育相结合的原则,遵循幼儿身心发展的特点和规律,实施德、智、体、美等方面全面发展的教育,促进幼儿身心和谐发展。幼儿园同时面向幼儿家长提供科学的育儿指导。

由此可见，托幼园所担负着为幼儿服务和为家长服务的双重任务。保教幼儿是基础，是设立托幼园所的根本目的。托幼园所正是通过保教幼儿来达到为家长服务的目的的。

2. 两种偏差：福利性与教育性

幼儿园在完成任务时应注意避免两种偏差。

第一，只强调福利性，即只注重为家长服务，把方便家长，满足其需要的项目的多少，作为评价工作优劣的标准。

第二，只强调教育性，即只注重为幼儿服务，忽略了为家长服务，把幼儿园等同于一般的教育机构，像其他学校一样进行正规化教育，按时上学，按时放学，按时放寒假、暑假，注重正规教学和知识的灌输，不考虑家长的特殊需要。

3. 正确认识：在保教幼儿的同时尽可能方便家长

幼儿园是保教幼儿的机构。幼儿园首先必须优质、高效地完成保教任务，促进幼儿身心和谐发展，为培养新世纪的建设者奠定良好的基础。其次，幼儿园在为幼儿服务，努力实施素质教育的同时，还要根据本园的实际情况，尽可能满足家长的需求，为家长服务。特别是在市场经济条件下，家长与社会对幼儿教育的需要是多元化的，幼儿园应了解这种需要的变化和多样性，尽可能地满足各种需要。例如：在服务类型和招生时间方面，为家长提供便利；在收费方面，要尽可能地考虑到家长的承受能力；对有特殊需要的家长，可提供提前入园或延迟离园等服务，还可以根据本园的人力、物力等条件，提供双休日托收、节假日托收等服务。

幼儿园的双重任务是相辅相成的。保教幼儿，为幼儿服务是基础，为家长服务主要是通过保教幼儿来实现的，偏废任何一方都是错误的。

二、保教工作是托幼园所全部工作的中心

幼儿园工作涉及许多方面，主要包括保教工作、卫生保健工作、总务后勤工作、师资队伍建设等，其中，保教工作是全部工作的中心。

第一，幼儿园是教育机构，保教幼儿是其最主要的任务，其他工作都是为保教工作服务的。做好卫生保健工作，是为了保证幼儿的健康，使幼儿可以更好地接受教育；做好总务后勤工作，是为了提供更好的物质条件和良好的环境，确保保教工作的顺利开展；师资队伍建设是为了建设一支高素质的教师队伍，确保保教工作的落实。

第二，幼儿园的教育目标是培养人才，为了实现这一目标，必须将保教工作放在中心的位置上。保教工作是培养人才最直接的工作，其他工作都是围绕保教工作展开的，保证保教工作质量是实现幼儿全面发展的目标的前提。

第三，幼儿园保教工作目标对其他工作目标具有很强的导向作用。所有幼儿园都是先确定保教工作目标，再根据保教工作目标确定其他工作目标的，如卫生保健工作目标、总务后勤工作目标等。可以说，其他工作目标都是围绕保教工作目标来确定的，其目的是保证保教工作目标得以实现。

保教工作管理是对幼儿园保教工作的管理，保教工作在幼儿园整体工作中的地位决定了保教工作管理的地位。保教工作管理是幼儿园管理的核心和关键。

第二节 托幼园所保教结合原则及其落实

一、为什么要保教结合？

(一)幼儿身心发展的特点决定保教结合是幼儿园教育的基本原则

1. 幼儿身体发育的特点

幼儿的身体发育呈现出以下特点。

(1)脑的功能不断趋向成熟,但神经系统的兴奋与抑制往往不平衡,兴奋过程强于抑制过程,表现出易激动、好动、自我控制能力较差等特点。

(2)新陈代谢比较旺盛,对外界环境的适应能力以及对疾病的抵抗能力都较差。

(3)肌肉的发育还处于不平衡阶段,大肌肉群发育得较早,小肌肉群发育还不完善,而且肌肉的力量差,特别容易受损伤,一些比较精细的动作还不能成功完成。

(4)骨骼的硬度较小,但是弹性大,可塑性强。

(5)皮肤非常娇嫩,特别容易受伤或受到感染,对温度的调节能力较差,当外界温度突然发生变化时,容易受凉或中暑,因此要及时增减衣服。

(6)心脏的收缩功能差,呼吸道黏膜易受损伤,肺的弹性较差,呼吸时频率很高,许多幼儿为了方便呼吸,养成了用嘴呼吸的习惯,易患感冒、肺炎。

(7)淋巴细胞较多,嗜中性粒细胞较少,易感染各种传染病,因此要注意增强体质,提高抵抗力。

(8)膀胱的肌肉层较薄,弹性差,贮尿机能弱,再加上神经系统对排尿过程的调节作用差,排尿次数多,控制能力差。

2. 幼儿心理发展的特点

幼儿心理发展的特点主要体现在以下几个方面。

(1)感知觉迅速发展,经验的作用不断增大,知觉的目的性逐渐增强。

(2)无意注意能力高度发展,有意注意能力开始形成。

(3)由直觉行动思维发展到具体形象思维,依赖表象进行思维,还不能进行抽象思维。

(4)与社会性需要相联系的高级的社会性情感(美感、理智感、道德感)逐步形成,并开始发展。

(5)自我意识逐渐形成,在自我意识中,反映着幼儿对自己在周围环境中所处地位的理解,反映着幼儿评价自己实际行动的能力。

总之,幼儿身体的各个系统和器官还没有发育完善,各种心理特征、个性特征、生活习惯等还没有形成,基本活动能力和生活自理能力还比较差,免疫功能较差,所以幼儿需要得到保护和养育。幼儿身心发展的特点决定了幼儿园教育必须遵循保教结合的原则。

(二)幼儿学习的特点决定保教结合是幼儿园教育的基本原则

1. 幼儿在生活中学习,在学习中生活

在幼儿的生活中,蕴含着许许多多有教育价值的生活素材。幼儿学习的内容大多来自现实的生活,幼儿学习的过程也是美好的生活过程。

2. 幼儿在与环境的互动中学习和生活

幼儿生存的环境中所有的人、事、物都是幼儿学习或成长的资源。教师的任务是为幼儿提供宽松、自由、平等的对话式的心理环境,以及丰富、多元的动态发展的物质环境。

(三)《幼儿园工作规程》和《幼儿园教育指导纲要》要求保教结合

《幼儿园工作规程》指出,幼儿园的任务是贯彻国家的教育方针,按照保育与教育相结合的原则,遵循幼儿身心发展的特点和规律,实施德、智、体、美等方面全面发展的教育,促进幼儿身心和谐发展。

《幼儿园教育指导纲要》提出,幼儿园教育应尊重幼儿的人格和权利,尊重幼儿身心发展的规律和学习特点,以游戏为基本活动,保教并重,关注个别差异,促进每个幼儿富有个性的发展。

二、对保教结合内涵的理解

(一)保和教是保教工作的构成要素,具有整体性

保就是保护幼儿的健康,通常是指为了保护幼儿生理、心理健康,增强幼儿的体质,促进幼儿生长发育而进行体格锻炼、疾病预防等活动。

教就是幼儿园的教育教学,是指为了使幼儿德、智、体、美等方面全面发展,有目的、有计划地创设良好的环境,合理安排幼儿的生活,培养幼儿良好的习惯,丰富幼儿的知识、经验,发展幼儿的智力,培养幼儿积极的情感和良好的个性品质。

保和教的侧重点不同,保更多地体现在生活环节中,教更多地体现在教育活动中。保与教虽然是两个不同的概念,但是它们对幼儿的发展却具有整体性的影响。

(二)保与教相互结合,相互渗透,保中有教,教中有保

保与教既有区别,又有联系,它们之间相互结合,相互渗透,构成不可分割的统一体。

保教结合即保中有教,教中有保。保中有教,意味着保育中含有教育的因素,即在生活环节中要蕴含教育的内容。教中有保,意味着教育中渗透着保育的内容,即在教育活动中要保护幼儿的健康。

三、在管理工作中落实保教结合原则

(一)树立保教结合的管理观念

幼儿园保教工作管理中存在的问题主要有:将保教工作与管理工作截然分开;重视对教师的培训,忽视对保育员的培训;重视对教育工作的评估,忽视对保育工作的评估等。造成这种状况的原因主要是:人事管理制度不完善;对保教结合原则的认识不到位。因此,要将保教结合的原则定位为幼儿园教育工作的根本原则,也要将其作为管理工作的出发点和归宿。

为了做好保教管理工作,必须了解保教结合的意义,树立保教结合的管理观念。

(二)将保教结合原则落实到具体工作中

为了将保教结合原则落实到具体工作中,可从以下几个方面入手。

第一,将保教工作纳入到全园的工作计划中,在制订全园工作计划时要充分体现保教结合的原则,同时要引导教师在制订班级工作计划时,将保育工作与教育工作紧密结合起来。在制订全园工作计划时,应该考虑怎样通过保育达到教育的目的,同时要考虑如何在教育活动中使幼儿树立保护意识,增强自我

保护能力。在制订班级工作计划时，要注意在一日生活的各项活动和各个环节中，自始至终贯彻保教结合的原则。可以说，提出明确的保教结合目标，是落实保教结合原则的关键。

第二，在具体的工作安排中，要体现保教结合的原则，将教育因素渗透到健康领域里。教师在教育过程中要注重创设宽松的教育氛围，教师与幼儿之间应形成良好的人际心理环境，使幼儿能在愉快的环境中健康成长。除此之外，教师还要在工作安排上尽量做到保中有教，教中有保。保教结合是幼儿的年龄特点和教育的性质决定的，保与教相互渗透，相互结合，这种结合是自然的、有机的，不是牵强附会的。

第三，在人员的分工上要注意保育与教育相结合。幼儿园各班都配有保育员和教养员，保教工作的开展离不开保育员和教养员。保育员和教养员面对的教育对象是一致的，因此两者的工作应该是统一的。保育员和教养员只是分工不同，这并不意味着保育员和教养员的工作是截然分开的。保育员和教养员都应贯彻保教结合的原则，做到保中有教，教中有保，做到既有分工，又有合作，真正将保教结合原则落实到班级工作中。割裂教育工作和保育工作、重教轻保、重保轻教的做法都是不对的。

(三)发挥管理的导向作用，确保保教结合原则的落实

管理者提倡什么，反对什么，常常会影响组织成员的行为。园长或保教主任对保教工作的要求不能仅限于常规教学，还应注重对一切保教活动的整体效益进行检查和评定，从而发挥管理的导向作用，使保教结合原则真正得到贯彻执行。

四、在幼儿的一日生活中落实保教结合原则

幼儿园教师要注重保教结合，不仅要将一日生活的组织与保育作为重要的工作内容，而且要能合理安排和组织一日生活的各个环节，科学照料幼儿的日常生活，将教育灵活地渗透到一日生活中。

在幼儿的一日生活中落实保教结合原则，要做到充分利用一日生活中的各种教育契机，对幼儿进行随机教育，从而将保教结合原则落到实处。

(一)在生活活动中落实保教结合原则

幼儿园生活活动主要包括饮水、上厕所、盥洗、进餐、午休等。教师应与家长密切配合，根据幼儿的需要建立科学的生活常规，培养幼儿良好的饮食、睡眠、盥洗、排泄等生活习惯和生活自理能力。

1. 饮水

保育工作主要体现在：预先准备好清洁、卫生、温度适宜的白开水；保证幼儿每天喝足够量的水，鼓励幼儿多喝白开水；提醒幼儿口渴时自己接水喝。

教育工作主要体现在：要求幼儿用两只手拿水杯，杯口向上，右手握水杯把；教育幼儿接水时要互相谦让，不浪费水；培养幼儿主动饮水的习惯。

2. 上厕所

保育工作主要体现在：保证厕所干爽、无污垢、无异味；准备好便于幼儿取用的卫生纸，指导幼儿正确擦便；帮助年龄小或有困难的幼儿擦便、整理衣裤；及时为遗尿、遗便的幼儿清洗并更换衣裤；提醒幼儿便后洗手。

教育工作主要体现在：提醒幼儿不浪费卫生纸；教育幼儿讲究卫生，便后冲净厕所并洗手；培养幼儿主动上厕所的习惯，使幼儿逐步学会大小便自理。

3. 盥洗

保育工作主要体现在：为幼儿准备便于取用的洗手液、肥皂等清洁用品；引导幼儿正确、有序地盥洗，适时帮助年龄小或有困难的幼儿；提醒幼儿不玩水，保持地面、衣服干爽。

教育工作主要体现在：指导幼儿正确、有序地盥洗，使幼儿掌握正确的洗手方法；教育和提醒幼儿节约用水。

4. 进餐

保育工作主要体现在：提供营养均衡的食物；餐前桌面消毒；创设安静、愉快、和谐的进食环境；提醒幼儿饭菜少盛多添；提醒幼儿餐前、餐后不做剧烈运动；提醒幼儿细嚼慢咽，餐后漱口。

教育工作主要体现在：教育幼儿爱清洁、讲卫生；教育幼儿进餐时注意力要集中；教育幼儿不浪费粮食，保持桌面整洁；及时纠正幼儿的不良姿势；培养幼儿良好的进餐习惯，如专心进餐、餐后漱口、正确使用餐巾纸擦嘴等。

5. 午休

保育工作主要体现在：创设温馨的睡眠环境，保证寝室空气清新、温度适宜、光线柔和；提醒幼儿睡前上厕所，安静地进入寝室，不将小玩具等不安全的物品带入寝室；指导幼儿按正确的顺序脱衣服；观察幼儿午休的情况，关照身体不适的幼儿，保证幼儿充足的午睡时间（2 小时左右）；指导幼儿按正确的顺序穿衣服；引导幼儿学习叠被子，将枕头、被子摆放整齐。

教育工作主要体现在：教育幼儿不把危险的物品带入寝室，保持寝室的安静；提醒幼儿遵守午休规则，不影响同伴休息；要求幼儿将衣服和鞋袜放在指定的位置，并摆放整齐。

幼儿生活活动的每项内容都有丰富的教育内涵，如生活知识、卫生知识、安全知识、行为习惯和能力的培养等。幼儿的年龄不同，教师在生活活动中的保与教的结合方式也会有所不同。

（二）在学习活动中落实保教结合原则

幼儿园的学习活动主要包括集中教育活动和区域活动。

1. 集中教育活动

保育工作主要体现在：创设安全、整洁的学习环境，做好活动前后的准备及整理工作；提供合适的桌椅；提供安全、卫生的教学用具。

教育工作主要体现在：根据教学目标开展教育教学活动；教育幼儿保持正确的坐、立及握笔姿势，有序地取放和保管自己的学习用品；培养幼儿学习的兴趣；培养幼儿初步的动手能力；教育幼儿正确使用学习工具；鼓励幼儿积极参加学习活动，培养幼儿良好的学习习惯。

2. 区域活动

保育工作主要体现在：营造温暖、轻松的心理环境；提供安全、卫生、丰富的学具；关注幼儿的个体差异，适时提供指导；提醒幼儿将学具放回原处。

教育工作主要体现在：提醒幼儿轻拿轻放；发展幼儿的手眼协调能力；培养幼儿的动手能力与生活技能。

（三）在户外活动中落实保教结合原则

户外活动包括体育活动、户外游戏、参观、郊游、种植活动等。幼儿参加户外活动前，教师需要做的准备工作主要有服装准备、材料准备、场地布置、安全检查等。

活动过程中的保育工作主要体现在：观察幼儿活动的情况，关照体弱幼儿，对所有幼儿给予必要的监护；提醒幼儿调整活动量并及时增减衣服。

活动后的保育工作主要体现在：指导、协助幼儿整理器械、材料；指导幼儿洗手、饮水等。

活动过程中的教育工作主要体现在：对幼儿进行安全教育和规则教育，教育幼儿掌握基本的自我保护方法；鼓励幼儿在活动中克服困难，培养幼儿坚持、勇敢、合作的品质；指导幼儿正确使用各种体育器械；发展幼儿动作的灵活性与协调性。

(四)在游戏活动中落实保教结合原则

游戏是幼儿的基本活动,是幼儿特有的生活方式。

保育工作主要体现在:合理安排游戏场地,提供适宜、丰富、能满足幼儿活动需要的材料,并根据幼儿活动的情况及时进行调整和更换;做好游戏材料的消毒工作,保证游戏材料安全、卫生;保证幼儿创造性游戏(角色游戏、结构游戏、表演游戏等)的时间,每周不少于3次,每次活动时间为40～60分钟;引导幼儿有序地取放游戏材料。

教育工作主要体现在:观察、了解幼儿活动的情况,鼓励幼儿大胆想象、创造,与同伴协商、合作,分享经验;培养幼儿的观察力、记忆力、想象力与创造力;培养幼儿遵守游戏规则的意识与习惯;引导幼儿收拾、整理游戏材料,培养幼儿良好的行为习惯。

第三节　班级保教工作

一、班级是开展保教工作的基本单位

班级是幼儿园的基层组织,是开展幼儿园保教工作的基本单位。有人形象地将班级称为幼儿园的细胞。班级是由幼儿和保教人员共同组成的集体。

对幼儿而言,班级是最具体的生活环境,幼儿的大部分活动都是在班级内进行的,因此,班级对幼儿的发展具有最直接的影响。幼儿的健康成长直接取决于班级保教工作的成效。

幼儿园教育最终需要通过班级教育落实到具体的教育对象——幼儿身上。班级保教人员作为教育者和管理者,担负着对全班幼儿开展教育的责任。班级保教人员要协调配合,共同制定班级工作目标与计划,全面安排幼儿的生活与教育,积极创设有利于幼儿发展的环境,保教结合,利用多种适宜的教育形式与手段,开展有目的的教育,促进幼儿德、智、体、美全面发展。

二、班级保教工作的特点

幼儿园的班级不同于其他学校的班级,它不仅承担着教育的任务,也承担着保育的任务。班级保教工作具有以下几个方面的特点。

(一)直接性

班级的一切工作、一切教育与管理手段,如一日生活的安排和落实、各项教育活动的安排、室内外环境的创设与利用等,均对幼儿具有直接的影响。幼儿具有很强的模仿性,班级保教人员的言行举止对幼儿具有极强的示范作用。

(二)全面整体性

在班级保教过程中,保教人员应面向全体幼儿,既照顾到全班的整体水平,提出基本要求,又照顾到个别特点,有针对性地加以引导,处理好一般与个别、统一与多样的关系,使每个幼儿都能在原有的基础上得到尽可能充分的发展。另外,班级保教人员要对全班幼儿全面负责,将促进幼儿全面发展的教育贯穿于各种活动之中。

(三)可控性

幼儿的发展不是自然而然的,其各方面的能力需要通过教育和培养才能得以发展。保教人员要在认真观察、充分了解幼儿的基础上,选择适宜的教育内容与方法,通过直接与间接的指导方式,对幼儿进行良好的启蒙教育,将幼儿发展需要与社会要求很好地统一起来。保教人员要注意通过多种符合幼儿年龄特点的教育方式,为幼儿提供大量参与活动和操作实践的机会,激发幼儿的兴趣,促进幼儿全面发展。

(四)集体性

班集体是幼儿园开展保教工作的场所,每个幼儿都处在班集体中,班集体对幼儿身心发展的影响很大。保教人员要特别注意创设良好的集体氛围,充分发挥幼儿群体或集体的影响力,使幼儿在集体环境中掌握社会生活所必需的知识和技能,培养幼儿正确对待自己、他人、集体的态度和行为,培养幼儿良好的社会适应性。

班级保教人员是一个工作集体,他们之间的协调统一对幼儿的发展具有很大影响。因此,保教人员要根据幼儿园总的教育目标,共同制订班级工作计划,在保教过程中密切配合,注意保持教育的一致性和一贯性,共同完成保教任务,保证班级的保教质量。

(五)创造性

虽然幼儿教育存在着一定的规律性,但每个班集体又有其自身的特点,所以各班的保教人员可以创造性地开展工作。各班保教人员要深入研究本班幼儿的特点,制订出适合本班幼儿的教育计划,在学习他人的经验时,不要照搬照抄,简单、机械地模仿,而要结合本班的实际情况,不断探索适合本班幼儿的教育内容和方法。

(六)开放性

随着我国社会主义市场经济的不断发展,幼儿园已逐渐从封闭转向开放,而班级则成为面向社会、家长开放的重要窗口。班级保教人员应主动与家长联系,沟通情况,交换意见,以提高保教质量。同时,保教人员要注意加强与社区的联系,取得更广泛的支持与协助,有效地利用社会资源,开展好班级保教工作。这样也有助于家、园、社会一体化的良好教育环境的形成,为更好地实现教育目标提供保障。

在教育过程中,保教人员应让幼儿多接触大自然和社会,如带幼儿观察花草树木的生长与变化,激发他们热爱大自然的情感,或者在保证安全的前提下,带幼儿到邮局、自由市场等地参观,让他们更多地了解社会。

三、班级保教工作的基本内容

班级保教工作涉及保教幼儿的一切教育活动,以及对这些活动的组织和管理,主要包括以下内容。

(1)保教结合,全面安排幼儿的生活和活动。

(2)在观察、了解幼儿的基础上,制定教育目标和计划,开展多种形式的活动。

(3)创造良好的适合幼儿发展的环境。

(4)班级卫生和安全工作。

(5)家、园联系配合,共同促进幼儿的发展。

第四节 保教工作的正常运行

一、保教工作的运行程序

保教工作管理是幼儿园管理的一部分，要想保证保教工作的正常运行，就必须通过计划、执行、检查、总结等管理程序，科学配置幼儿园的人、财、物、时间、空间、信息等资源，从而实现教育和管理的目标。

(一)保教计划的制订

1. 制订保教计划的依据

制订一份目标明确、措施具体、符合幼儿园的实际情况、具有可操作性的保教计划，需要有一定的依据。

1)幼儿园总体的工作计划

制订保教计划，首先要考虑到幼儿园总体的工作计划。班级保教计划是对幼儿园总体工作计划具体实施的结果，它必须服从幼儿园总体的工作计划。

2)正确的教育思想及有关教育的政策法规

保教计划必须体现正确的教育思想，符合国家、地方有关教育的政策法规，不能与之相违背。同时，保教计划的制订必须体现一定的先进性，切实起到指导行为的作用。

3)班级幼儿的情况

制订保教计划，还必须考虑到班级幼儿的情况。幼儿是班级保教工作的主要对象，班级的一切保教工作都是围绕着幼儿展开的。因此，教师在制订保教计划的时候，要做到对班级幼儿的情况了如指掌，如幼儿个体的心理特征、身体发育状况、学习习惯，以及班级整体的状态等。否则，保教计划就没有实际意义。

2. 保教计划的内容与层次体系

1)保教计划的内容

制订保教计划是班级工作的开端，保教计划是教师开展保教工作的重要依据，它反映了教师对保教工作的设想与思路，可以避免工作的盲目性、被动性。保教计划的内容主要包括班级情况分析、班级工作目标、具体措施、重要工作安排等，详述如下。

(1)班级情况分析。分析并掌握班级情况是制订保教计划的前提。有的教师制订保教计划时，把自己关在屋子里冥思苦想，实在想不出来，就照搬他人的保教计划或凭空编造，这些都是十分不科学的做法。每个班级的幼儿不同，具体情况也是不同的。班级保教计划的针对性很强，必须根据本班的实际情况来制订。因此，教师首先要掌握基本情况，包括幼儿方面的情况和班级方面的情况，然后对这些情况进行分析，找出存在的主要问题并分析原因。

(2)班级工作目标。班级工作目标要与幼儿园的工作目标相一致。每个阶段确立的目标不宜过多，因为目标过多易分散精力，结果所有目标都难以实现。有的年轻教师工作热情高，刚参加工作时恨不得马上改变班级的面貌，一学期确立了十几个目标，最后手忙脚乱，所有目标都没有完成。另外，班级工作目标的表述要鲜明、简要、一目了然。

(3)具体措施。制订计划的最终目的在于落实，而制定具体措施是落实计划的前提。要特别注意措施的选用，对于比较重要的事情，可以同时提出几种方案。如果涉及其他部门，应该事先沟通，以免出现不必要的麻烦。

(4)重要工作安排。教师在制订保教计划时,可以将那些对幼儿身心发展有直接影响的工作视为重要工作。为了较好地完成重要工作,教师在制订保教计划时要做出详细的安排,如时间安排、工作程序安排等。

2)保教计划的层次体系

根据时间、范围、内容的不同,保教计划应按不同的层次,逐级细化,形成统一的体系。常用的保教计划主要有学期保教计划、月保教计划和周保教计划。

学期保教计划通常要规定每月应完成的任务,大致包括以下内容:班级的基本情况分析、新学期工作目标、各方面工作的具体要求、新学期将采取的主要措施。

月保教计划是根据学期保教计划逐月制订的保教计划。每个月的保教计划是相互联系的。当月保教计划一定要在总结上一个月保教计划落实情况的基础上提出。

周保教计划是对月保教计划的分解,即将月保教计划规定的任务分配到每周,使计划更加具体、明确。制订周保教计划时要突出重点,逐一落实,应特别注意分清轻重缓急,处理好一般性的常规工作与重要工作的关系。周保教计划还可以分解为逐日工作安排,将计划具体落实到每一天。

3. 保教计划制订的步骤

制订保教计划大体按以下步骤进行。

(1)认真研究上学期的工作总结。制订保教计划时首先要认真研究上学期的工作总结,分析哪些工作落实了,哪些工作还没落实,找出工作中存在的问题,并分析原因,为制订计划做准备。

(2)认真学习研究幼儿园总体的工作计划。幼儿园总体的工作计划是制订保教计划的依据之一,保教计划要紧紧围绕幼儿园总体的工作计划来制订。幼儿园总体的工作计划为保教计划的制订确定了方向,教师应该认真学习,领会其精神实质,明确总的任务和方向,进而结合本班的实际情况,制订班级保教计划。

(3)共同讨论,确定主要内容。班级全体教师要共同讨论,最后对保教计划的主要内容形成较一致的意见。只有全体教师都参与保教计划的制订,才能使全体教师对工作了如指掌,从而使计划易于执行和落实。

(4)撰写保教计划。保教计划最终要以文字的形式体现出来,起到提示、监督的作用。文字不宜过于烦琐,要简练、明了。

4. 对保教计划的审查

保教计划是由班级全体教师共同制订的。为了保证保教计划的顺利实施,园长或保教主任要对各班的保教计划进行审查。保教计划审查工作是保教工作管理的重要内容和必要环节,应加以重视。

为了落实保教计划审查工作,制定相应的制度、规范工作程序是关键。一般,班级保教计划应从以下几个方面进行审查。

(1)是否符合我国的教育方针,是否符合保教结合原则。

(2)是否符合幼儿园总体工作计划的精神和要求。

(3)是否体现出连续性和渐进性,既是上一阶段的延续,又是下一阶段的开始。

(4)是否符合本班幼儿的年龄特点与实际情况。

(5)是否具有全面性,包括是否考虑到一日生活的全部活动,是否考虑到全体幼儿的发展水平,是否考虑到个别差异,是否体现出家园配合的思想。

(6)是否具有可操作性,即是否有具体的办法、措施、完成日期与活动形式等。

(二)保教计划的执行

1. 执行步骤

执行保教计划时按以下步骤进行。

(1)传达计划。将保教计划传达到每一位教师,使他们明确制订保教计划的目标、工作重点、步骤安排等。这实际上是组织教师统一思想的过程,目的是使教师了解工作意图,明确制订保教计划的意义,从而自觉执行保教计划。

(2)落实责任。将保教计划的要求、职责、任务等分解落实到每一个教师,使教师各司其职,各负其责,从而使保教计划得到落实。

(3)加强协调。为了保证保教计划的实施,保教人员要加强协调和配合。

2. 注意事项

执行保教计划时要注意以下几点。

(1)保教工作的开展要以保教计划为依据,因为保教计划是教师经过反复考虑制订出来的,它是行动的指南。只有按保教计划开展工作,工作才会变得更有序。

(2)对不合理的保教计划可以随时进行调整。保教计划是事先预想出来的,它与实际情况有一定的差距,这就要求教师在执行保教计划时,要根据实际情况进行适当的调整。

(3)统筹安排各项工作。保教工作包括许多方面,保教计划也有许多种类型,有的教师常常感到保教工作内容多、范围广,不知道该先做什么后做什么。教师在开展保教工作时,要按照事情的轻重缓急,依次安排。工作量的分配要均衡,每月、每周都有一两项重点工作,一项工作做完,再开展下一项工作,做到有步骤、有节奏,忙而不乱。

(4)随时掌握和分析班级情况。教师要注意班级发生的各种情况,及时分析,及时处理。

(三)对保教工作的检查

检查保教工作时要实事求是,不可弄虚作假,可以采取领导检查与教师自我检查相结合的方式进行。

1. 检查保教计划的落实情况

对照保教计划逐条进行检查,看看保教计划与落实情况有没有差距,若有差距,则分析原因是什么。幼儿园领导者、管理者要深入班级进行检查、督促、指导,帮助教师在保教实践中端正教育观念,改进教育方法,特别要注重引导教师对保教计划的执行情况及时进行反馈,以提高依据保教计划开展保教工作的自觉性。保教工作记录是教师自我检查工作情况的有效途径,通过自我检查工作情况,教师可以找出存在的问题与不足,并分析原因,为改进工作提供依据。

2. 分析保教计划的可行性

保教计划执行后,要进一步分析保教计划的可行性,如活动程序的设计是否合理,活动时间的安排是否符合幼儿身心发展规律等。这就为下一个周期保教计划的制订提供了依据,同时,也积累了经验。

(四)对保教工作的总结

教师每学期应对自己的工作进行全面的总结,在各个阶段,也可以做一些小结。教师通过总结,可以积累经验,吸取教训,探索保教规律。在总结过程中要注意以下几点。

1. 实事求是

教师在进行总结时要肯定主要成绩,发现存在的问题,弄清哪些是本质的、必然的、经常出现的问题,哪些是非本质的、偶然出现的问题。对于偶然出现的问题,要进行恰当的分析,既不要弄虚作假,也不要过于自谦。

2. 分清主次

教师在对保教工作进行总结时，不要眉毛胡子一把抓，要在分析的基础上进行归纳、概括，找出有规律的东西。

3. 注意积累经验

总结是对前面工作的分析和评价，教师在对保教工作进行总结时应注意积累经验，为今后的工作奠定基础，同时也为开展科研活动积累素材。

二、保教工作的程序化

班级是开展保教工作的基本单位，保教任务的完成要靠扎实、细致的班级日常工作。如果教师能将班级日常工作管理得井然有序，那么就为保教任务的完成奠定了基础。有些教师不注重班级日常工作的管理，却总想着一鸣惊人，这是一种很不现实的想法。教师一定要特别重视班级日常工作的管理，将日常工作管理作为工作升华的台阶。保教工作程序化是指根据幼儿一日生活的各个环节，规定保教工作制度与教师职责规范的具体内容和要求，使之程序化、规范化，以便于操作和落实。具体来说，保教工作程序化是指在增强教师对幼儿全面负责的意识，加强教师对保教结合原则的理解的同时，通过将教师岗位责任制度与幼儿园生活制度、幼儿生活常规结合起来，对教师在幼儿一日生活的各个环节中应做的工作进行具体分析，使教师岗位责任制度规定的具体工作落实到人，落实到时间与地点，并对工作质量提出要求。

（一）保教工作程序化的作用

保教工作程序化具有以下作用。

1. 提高工作效率，节省大量的时间

如果你到幼儿园走一圈，你会发现有的教师有条不紊，一件事接着一件事地做，各个环节衔接得非常好，整个过程都显得井然有序，有的教师则毛手毛脚，慌慌张张，做了这个忘了那个，整个过程显得杂乱无章。究其原因，主要是工作程序问题。如果教师能形成一定的工作程序，一般情况下就不会在工作中出现纰漏，从而可以提高工作效率，节省大量的时间。年轻教师要特别注意尽快地形成自己的工作程序。有的年轻教师喜欢独树一帜，不按一般的工作程序开展工作，结果工作中出现了较多纰漏，浪费了大量的时间。确定的工作程序可以使工作更加紧凑，各环节之间过渡自然、顺畅。

2. 帮助教师和幼儿形成良好的习惯

教师每天按固定的程序工作，可以形成良好的工作习惯。教师工作的程序化直接影响着幼儿，可以帮助幼儿形成良好的生活习惯。这些对幼儿的健康成长具有重大的意义。

3. 为保教工作的开展创造条件

保教工作内容多，范围广，再加上各班幼儿的数量较多，使得教师工作任务繁重。保教工作的程序化可以使保教工作变得井然有序，这就为保教工作的开展创造了条件。

（二）影响保教工作程序化的主要因素

1. 主观因素

主观因素是指来自教师本身的因素。首先，教师没有认识到保教工作程序化的重要性，由于认识不足，导致了行为上的随意性。有的教师甚至说："我这么多年都是这样过来的，不是也很好吗？为什么一定要用死板的程序限制自己的行为呢？"过去，教师主要根据经验开展工作，致使工作缺乏科学性。存在的东西不一定是正确的,教师要敢于向已经存在的不科学的观念及行为挑战。其次,长期以来,教师一直处于无拘无束的状态,突然要求他按照某种程序去开展工作,他自然会感到不习惯。再次,教师缺乏责任感和事业心,不把心思放在工作上,不思进取,怎么省事怎么做,根本不考虑工作的科学性。

2. 客观因素

客观因素是指教师难以控制和把握的因素,如其他部门不配合、家长不遵守幼儿园的作息时间、其他部门的工作与班级工作脱节、玩具数量少、场地小等。这些因素都会影响保教工作的程序化。

3. 来自幼儿方面的因素

由于幼儿年龄小,行为的目的性较差,所以难以形成一环扣一环的行为系统,保教工作的程序化会因此受到影响。

(三)保教工作程序化的内容

1. 安排好各类活动的时间

时间是最重要的管理因素之一,善于管理时间是管理者的基本素质。我们常常感到时间不够用,如果仔细分析一下,就不难发现不是时间不够用,而是我们不知道应该如何安排时间。幼儿园的任何活动都离不开时间,都是在一定的时间内完成的,因此学会管理时间是至关重要的。

首先,教师要根据幼儿的年龄特点,科学地安排幼儿的一日生活,要遵循保教结合、动静结合、正规教育和非正规教育相结合的原则。安排好幼儿的作息制度是教师管理时间的重要环节,需要解决三个问题:什么时间?做什么?怎么做?科学安排幼儿的一日生活,可以保证幼儿在有限的时间内学习和掌握那些对他们发展很重要的东西。有些教师将幼儿的大部分时间放在记忆知识及掌握技能上,如背英语单词、学习舞蹈动作等,并将幼儿能学会作为幼儿应该学的理由,使幼儿用大量时间学习不是这个年龄阶段应该学习的东西,浪费了幼儿的时间,更严重的是影响了幼儿学习的积极性,使幼儿产生了厌学的心理。因此,教师必须根据幼儿的年龄特点安排幼儿的一日生活。

其次,教师要科学地安排自己的时间,将自己每天的时间分成几部分,如工作时间、生活时间、学习时间等,并处理好各部分时间之间的关系,不要将它们对立起来,而要将它们通过共同的目标统一起来。

2. 建立相应的制度

目前,我国仍有许多封建残余思想,这也反映到管理工作中,如长官意志、人治大于法治、随意性强、缺乏科学依据等。建立合理的管理制度是遏制人治的有效手段。幼儿园必须建立相应的制度,如保教计划与记录制度、备课制度、常规工作检查制度、家长工作制度等,以保证保教工作的正常开展。另外,幼儿园工作是一个有机联系的整体,与保教工作有关的其他部门和环节也应有相应的制度,以便协调配合,保证良好的保教秩序。

3. 有效地利用各种资源

教师要科学、有效地利用人、财、物、时间、信息等资源,充分体现人尽其才、物尽其用的原则。教师首先要对本班的资源情况做到心中有数,其次在利用这些资源时,要时刻以科学、合理的标准来衡量。比如,幼儿画完画,教师可以让幼儿将自己的画剪下来,这样既充分利用了纸张,又锻炼了幼儿的小肌肉,同时也增加了他们的自信心和兴趣,剪自己画的画,他们会表现得兴致勃勃。教师要合理安排和使用本班的玩教具、图书等,最大限度地发挥其作用。

【案例分析】

某幼儿园的刘老师为了提高自己的工作效率,采用了新的管理方式。首先,她根据幼儿身心发展的特点科学地安排幼儿每天各项活动的时间,并科学、合理地安排自己的时间;其次,她建立了各种班级管理制度,并在实际工作中认真执行;再次,她对班级所拥有的和所能利用的各种资源都进行了详细的登记，以便能够充分利用各种资源。通过这样的改革，刘老师每天的工作变得井然有序、有条不紊，显得更有规律，同时也为她节省了许多时间，使她有更多的时间和精力去完成其他工作。看到刘老师如此从容地完成工作，并且能够取得良好的工作成绩，许多教师都来向她请教。虽然刘老师总是很谦虚，但有时也会说一句："这就是科学管理的效果，我可是获益匪浅啊！"

分析与思考

案例中刘老师所采用的是班级保教工作程序化的科学管理方式。这种程序化的工作方式具有以下作用：①提高工作效率，节省大量的时间；②不仅能使教师形成良好的工作习惯，而且能帮助幼儿形成良好的生活习惯，有利于幼儿的健康成长；③为保教工作的开展创造条件。

第五节　托幼园所教研活动的组织与管理

教研活动是托幼园所保教工作管理中必不可少的一部分。托幼园所教研活动是指直接针对保教实践中遇到的问题确定课题，通过研究改进工作成效，按规律开展保教工作，从而提高保教质量，推动幼教改革的活动过程。托幼园所开展教研活动一定要加强针对性，要立足于本园实际解决保教实践中遇到的具体问题，注重为幼教改革服务，不能把研究目的放在撰写论文上。

一、开展教研活动的意义和任务

(一)开展教研活动的意义

1. 有利于提高保教质量

教研活动具有较强的针对性，主要是为了解决保教实践中遇到的问题。通过开展教研活动，可以改进工作成效，促进保教质量的提高。例如，某教师发现本班幼儿交往能力较差，很多幼儿都不知道该如何与其他小朋友相处。针对这一情况，教师做了深入调查，找出了原因，并采取了相应措施，即为幼儿提供更多的交往机会，教他们与其他小朋友相处，经过一段时间后，幼儿的交往能力有了明显的提高。教师将保教实践与研究结合起来，既解决了现实存在的问题，也推动了保教质量的提高。

2. 有利于促进教师业务水平的提高

教师的业务水平直接影响着托幼园所的教育质量。教研活动是提高教师业务水平的重要途径。教研活动大致可分为五个阶段：发现问题、提出解决方案、实施方案、得出结论、将结论运用到实践中。要想发现问题，教师平时就要多注意观察，了解各方面的情况，这是业务水平提高的前提，因为没有观察，就没有了解；没有了解，就谈不上提高。结合保教实践中存在的问题，进行研究分析，提出解决方案，这是理论在保教实践中的综合运用，是理论联系实际的过程。教师在这个过程中加深了对理论的理解，提高了运用理论的能力。在实施方案的过程中还会遇到各种问题，教师需要灵活处理和解决这些问题，通过这个过程，教师既积累了工作经验，也提高了业务能力和业务水平。

研究可以促进思考，通过思考，教师自身的教育观念与态度都会发生变化，他们会用更加正确的眼光看待幼儿教育和幼儿，用更加科学的方法从事教育和教学活动。托幼园所教师是一支庞大的研究队伍，他们身在基层，研究的问题具有很强的现实意义。他们的参与壮大了研究队伍，使教育研究更具有广泛性和群众性，有利于改变理论脱离实际的状况。

3. 有利于激发教师的敬业精神

兴趣是最好的老师。研究工作虽然很辛苦，但是很有趣味。研究总是围绕着一定的问题展开，问题常常会引起人们的关注，激发人们的兴趣，人们会不断地寻求解决问题的办法。当问题解决后，会给人们带来极大的乐趣，这种乐趣会变成新的动力，促使人们进一步去研究。另外，教研活动的目的性很强，为了实现目标，教师会更加积极地工作，甚至会达到忘我的地步。

（二）开展教研活动的任务

1. 组织教师学习理论知识

为了提高教师的理论水平，托幼园所应组织教师学习国家的教育政策、方针和有关法律，以及幼教方面的政策、理论。通过学习最新的幼教理论，教师可以树立正确的教育观、儿童观。

2. 组织交流活动

为了提高教师的业务水平，托幼园所每学期都要有计划地组织一些交流活动，为教师相互学习提供机会、创造条件，通过交流活动将教师的注意力转移到钻研业务上。交流活动可以采取多种形式，如交流学习体会、专题讨论、竞赛等。每次交流活动都要有一定的目的和成果，不能搞形式主义。交流活动还要有丰富的内容。有些托幼园所只注意交流的数量，不注重交流的质量，这样往往不能取得很好的效果。

3. 组织集体备课

俗话说，三个臭皮匠，赛过诸葛亮。托幼园所应当经常组织集体备课，通过集体备课，教师可以认真钻研教材，研究教育对象，共同探讨教学中的重点、难点问题，为教学做好充分的准备。这种方式还可以对年轻教师起到带动作用，达到共同提高的目的。

4. 研究保教实践中遇到的热点、难点问题

热点问题往往也是难点问题，是还没有定论，需要进一步探讨的问题。由于没有定论，大家会感到很迷茫，不知如何是好，因此有必要对其进行讨论和研究。通过讨论，大家会更加关注这些问题，会主动收集各种材料，由此会产生一系列针对性极强的科研课题。园长或保教主任要多留心幼教事业发展的动态，及时掌握热点问题，并组织教师对这些热点问题进行讨论。托幼园所还应特别注意组织教师研究本园保教工作存在的问题或薄弱环节，并提出解决方案。

5. 编写教材，设计教学活动

各地区、各托幼园所有很大的差别，任何一本教材都不可能完全符合本园或本班幼儿的特点，因此托幼园所有必要组织教师编写一些补充教材。这样既可以提高教师的教研能力，又可以丰富教学内容。随着幼教改革的不断深入，原来的教学活动可能难以适应托幼园所教育教学的发展，因此，教师应发挥主观能动性，结合教学实际，设计一些新的教学活动。

二、教研制度的制定

开展教研活动除了要增强教师的主动意识外，还要建立相应的制度加以保证。一般来说，教研制度的内容比较具体，如教研活动的形式、时间、对教研成果的要求等，各托幼园所可根据实际情况进行规定。但是，这并不意味着各托幼园所在制定教研制度时可以随心所欲、凭空想象，教研制度的制定要有一定的依据，必须建立在科学的基础上。

（一）追求实效

开展教研活动的目的是提高保教质量，教研制度就是为了保证教研活动的顺利开展而制定的。因此，在制定教研制度时一定要考虑到它的实用性、实效性、可行性。教研制度首先要实用，不能太烦琐，不能脱离实际，要注意它在实践中能否发挥作用；其次要有实效，也就是说通过执行教研制度，确实可以保证教研活动的顺利开展，提高教研活动的水平；再次要可行，即教研制度的制定要符合教师的实际水平及能力，不要盲目追求数量和形式，为了便于操作，制度还要明细化，不要过于笼统，指标应具体、明确。

(二)符合托幼园所的教育教学规律

教研制度是教学管理的重要内容。教研制度是对教育研究活动的管理，它不同于对物品的管理，要遵循教育教学规律，并为教育教学服务。教研活动要与教学实践相结合，不能脱离教学实践，要注意理论与实践的统一，制定教研制度时要注意不要使教研活动游离于教学实践之外，教研活动必须紧紧围绕教育教学展开，不能与教育教学相冲突，教研活动时间的安排要根据托幼园所教学的实际情况来确定。

(三)注意教研活动的广泛性和群众性

教研活动是保教工作的重要内容，它不是几个人的事情，而是全园教师的任务。托幼园所要发挥每个教师的积极性，让所有教师都参与到教研活动中。教研活动应与保教活动紧密联系，以教研促进保教，在保教实践中寻找教研的主题和思路。在制定教研制度时，一定要具有普遍意义，通过制度使教研活动成为大众化的行为。

(四)与托幼园所的其他管理制度相一致

教研制度是托幼园所管理制度的一部分，因此，教研制度要与托幼园所的其他管理制度相一致。教研活动是提高保教质量的重要途径，在制定相应的制度时，必须要考虑到它的特点，如时间的安排、主题的确定等。教研活动又是托幼园所整体工作的一部分，所以，在制定教研制度时，还要考虑到托幼园所的其他工作的实际情况。

三、教研活动组织的成立

教研活动组织是开展教研活动的基本条件，因为教研活动总是依附一定的组织来实现的。

教研活动组织有三个层次：园长层、教研组层、教师层。

园长层是决策层，它决定着教研活动的方向与水平。园长层的职责是制定开展教研活动的总的思路和方针。

教研组层负责教研活动的实施与开展。教研组是为教研活动服务的，它的规模与类型多种多样，托幼园所可根据教研活动的需要及本园的实际情况来确定教研组的类型，如专题组、学科组、年级组等。目前，许多托幼园所都采取年级组的方式，其优点是随时都可以开展教研活动，不需要重新组织人，缺点是交流面过窄，不易跳出备课的圈子。教研组的类型应根据教研活动的需要随时调整。教研组一般由5～10人组成，可有1～2名小组长。小组长的产生可由本组教师或保教主任提名，并由主管领导批准。教研组长要由骨干教师担任，要有较高的业务素养、一定的工作能力和较强的责任心，并且在群众中要具有一定的威望。

教师层是教研活动的执行层，教研活动最终要靠所有教师的共同参与来完成。教师应该自觉地参加教研活动，积极为教研活动献计献策。教师的积极参与是教研活动开展的重要保证。教研课题再好，形式再新颖，若没有教师的踊跃参加，也是毫无意义的。

四、教师的自我管理

教师是教研活动的主体，教研活动是通过教师的参与得以实现的。教研制度的制定、教研活动组织的成立都是为了保证教研活动的顺利开展。教师的自我管理是非常重要的因素,教师要增强自己的教研意识与能力,要能够管理好自己的教研工作,唯有如此,教研制度和教研活动组织才能真正发挥作用。

1. 充分认识教研活动的意义

教师应充分认识教研活动与保教工作的联系,以及教研活动对自身发展的重要意义,在此基础上产生参加教研活动的愿望。

2. 制订教研计划

每位教师应该根据本园与本班的教研计划,制订出自己的教研计划,使自己的工作目的更明确、针对性更强。

3. 撰写参加教研活动的体会或感想

每次教研活动后,教师都应将自己的体会或感想写出来,不断地总结经验,提高自己的理论水平。这是一个积累的过程,对每个教师都是有必要的。

4. 自觉遵守教研制度

教研制度一旦制定,就应该坚决执行,每位教师都应严格遵守教研制度。教师要严格要求自己,积极、主动地参加托幼园所组织的各项教研活动。

为了激发教师参加教研活动的积极性,托幼园所可以建立相应的激励机制,如物质奖励与精神奖励相结合、单项奖励与综合奖励相结合、阶段奖励与终极奖励相结合,逐渐形成多层次、多渠道的奖励系统,从而进一步推动教研活动的顺利开展。

【本章小结】

托幼园所担负着为幼儿服务和为家长服务的双重任务。幼儿身心发展的特点与学习的特点决定了保教结合是幼儿园教育的基本原则。保和教是保教工作的构成要素,具有整体性,保与教相互结合,相互渗透,保中有教,教中有保。班级是开展保教工作的基本单位,班级保教工作涉及保教幼儿的一切教育活动,以及对这些活动的组织和管理。教研活动是托幼园所保教工作管理中必不可少的一部分内容。开展教研活动有利于提高保教质量,有利于促进教师业务水平的提高,也有利于激发教师的敬业精神。

【思考与练习】

案例 1:某幼儿园园长面临着这样的问题:班级教师配备没有固定的制度,班级教师都是在开会的时候临时组合的,那些平时很懒的教师总是先选择勤快的教师做搭档,而勤快的教师往往碍于情面不好拒绝。但工作时间一长,总会出现这样或那样的问题,甚至会影响到班级工作的开展。

案例 2:凯凯是一个行为问题较多的孩子,经常有小朋友告状:"老师,老师,凯凯咬我了!""老师,凯凯打人了!""老师,凯凯用脚踹我了!"同时,也有很多家长对老师提出要求:"别让我的孩子和凯凯在一起玩!""我的孩子不能和凯凯坐在一起!""凯凯不能睡在我的孩子旁边!"

1. 如果你是案例 1 中的园长,你有什么办法解决这个问题?

2. 案例 2 中,你觉得老师应该如何处理和解决这个问题?

第八章

托幼园所班级管理

【学习目标】

1. 掌握托幼园所班级管理的内容、原则、方法。
2. 掌握托幼园所各年龄班的班级管理方法。
3. 了解托幼园所班级环境的创设方法。

【案例分析】

新学期开始了，某幼儿园大班教师王老师和黄老师认为本班幼儿即将进入小学学习，因此必须提前做好幼小衔接工作。因此，她们采取了小学化的班级管理模式：每堂课的时间延长到了40分钟；教学内容以算术和写字为主；课后布置书面家庭作业。

思考

1. 从托幼园所班级管理的角度分析，这两名教师在大班班级管理中存在何种问题？
2. 教师应怎样进行班级管理才能使其符合幼儿身心发展的规律？

第一节　托幼园所班级管理概述

一、托幼园所班级管理的含义

托幼园所班级管理是指托幼园所班级中的保教人员通过计划、组织、实施、调整等环节协调班集体内外的人、财、物、时间、空间等，以达到高效率地实现保育和教育目标的目的。这个概念包含了几层意思：①班级管理是由人来实施的，即管理的主体是人，可以是一个人，也可以是一群人；②班级管理是通过计划、组织、实施、调整等环节完成的；③班级管理的对象是班集体内外的人、财、物、时间、空间等。

二、托幼园所班级管理的目的

班级管理的目的是管理实践指导思想的核心，也是管理者的工作意图。

托幼园所班级管理的目的可从内在目的和外在目的两个层面来进行阐释：内在目的是把幼儿培养成个体生活的主体和社会生活的主体；外在目的是形成办园特色。

三、托幼园所班级管理的内容

【案例分析】

与往常一样，又到了做早操的时间，广播里响起了动听的音乐，提示小朋友们到操场上做早操。此时，小朋友们正在兴致勃勃地看蚂蚁搬家。我对小朋友们说："快来排队吧！"有的小朋友叹息道，"怎么又要做早操了！"小朋友们不情愿地站了起来，三三两两地开始排队。这时，奇奇说："沈老师，为什么一定要现在做早操呢？蚂蚁搬家我们还没有看完呢！"我也觉得有些可惜，可是……我想了想，只好回答说："现在是做早操的时间啊。"我这样搪塞过去了，但一直到晚上，我的心中仍然想着一个问题——我的回答能让小朋友们满意吗？

第二天，我想到了一个好办法，我对小朋友们说："小朋友们，今天由你们自己来设计今天一天的活动，好吗？""好！"小朋友们高兴地跳了起来。大家开始讨论接下来的活动，有的说要听故事，有的说要画画。我和他们商量了规则，除了吃饭、睡觉，其他的活动都可以由他们自己来安排，但必须通过讨论来决定，少数服从多数。我和小朋友们一起设计了一张一日活动表，用记号或图画来标明一日活动的内容和时间。一天下来，我发现小朋友们都特别听话，每一项活动都开展得很顺利，小朋友们的兴致特别高，我自己也很开心。

思考

这个案例中体现了托幼园所班级管理中的哪些管理内容？

托幼园所班级管理一般由生活管理、教育管理、家园交流管理、班级间交流管理等组成。

(一)生活管理

托幼园所班级生活管理是指为了保证幼儿的健康成长，班级保教人员围绕幼儿在园内的起居、饮食等生活方面的需要而开展的管理工作。

1. 学期(学年)初的工作

学期(学年)初的生活管理工作主要包括以下内容。

(1)填写班级幼儿名册和幼儿家庭情况登记表，明确家园联系方式。

(2)家访并调查幼儿的家庭情况，初步了解幼儿的生活习惯，做好记录。

(3)安排幼儿个人用的床、衣柜、毛巾架、水杯格，写上姓名并做好便于幼儿识别的标记。

(4)初步布置活动室环境，准备活动设施。

(5)观察幼儿一日生活的言行举止，并做好记录。

(6)根据对幼儿一日生活表现的观察、分析与家访调查结果，制订班级生活管理计划。

2. 学期(学年)中的工作

学期(学年)中的生活管理工作主要包括以下内容。

(1)每日班级保教人员根据幼儿一日生活的程序履行生活管理的职责。

(2)每日做好幼儿上、下午来园或离园的交接记录。

(3)每日保管好幼儿的生活用品。

(4)每日做好幼儿活动场地的清洁工作和各种活动设施的安全检查工作。

(5)每周对玩具进行消毒。

(6)每周检查班级生活管理计划的执行情况。

(7)每周初,班级保教人员碰头,总结上周的工作经验,调整本周生活管理的工作内容与措施,分工负责。

(8)观察幼儿的生活行为,记录好其表现。

(9)对幼儿免疫、疾病、传染病等情况进行登记。

(10)对体弱幼儿的生活护理。

3. 学期(学年)末的工作

学期(学年)末的生活管理工作主要包括以下内容。

(1)汇总平日对幼儿生活表现的记录,做好对幼儿生活情况的小结。

(2)总结班级生活管理工作,找出存在的问题。

(3)向家长发放幼儿在园生活情况小结,指导家长对幼儿的假期生活进行管理。

(4)整理室内外环境,对集体用品进行清点和登记。

(二)教育管理

班级保教人员在班主任教师的带领下对班级幼儿情况进行调查和研究,对教育过程进行精心的设计,对教育结果进行细致的评估,这一系列工作称为托幼园所班级教育管理工作。

1. 学期(学年)初的工作

学期(学年)初的教育管理工作主要包括以下内容。

(1)结合家访调查结果和对幼儿情况的观察、分析,完成对班级幼儿发展水平的初步评估,并做好记录。

(2)根据幼儿情况及班级条件,制订详细的教育教学计划,该计划应包括阶段性的班级教育教学目标和日程安排,以及对特殊情况的处理方法,如针对班级教学过程中出现的问题开展教研活动。

(3)根据教育教学计划,征集或领取手工材料、卡片、玩具等。

(4)班级保教人员共同制定各项教学活动的组织形式,建立班级教育活动的运转机制。

2. 学期(学年)中的工作

1)每日工作

准备好当日教学所需的材料,复习前一阶段教给幼儿的知识,保证教育教学的连续性。

2)每周工作

根据年级教研组的备课计划制订每日教学计划,记录幼儿一周的学习表现。

3)每月工作

月初制定好当月的教育教学目标,并安排好教学活动进度,召开班级教师会议,研究班级教育工作的具体内容和措施,分工负责。月末整理各种教育材料与资料,根据教育内容适当调整活动室,更新活动室环境。

3. 学期(学年)末的工作

学期(学年)末的教育管理工作主要包括以下内容。

(1)整理教育活动方案、教育笔记和幼儿作品档案。

(2)对幼儿整个学期(学年)的学习表现进行评估,做好幼儿学习情况的小结。

(3)教师自己总结个人教育目标的实现情况和教育方法的运用情况。

(4)对教育活动剩余的材料进行清点与登记。

【拓展阅读】

某幼儿园小班学期工作计划

一、本学期幼儿发展总目标

(1)培养幼儿的进餐习惯,使幼儿懂得珍惜粮食。

(2)开展区域性体育活动,培养幼儿对运动的兴趣,在运动中逐步培养幼儿大胆、自信、勇敢的个性。

(3)鼓励胆子小的幼儿在很多人面前多表达,培养幼儿良好的学习习惯。

(4)开展自主性活动和学习性活动,鼓励幼儿积极参加各种活动。

二、具体目标与措施

(一)生活活动

1.目标

(1)鼓励幼儿参加幼儿园的各类活动,让幼儿能适应集体生活。

(2)教会幼儿使用小勺吃饭,不将饭菜含在嘴里。

(3)纠正幼儿不良的睡眠习惯。

(4)教会幼儿穿、脱宽松的衣裤。

(5)教会幼儿使用蹲便器,让幼儿学会大小便自理。

(6)让幼儿知道在室内不能大声叫喊,不把手指放进嘴里,不抠鼻子。

(7)使幼儿懂得脏物、玩具等不能放进口中。

(8)使幼儿掌握正确的洗手方法,知道饭前便后洗手。

(9)教会幼儿使用毛巾擦脸、擦嘴。

2.措施

(1)开展"笑脸娃娃"活动,鼓励幼儿高高兴兴来园。

(2)利用儿歌、游戏、故事等形式使幼儿学会正确洗手、吃饭、睡觉、穿衣服、脱衣服等,使幼儿养成良好的生活习惯。

(3)在学习性游戏中提供一些生活材料,如小被子、袜子、毛巾等,为孩子提供锻炼的机会。

(4)通过每天的进餐活动,培养幼儿良好的进餐习惯。

(二)运动活动

1.目标

(1)在体育活动中,教会幼儿保护好自己,让幼儿知道不能到危险的地方玩耍。

(2)使幼儿在老师的鼓励下愿意参加各类运动活动。

(3)教会幼儿双脚交替上、下楼梯。

(4)教会幼儿玩中型运动器材。

2.措施

(1)开展区域性体育活动,培养幼儿对运动的兴趣,促进幼儿肌体的协调发展。

(2)保证幼儿每天两小时的户外锻炼时间。

(3)制作并提供飞镖、沙袋、篮球等,丰富幼儿体育活动的内容。

(三)学习活动

1.目标

(1)让幼儿懂得爱祖国,爱家乡,让幼儿知道自己是中国人。

(2)教会幼儿用各种感官感知周围的事物,感知其明显的特征。

(3)教会幼儿唱简单的歌曲,用动作表达对音乐的感受。

(4)使幼儿能与同伴一起安静地听老师讲话,愿意用语言回答别人的问题。

(5)教会幼儿口手一致地数1～3,教会幼儿分辨白天和黑夜。

(6)使幼儿能以愉快的情绪参加英语活动,学会用英语向老师问好。

2.措施

(1)创设符合小班幼儿年龄特点的环境,体现以幼儿为主的指导思想,根据主题活动布置环境,使幼儿参与环境布置,做到师生互动,生生互动。

(2)定期展示幼儿的作品,让每个幼儿体验成就感。

(3)创设英语环境,使幼儿在其中愉快地学习,学会一些简单的口语、儿歌。

(4)举办各种活动,让幼儿学会动手、动脑相结合。

(四)游戏活动

1.目标

(1)丰富幼儿的生活经验。

(2)创设条件,丰富幼儿的游戏语言。

(3)使幼儿初步掌握一些参与角色游戏的基本技能。

(4)加深幼儿对建筑物的印象。

(5)使幼儿初步掌握结构游戏中的构造技巧。

(6)教会幼儿爱护玩具。

2.措施

(1)提供符合小班幼儿年龄特点的玩具。

(2)在游戏中注意观察幼儿的行为并为他们提供所需的游戏材料。

(3)鼓励幼儿自选游戏主题,扮演角色,在游戏中感受快乐。

(五)家长工作

(1)召开家长会。

(2)邀请家长参加"敬老活动"。

(3)树立幼儿园与社会、家庭一体化的教育观,利用家园联系册向家长定期汇报幼儿在园情况。

(4)及时做好家长工作。

(5)请家长配合老师收集家里的废旧物品,为教学活动提供支持。

(6)邀请家长参加园内的各项亲子活动。

四、托幼园所班级管理的原则

托幼园所班级管理的原则是对班级进行管理时必须遵守的行为准则,这一原则贯穿于班级管理的全过程,全方位地体现在班级管理当中。托幼园所班级管理的主要原则有主体性原则、整体性原则、参与性原则、高效性原则。

(一)主体性原则

主体性原则有两层含义:第一,教师作为管理者具有自主性和主动性;第二,幼儿作为学习者具有自主权。

贯彻主体性原则时应注意以下几点。

(1)教师应明确自己对班级管理的职责和权利。教师要不断地发挥主动性和积极性,不断提出班级管理的新举措,从而充分调动幼儿学习的主观能动性。

(2)教师应充分了解班级的各种管理要素。管理要素不仅包括每一个幼儿,也包括家长、环境设施等一切可以为教学和管理服务的资源。

(3)教师应正确地理解和处理自己与幼儿之间的关系。教师是班级管理中的管理主体,幼儿是管理的对象。教师在管理幼儿时,既要发挥指导作用,又要保证幼儿学习的自主权。教师对这一点的控制和把握是十分重要的。

(二)整体性原则

整体性原则是指托幼园所班级管理应该面向全体幼儿并涉及班内所有的管理要素。

贯彻整体性原则时应注意以下几点。

(1)教师对班级的管理不仅是对整体的管理,也是对每个幼儿的管理。教师在班级管理过程中经常出现抓两头、忘中间的现象,过分地偏爱优秀的幼儿,或者一味地关注“问题幼儿”,而忽视默默无闻的幼儿,这是不符合整体性原则的。教师应该关注班级中的每个幼儿,在此基础上根据幼儿自身的特点和水平进行管理。

(2)教师应该充分利用班级作为一个集体的熏陶作用和约束作用。

(3)班级管理不只是对人的管理,还涉及对物、时间、空间等要素的管理。教师要全方位地运用人、物、时间、空间等要素使每个幼儿都能参与活动,接受教育、夸奖、批评等。

【案例分析】

某幼儿园的一个教室里布置有“我的闪光点”专栏。这个专栏每周记录一次,记录的内容涉及幼儿的方方面面。有的孩子用绘画的方式记录自己在近一段时间所取得的进步,有的孩子记录自己做操当上了“小老师”,有的孩子记录自己吃饭又快又好。教师将孩子记录的情况张贴在专栏里,便于孩子之间相互观摩,同时便于家长及时了解孩子最近的发展情况。这个专栏受到了家长的极大好评。

分析与思考

在这个案例中,教师通过设立这样一个专栏,引导孩子进行自我评价,同时让孩子之间相互观摩,相互评价,使孩子成为评价者的同时也成为被评价者,在注重发挥幼儿个体的主体性的同时,兼顾到班级这个整体,让所有孩子看到他人的优点。另外,教师也合理地利用了教室良好的空间环境,以及与家长的互动等,使每个幼儿都参与评价活动,接受教育、夸奖、批评等。这种班级管理方式很好地体现了主体性、整体性原则。

(三)参与性原则

参与性原则是指教师在管理过程中以多种形式参与到幼儿的活动中去,在活动中平等地对待幼儿。

贯彻参与性原则时应注意以下几点。

(1)教师参与活动时应注意角色的变换,以适应幼儿活动的需要。

(2)教师参与活动时要得到幼儿的许可。

(3)教师参与活动时,指导和管理要适度。

(四)高效性原则

高效性原则是指以最少的人力、物力等资源,尽可能地使幼儿获得更多、更全面、更好的发展。

贯彻高效性原则时应注意以下几点。

(1)班级管理目标的确定要合理,计划的制订要科学,要充分地考虑到幼儿身心发展的特点,避免不必要的人力、物力等资源的浪费。

(2)班级管理计划的实施要严格和灵活。这一点主要是针对幼儿活泼、突发状况多的特点提出的。

(3)班级管理方法的选择要适宜,管理过程中要重视检查反馈。

托幼园所班级管理的主体性原则和整体性原则主要涉及管理思想,参与性原则和高效性原则主要涉及管理方法,四者关系密切,不可分割。

五、托幼园所班级管理的方法

托幼园所班级管理的方法主要有规则引导法、情感沟通法、互动指导法、榜样激励法、目标指引法等。

(一)规则引导法

规则引导法是指用规则引导幼儿的行为,使幼儿的行为与集体活动的方向和要求保持一致,确保幼儿人身安全的管理方法。规则引导法是最常用的管理方法。其中,规则是指幼儿与幼儿、幼儿与教师、幼儿与环境、幼儿与材料之间互动的行为准则。

运用规则引导法时要注意以下几点。

(1)规则的内容要明确且简单易行。由于幼儿的理解能力和各方面的能力发展还不完全,所以教师在提出规则时,要符合幼儿的理解水平,一旦超过这个水平,就不可能达到很好的效果。

(2)教师要为幼儿提供实践的机会,使幼儿在实践中理解规则的重要性并掌握规则。

(3)教师要保持规则的一贯性。一贯性是指规则不能总是变化,否则,不利于幼儿理解和遵守。

规则引导法在托幼园所中应用得很多,托幼园所的各项活动中都有规则的渗透。规则是规范幼儿行为的重要措施之一,但不是唯一的措施。

(二)情感沟通法

情感沟通法是指通过激发和利用师生间、幼儿间及幼儿对环境的情感影响幼儿行为的管理方法。情感沟通法的基础是教师对幼儿的理解和爱。

运用情感沟通法时要注意以下几点。

(1)教师在日常生活和教育活动中,要注意观察幼儿的情感表现。情感无疑是人与人之间交流的重要途径,有了情感的共鸣,交流起来往往事半功倍。幼儿与教师相处的时间比较多,交流也比较多,因此,幼儿与教师之间容易建立起感情。一旦幼儿对教师有了一定的依赖,就会比较听教师的话,但是教师要在尊重幼儿的基础上,在平时的生活中多注意观察幼儿各方面的发展情况和情感表现,以便对各种突发状况进行更好的处理。

(2)教师要经常对幼儿进行移情训练。培养幼儿良好的移情能力,能够让幼儿更好地理解他人的做法,从而避免很多矛盾。

(3)教师要保持和蔼可亲的个人形象。教师的个人形象对幼儿有很重要的影响。幼儿只有信任教师,才会听教师的话。

(三)互动指导法

在托幼园所中,幼儿与教师之间、幼儿与幼儿之间、幼儿与环境之间有各种各样的互动,通过互动来影响幼儿行为的管理方法称为互动指导法。

运用互动指导法时要注意以下几点。

(1)教师对幼儿的指导要适当,即教师对幼儿进行指导的时候要注意方法,不要采取不合适的方法,否则会适得其反。

(2)教师对幼儿的指导要适时,即教师要在幼儿需要指导的时候给予指导,当幼儿想要探索的时候,则让其自主地去探索。

(3)教师对幼儿的指导要适度,即教师对幼儿指导的尺度要适当,很多教师在指导时对幼儿的各方面都指导得很到位,这样的教师无疑是合格的,是很细心的,但是这样会影响幼儿的探索能力和创造能力的发展。因此,教师对幼儿指导的尺度要适当。

(四)榜样激励法

榜样激励法是指通过树立榜样并引导幼儿学习榜样来规范幼儿行为的管理方法。榜样激励法在托幼园所中应用得比较多。教师在很多时候都会表扬表现好的幼儿,以提醒其他幼儿向他学习。

运用榜样激励法时要注意以下几点。

(1)榜样的选择要健康、形象、具体。

(2)榜样的树立要公正,要具有权威性。

(3)教师要及时对幼儿学习榜样的表现做出反应,表现好的要表扬,表现不好的要及时指正。

【案例分析】

某班个别幼儿总是将好的东西留给自己,针对这种现象,教师先让幼儿欣赏歌曲《李小多分果果》,让幼儿对李小多有初步的认识。欣赏完之后,教师并没有立刻要求所有幼儿都做李小多,而是进行了一项分纸的活动。纸由三位值日生来分,教师在每一叠纸中分别夹了一张颜色不同的纸。果然,三位值日生分到颜色不同的纸时都看了很久,结果,有两位值日生把颜色不同的纸分给了同伴,而另一位值日生则留给了自己。教师看到之后笑着说:"今天我们班又多了两个李小多。"此次活动后,孩子们在以后的许多活动中都争做李小多。

思考

分析案例中教师行为的合理性。

(五)目标指引法

目标指引法是指教师以行为结果作为目标,引导幼儿的行为方向,规范幼儿行为的管理方法。从预期的行为结果出发,引导幼儿自觉识别行为的正误是目标指引法的基本特点。

运用目标指引法时要注意以下几点。

(1)目标要明确、具体。

(2)目标要切实可行,要具有吸引力。因为幼儿的发展水平还处于初级阶段,对于太复杂的目标,他们不能很好地理解,同时,幼儿容易对新奇的事情感兴趣,目标越有吸引力,幼儿去实践的可能性就越大。

(3)目标与行为的联系要清晰可见,这样有利于幼儿判断什么样的行为是正确的,什么样的行为是错误的,需要怎样去改正。

(4)要注意个人目标和团体目标,并注意将这两类目标相结合。托幼园所的很多活动都是需要团体合作才能完成的,这时,教师提出的目标要有利于团体活动的进行,这样教师才能更好地进行管理。

第二节　托幼园所班级管理的过程

托幼园所班级管理的过程主要包括计划的制订、组织与实施、监督与检查、评估与总结。

一、班级管理计划的制订

(一)班级管理计划的含义以及重要性

计划是确定行动的纲领和方案,促使行为趋向于目标的管理活动。托幼园所班级管理计划是班级管理者为班级的未来确定目标并提出达到这一目标的方法和步骤的管理活动。

班级管理计划的重要性主要体现在以下几个方面。

(1)计划是行动的纲领。

(2)计划可以为检查者提供标准。

(3)计划具有预见作用。

制订班级管理计划的依据包括以下几个方面。

(1)园务工作计划。

(2)班级的实际情况。

(3)教师自身的工作经验和业务能力等。

(二)制订班级管理计划的方法

一般情况下,教师可以按时间制订班级管理计划,如一日常规、一周活动安排、学期计划、学年计划。

1. 一日常规

幼儿的一日常规是多方面的,具体包括卫生常规(如进餐常规、喝水常规、盥洗常规等)、行为习惯常规(如午睡常规、上下楼梯常规、入园常规、散步常规等)、学习活动常规(如户外活动常规、早操常规、体能游戏常规、教学活动常规等)。

制订幼儿的一日常规时,需要注意以下几点。

(1)根据幼儿的发展水平科学地安排各种活动和休息的时间。

(2)将常规的细节讲述清楚。

(3)考虑到幼儿个体的差异。

(4)考虑到安全隐患。

(5)考虑到幼儿年龄层次的不同。

【案例分析】

入园常规:

(1)衣着整洁,愉快入园,接受晨检,带手绢或餐巾纸。

(2)有礼貌地向老师、小朋友问好,跟家长说“再见”。

(3)将帽子等放在固定的地方。

(4)进行简单的劳动:会搬自己的椅子(小班);擦自己的桌椅,摆放玩具等(中班);在完成自己的事情的基础上帮助老师或其他小朋友做事情(大班)。

进餐常规:

(1)认真洗手,方法正确。

(2)安静进餐,坐姿良好。

(3)文明进餐,不挑食,不剩饭。

(4)干稀(汤)搭配吃,菜与饭就着吃。

(5)餐后自己轻放餐具,擦嘴,漱口。

思考

以上常规的制订是否科学？科学性体现在哪？不足体现在哪？

2. 一周活动安排

教师通常会将一周活动安排表贴在公告栏中，以告知家长本周的工作重点和主题，以及周一至周五的教学活动、游戏活动、区域活动安排等。教师有时候也会在表中列出家长工作。

3. 学期计划

学期计划主要包括以下内容：工作目标、主要工作与措施、本学期各月的主要工作安排。

学期计划一般按以下步骤来制订。

(1)认真研究上学期的工作总结。

(2)认真学习和研究园务工作计划。

(3)共同讨论，确定主要内容。

(4)撰写学期计划。

4. 学年计划

学年计划和学期计划大致相同，不同之处在于学年计划要对本学年的大型活动及节日活动做出大致安排。

二、班级管理的组织与实施

(一)定义

组织是指安排分散的人或事物，使之具有一定的系统性、整体性。托幼园所班级管理中的主要组织形式有班集体、小组、个体。托幼园所班级管理的组织与实施是指对班级管理中所涉及的教师、幼儿、材料、物品、空间、时间等要素进行合理的安排，使之具有一定的系统性、整体性，并对其进行管理。

(二)具体方法

1. 从教师的角度看

1)科学分工

教师(主班教师和配班教师)的职责包括以下几个方面。

(1)制订教育工作计划，并组织实施。

(2)观察、分析、记录幼儿的发展情况，每周都要写观察日记，记录幼儿在幼儿园的一些值得注意的问题和一些有趣的事情。

(3)配合保育员做一些保育工作。现在的幼儿园中，保育和教育可以说没有很明确的界限，保育员也被称为“老师”。

(4)经常与家长保持联系。

(5)参加业务学习和教研活动。

其中，主班教师还有以下特殊职责。

(1)协调班级内的各项工作，保证全班工作的一致性，研究改进本班工作。

(2)贯彻落实园领导的决定，及时汇报工作情况。

(3)促进教师间的相互交流。

保育员的职责包括以下几个方面。

(1)清洁卫生工作。

(2)管理幼儿生活,配合教师组织教育活动。

(3)执行幼儿园的安全卫生保健制度。

(4)保管幼儿的衣服等。

2)科学地采取措施

教师要在以下几个方面的管理工作中采取科学的措施。

(1)环境创设。

(2)日常生活管理。

(3)学习活动管理。

(4)班级常规与幼儿行为管理。

(5)人际关系管理。

(6)家长工作管理。

(7)健康安全管理。

【案例分析】

小达5岁了,好动、任性、攻击性强。在做早操时,每个幼儿都站在固定的小红点上边听音乐边跟着老师做早操,只见小达突然做了个前滚翻,双脚踢到了前面幼儿的腿上,前面的幼儿转过身用手推他的脚,他猛然起身,双手张开向前扑去,前面的幼儿被推倒在地,他又笑又跳。在进行区域活动时,老师先提出活动要求,然后让小朋友们开始活动。这时,小达飞跑过去,抢到自己想要的玩具,见小朋友们用厌恶的眼神看着自己,小达很愤怒地将小朋友们推倒在地并朝他们吐口水。

这样的情况持续了几个星期,老师并没有训斥、孤立小达,而是经过认真观察,在对小达的情况有所了解后,通过自己的一些行为改变小达。例如:在拿杯子、洗手等小朋友容易争先的活动中,老师会单独带小达在旁边等待,让小达感受不被其他小朋友告状、被老师表扬的快乐;在进行区域活动时,老师会单独带小达一起观察,让他感受不遵守活动规则、不与其他小朋友友好相处的结果——没人理睬。经过一段时间的耐心教育,小达改变了很多,逐渐学会了谦让、等待、遵守规则,学会了与其他小朋友友好相处。

分析与思考

处于前运算阶段的幼儿的攻击性行为,其实质就是以自我为中心,是生理自我的体现。这个阶段的幼儿对自我有了初步的认识,但这个阶段幼儿认识的自我只局限于生理自我。随着年龄的增大,认识过程的有意性逐渐增强,社会性认识与体验逐渐增多,幼儿认识的自我中逐渐有了社会自我的成分。在这个自我意识发展的关键时期,帮助幼儿及时改正攻击性行为是非常有必要的。教师应做到以下几点。

(1)在关注、研究攻击性行为的基础上,指导幼儿正确地与他人交往。会心的微笑、关心的话语、亲切的抚摸都能使幼儿感受到老师的爱,从而产生"我应该听老师的"的意识,这样,老师所提出的规则、要求等才会被幼儿接受。

(2)在运用游戏进行心理辅导的基础上,帮助幼儿合理宣泄情绪。在游戏中,幼儿会真实、自然地表露情感,老师应注意观察幼儿的情绪变化,在适当的时候帮助幼儿合理宣泄情绪,改变不良行为。

(3)在家长配合的基础上,发挥榜样示范的作用。老师可以帮助家长改正不良的教育方式,如引导幼儿有选择地看电视,购买图书、玩具等,为幼儿提供正确的模仿源。一般,具有攻击性行为的幼儿对解放军、警察都很崇拜,老师和家长应让孩子明白,解放军、警察不但勇敢,而且遵守规则,还喜欢帮助别人。

3)提升自身的能力

教师应注意提升自身以下几个方面的能力。

(1)教学能力。

(2)组织幼儿进行日常生活活动的能力。

(3)与幼儿交往的能力。具体来说,与幼儿交往的能力包括以下三个方面:①与幼儿沟通的能力;②评价幼儿的能力;③对幼儿进行个别辅导的能力。

(4)合作能力,即能够采用多种方式与家长进行合作,同事之间能够和谐相处,互相帮助,共同成长。

(5)自我发展能力。自我发展能力包括反思能力、专业发展能力、教育科研能力。

2. 从幼儿的角度看

1)科学分组

托幼园所每班幼儿人数一般为大班 35 人,中班 30 人,小班 25 人,混合班 30 人。

班级教师会根据活动室的空间、桌子大小等对班上的幼儿进行分组,一般 6～8 人为一组。

教师对幼儿进行分组时应遵循以下原则。

(1)合理搭配,优势互补。

(2)在适当的时候可根据需要设一名小组长。

(3)定期交换小组位置。

2)科学安排幼儿的作息时间

大班、中班、小班的幼儿由于生理、心理等方面都存在较大差异,所以作息时间不能一概而论,应分别安排。

【案例分析】

某个山区有一个小型幼儿园,这个幼儿园里只有大班、中班、小班、托班各一个,教师数量也不多。为了方便管理,4 个班的幼儿的作息时间都一样,一样的时间入园、做早操、上课、做游戏、吃点心,最后一样的时间离园。

思考

这个幼儿园的做法正确吗? 为什么?

3. 从环境的角度看

1)科学规划幼儿活动的空间

幼儿活动的空间主要包括教室、户外活动场地、活动室、寝室、走廊等。教师在规划幼儿活动的空间时,应注意以下几点。

(1)户外活动场地最好紧靠教室。

(2)寝室除了供幼儿睡觉外,教师还可以考虑在幼儿游戏时间将寝室作为幼儿活动的空间。

(3)充分利用活动室和走廊。

2)合理安排班级物品

教师在安排班级物品时应做到以下几点。

(1)列一张班级物品清单,作为交接、检查的依据。

(2)班级物品应摆放在恰当的位置,危险物品,如剪刀等,应该放在幼儿拿不到的地方。

(3)明确规定教师和保育员分别保管哪些班级物品。

三、班级管理的监督与检查

(一)监督与检查的重要性

监督与检查是班级管理过程的中间环节,通过监督与检查,可以了解班级管理状况,推动班级管理工作的科学化，从而可以保证班级管理计划的顺利实施。

（二）监督与检查的内容

在班级管理过程中，应对以下内容进行监督与检查。

(1)班级管理计划完成的情况。

(2)班级工作质量。

(3)班级管理组织与实施的科学性与系统性。

(4)班级教师与保育员的劳动纪律、敬业精神、团结协作等方面的情况。

（三）监督与检查的方式

为了使班级管理计划落到实处，常采用以下六种方式进行监督与检查：自检、互检、小组长监督与检查、集体监督与检查、管理者监督与检查、家长监督与检查。

1. 自检

1)幼儿的自检

(1)小班幼儿的自检。

小班幼儿在生理、心理等方面发展还不成熟，他们的自检往往带有主观情绪性，不是从具体事物出发进行自检，而是以情感体验作为自检的一个方面。小班幼儿一般只能自检一些外部的行为表现，还不能自检内心状态和道德品质，而且自检的内容通常是简单、笼统的。

在小班幼儿自检的过程中，教师、家长应该起到引导作用，应该及时地对他们进行监督与检查。通过教师、家长的监督与检查引导幼儿进行自我检查，可以促进幼儿对自己的理解和认识，这样对幼儿自我意识的发展也有好处。

(2)中班幼儿的自检。

虽然中班幼儿对教师、家长的依赖性明显小于小班幼儿，但仍存在凭借主观情绪看待问题的现象。

(3)大班幼儿的自检。

大多数大班幼儿已经对自己有了初步的认识，可以对自己的行为进行检查，但是由于认知水平有限，所以他们无法综合各方面的信息来清晰地认识自己，他们的自检往往具有表面性和局部性。

2)教师的自检

教师要不断地反思自己，剖析自己，要不断地回顾、假设、验证，并总结自己的经验，只有这样，教师自身的素养和专业水平才能不断提高，才能促进幼儿身心和谐发展。

教师自检的内容是多层面、多角度的。教师可以从常规管理、教学活动、教学设计、教学组织、教学内容的选择等方面进行自我检查。教师在自检过程中可以提出教育教学过程中遇到的问题和困惑，也可以对某种教学思潮或教学理念进行思考。总之，有关幼儿身心发展的每一件事都值得教师监督和检查。

2. 互检

1)幼儿之间的互检

幼儿之间的互检主要有三种方式。

第一种方式是保护人式的，即后进的幼儿自愿找一个德、智、体等方面都比较突出的幼儿做自己的保护人，自己心甘情愿地在保护人的监督下执行规章制度，一旦违规，甘愿受保护人的批评与惩罚。这种方式既可以减轻教师的负担，也可以增加幼儿之间的交流，增进他们之间的感情。

第二种方式是互助组式的，即两个性格、爱好较一致的幼儿组成互助组，他们之间互相检查、监督执行规章制度的情况，两个人共同商量改正错误的办法。

第三种是临时式的，即临时检查某段时间内全班幼儿执行规章制度的情况，每个幼儿都进行自检，同时，每个幼儿都是另一个幼儿的复查人，对其进行复查。

2)教师之间的互检

教师之间的互检可以以多种方式进行,可以是配班教师与主班教师之间相互检查,也可以是不同班级的教师之间相互检查。

3. 小组长监督与检查

在幼儿园中,教师经常会从表现好的幼儿中选出几个具有模范带头作用的幼儿担任小组长,负责监督与检查组内其他幼儿遵守纪律、执行规章制度的情况。等到每个幼儿都基本熟悉小组长的工作任务后,小组长可以由组员轮流担任,这样可以增加他们的积极性。

4. 集体监督与检查

通过集体监督与检查,可以形成集体舆论,从而可以使全班幼儿共同为养成好的习惯而努力,优化教育环境。

5. 管理者监督与检查

管理者一定要充分发挥自检和互检的作用,同时发挥集体舆论的作用,只有这样,管理者才能只花少量的时间进行事务性检查,而将大部分时间用于观察与思考,用自己的智力帮助教师和幼儿把一件又一件事情做得更好。

6. 家长监督与检查

家长监督与检查是促进托幼园所班级管理科学化的一种重要手段。家长监督与检查的基本形式有家长开放日、家长委员会、日常巡视等。

四、班级管理的评估与总结

(一)评估

1. 定义

评估是指在全面、系统地获取班级管理工作的相关资料后,对其进行分析与处理,从而做出科学、正确的判断的过程。

评估的具体内容包括对教师工作的评估、对幼儿能力的评估、对家长工作的评估等。

2. 作用

评估具有以下作用。

(1)指向作用。通过评估教师在班级管理中的工作,可以肯定或否定某种做法,从而对教师以后的工作起到指向作用。

(2)考核作用。通过评估,可以考核班级管理工作与目标、要求的一致程度。

(3)反馈作用。通过评估,可以清楚地知道班级管理工作中所取得的成绩以及存在的不足,从而促进教师进一步思考、改进自己的工作。

(4)诊断作用。通过评估,可以发现班级管理过程中存在的主要问题,进而找到相应的对策。

(5)教育作用。要想达到预定的目标,班级教师必须同心协力,相互配合,团结协作。对班级管理工作进行评估的过程,也是对教师进行工作标准教育、质量教育和集体主义教育的过程。

(二)总结

1. 定义

总结是对班级管理计划的执行情况进行全面检查,总结经验和教训,并对以往的工作进行全面检查、分析和研究的过程。

总结的具体内容包括对教师工作的总结、对班级管理工作完成情况的总结、对班级管理质量的总结等。

2. 作用

总结具有以下作用。

(1)指导作用。通过对班级管理工作进行总结,可以对以后的班级管理实践起到指导作用,对于成功的经验可以继续运用,对于不足之处则力求改进。

(2)借鉴作用。在对班级管理工作进行总结和交流的过程中,对于一些好的想法、做法和经验,教师之间可以相互借鉴。

(3)理论与实践相结合。通过对班级管理工作进行总结,可以帮助教师对教育实践做出比较科学的分析,并将教育经验上升到一定的理论高度,形成新的教育理论。

第三节　不同年龄班的班级管理

一、小班的班级管理

(一)小班幼儿的发展特点

1. 生理发展特点

小班幼儿的生理发展具有以下特点。

(1)身高、体重迅速增长,精力非常充沛,大脑皮层细胞在形态上继续分化,在功能上逐渐成熟,神经系统的发展使幼儿可以连续活动5～6个小时。

(2)精细动作的准确性有明显的提高。

(3)在粗大动作方面表现出以下特点:能正常走,持物走;跑的整体水平比较差;单脚跳的能力普遍比较差;发展最欠缺的粗大动体是投掷,发展最好的粗大动作之一是攀登。

以上几个方面的发展使3～4岁的幼儿具备了参与幼儿园集体生活的可能性。

2. 心理发展特点

小班幼儿的心理发展具有以下特点。

(1)注意的发展:对于3岁幼儿来说,无意注意占明显优势,有意注意的水平较低。

(2)思维的发展:由直觉行动思维向具体形象思维发展是小班幼儿的主要特点。

(3)情感的发展:易变,易冲动,易“传染”。

(4)语言的发展:3～4岁是幼儿的语言表达能力飞速发展的时期。

(5)自我意识的发展:在2～3岁时,幼儿逐步有了自我意识,3～4岁是幼儿自我意识发展的高峰期。

(6)社会行为、技能的发展:通过与同伴交往,小班幼儿逐步掌握了一些简单的交往规则,在教师的指导下,会产生一些助人、分享、合作的行为,当然也会产生一些不良行为,如攻击性行为等。

小班幼儿对成人的依恋仍然强烈,在家依恋父母,到幼儿园后也总是以一个成人为依恋对象。

(二)小班幼儿的入园管理

1. 小班幼儿入园之初的不适应现象

小班幼儿入园之初,会出现以下不适应现象。

(1)情感上的不适应。主要表现为:入园时哭闹不止;情绪不稳定;依恋行为。

(2)生活上的不适应。主要表现为:作息上的不适应;饮食量下降;容易生病;基本生活不能自理。

(3)人际交往上的不适应。主要表现为:攻击性强;以自我为中心;沉默不语。

小班幼儿入园之初的不适应现象会造成以下不良后果:①不利于幼儿的健康发展;②幼儿会对幼儿园产生抗拒心理;③家长比较心疼。

2. 小班幼儿入园前教师的引导工作

为了缓解幼儿入园之初的不适应现象,教师在幼儿入园前需要做好以下引导工作。

(1)幼儿入园前教师要进行家访,向家长说明不能用"再不乖就送你上幼儿园""再不听话就把你关到幼儿园的黑屋里去"之类的话吓唬幼儿,以防幼儿对幼儿园产生紧张感和恐惧感。

(2)幼儿入园前召开家长会,让家长了解幼儿园,并对家长提出有关教育幼儿方面的具体要求。

(3)幼儿入园前,邀请家长带领幼儿入园参观、玩耍,观察幼儿园的环境及一日生活,使幼儿对幼儿园及教师产生向往之情。

(4)合理安排幼儿入园之初的活动,根据幼儿身心发展的特点组织有趣的活动来吸引幼儿,转移幼儿的注意力,让幼儿不再"想妈妈"。

(三)小班幼儿的常规管理

对幼儿进行常规管理,不仅是为了保证日常教育活动的正常开展,更是为了使幼儿逐步从他律走向自律,让他们自主、有序地进行各项活动。常规是幼儿在一日生活的各项活动中应该遵守的基本规则,是幼儿园各项活动顺利开展的前提和保证。建立班级常规的目的是让教室成为一个安全、快乐的园地。

1. 教育活动常规管理

1)教学活动常规管理

教师要采取恰当的教学方法,以游戏、探究等方式进行教学。

2)游戏活动常规管理

游戏是幼儿的第二生命。游戏中,教师承担的主要责任是:创设游戏环境,指导和促进游戏的开展;观察幼儿的行为类型、与环境和伙伴互动的情况、情绪体验、影响幼儿行为的因素;评估游戏和幼儿的行为。

3)亲子活动常规管理

教师设计亲子活动时应遵循独特性原则、适应性原则、主体性原则、科学性原则。

2. 日常生活常规管理

教师可以根据小班幼儿的生理、心理特点,从入园、盥洗、进餐、午睡、离园等几个环节明确小班幼儿日常生活常规管理的具体内容。教师可以通过有趣的故事情节引导幼儿学习常规,通过游戏帮助幼儿熟悉常规,通过儿歌等形式帮助幼儿梳理常规,通过奖励机制激励幼儿遵守常规。

二、中班的班级管理

【案例分析】

艳艳是某幼儿园中班中年龄最小的孩子,因此,她的生活自理能力比其他孩子稍微差一些。每次吃饭的时候，其他小朋友的桌面上基本都能保持清洁，但是艳艳的桌面上却老是洒满饭粒。保育员起初会耐心地教育艳艳，但是时间长了，保育员有些不耐烦了，为了避免艳艳往桌面上、地上洒饭，保育员干脆直接喂艳艳吃饭。主班老师看见后，认为应该培养幼儿的独立性和良好的生活习惯，于是让保育员不要给艳艳喂饭，但是保育员还是经常这样做。

思考

1. 从班级管理的角度分析，你认为这个保育员存在何种问题？
2. 教师应该怎样进行班级管理才能使其符合幼儿身心发展的规律？

(一)中班幼儿的发展特点

1. 生理发展特点

幼儿进入中班以后，生长速度明显减慢。中班幼儿一年身高约增长5厘米，体重约增加2千克。

中班幼儿的动作发展更加完善，体力明显增强。4～5岁幼儿精力充沛，他们的身体开始变得比较结实，体力较佳，可以步行一定的路程。

2. 心理发展特点

中班幼儿的心理发展具有以下特点。

(1)好奇、好问。好奇是幼儿的共同特点，但是中班幼儿的好奇与小班幼儿有所不同，小班幼儿的好奇较多地表现在对事物表面的兴趣上，看见什么都想去摸摸，他们经常向成人提问题，但问题大多是“这是什么”“那是什么”等，中班幼儿则不同，他们不仅会问“是什么”，还会问“为什么”。即使是一些特别淘气的中班幼儿，也会表现出他的求知欲。这个年龄段的孩子，很喜欢拆拆卸卸，例如玩玩具时，他们会把玩具拆开，看看玩具里面是什么。在这种情况下，教师要注意保护幼儿的求知欲，不应该因为嫌麻烦而拒绝回答幼儿的问题，对于类似拆卸玩具的行为，也不要简单地训斥了事，而应该加以正面引导，耐心地讲道理，向幼儿介绍一些简单的机械原理，满足幼儿的求知欲。

(2)抽象概括能力开始发展。中班幼儿的思维主要是具体、形象的，但抽象概括能力开始发展，他们开始掌握一些比较抽象的概念(例如左、右、上、下等)，能对熟悉的物体进行简单的分类(例如：白菜、豆角、西红柿、茄子是蔬菜；苹果、梨是水果)，也能初步理解事物的因果关系(例如：针是铁做的，所以针会沉到水底)。在教学过程中，教师可以经常向幼儿讲述一些简单的科学知识，引导他们发现事物间的各种内在联系，促进幼儿智力的发展。

(3)词汇量快速增长，但对词义的理解带有明显的形象性与动作性特点。

(4)健康的情感开始萌发。中班幼儿由于认知能力的提高和情绪体验的积累，已开始把自己或别人的行为与行为规则相联系，并能对自己或别人的行为做出肯定或否定的评价，健康的情感开始萌发，同时初步具备了情感能力。

(二)中班幼儿的常规管理

中班幼儿的常规管理与小班一样，也包括教育活动常规管理与日常生活常规管理两部分，但与小班的要求有所不同。

1. 教育活动常规管理

幼儿需要在教育活动中逐渐掌握教育活动常规，离开了教育活动，单纯记忆教育活动常规是毫无意义的。中班教师要通过各种教育活动，帮助幼儿掌握教育活动常规，并逐渐形成自觉的行为。教师对幼儿提出的要求要具体、明确，并且要坚决执行，以保证教育的一贯性和一致性。

2. 日常生活常规管理

在日常生活中，中班教师应注重培养幼儿良好的行为习惯，详述如下。

(1)培养幼儿良好的生活习惯和卫生习惯。

(2)培养幼儿的生活自理能力。

(3)培养幼儿礼貌待人的良好习惯。

(4)培养幼儿良好的劳动习惯。

三、大班的班级管理

(一)大班幼儿的发展特点

1. 生理发展特点

大班幼儿的生理发展具有以下特点。

(1)身体发展迅速，身体比较结实，活动量大。基本活动习惯已经初步形成，但是自我保护能力较差。大班幼儿中，男孩子的平均身高是 109.6 厘米，女孩子的平均身高是 108.7 厘米；男孩子的平均体重是 18.5 千克，女孩子的平均体重是 18.1 千克。有一部分幼儿已经长出了 1～4 颗恒牙。

(2)动作协调。随着年龄的增长，大班幼儿的动作开始表现出协调性和稳定性。大班幼儿会把几个运动要素统一为一个行动，并能做一些复杂的动作，如跳绳等。大班幼儿手指的灵活性也在增强，会灵活地使用筷子。

2. 心理发展特点

大班幼儿的心理发展具有以下特点。

(1)大班幼儿的情绪具有一定的情境性和不稳定性，他们的情绪会随着不同情境的出现而出现。例如：想玩小伙伴的玩具遭到拒绝时，他们会用武力来解决问题；看到灰姑娘被后妈欺负时，他们会得难过。大班幼儿的情绪还具有一定的外显性，是强烈的，不加掩饰的。大班幼儿了解自己的情绪，会使用一定的策略来掩饰自己的情绪。例如，做错事情后，为了逃避惩罚，掩饰罪恶感，他们会学着撒谎。

(2)大班幼儿喜欢与人交往，在交往过程中，他们开始有了合作意识，可以与几个小朋友一起开展合作性游戏。

(3)好问、好学。幼儿都很好奇，不满足于了解表面现象，喜欢追根究底。5 岁幼儿的活跃不仅表现在身体的活动上，而且表现在思维上，他们有强烈的求知欲。5～6 岁的幼儿喜欢学习，他们喜欢上课，学到一些新的知识或技巧后，他们会感到很满足。在课堂上，大班幼儿喜欢一些动脑筋的活动，在课外，不少大班幼儿都喜欢下棋、猜谜等。

(4)语言表达能力增强。5～6 岁是幼儿语言表达能力明显增强的时期。5～6 岁的幼儿不但能系统地叙述生活中的见闻，而且能生动地描述事物。在与成人和同伴交谈时，大班幼儿以自我为中心的表达逐渐减少，他们能根据别人的言语调整谈话内容。大班幼儿看图讲述的能力也明显提高，他们在讲述时可以根据图片内容想象角色的心理活动。但是这一阶段的幼儿在概括能力、语言表达的逻辑性等方面还存在个体差异。

(5)规则意识逐步形成。大班幼儿开始学着控制自己的行为，遵守集体的一些规则，例如，游戏结束后，他们会把玩具整理好后放回原处。大班幼儿特别喜欢玩一些有规则的游戏，如体育游戏、棋类游戏等。对于在游戏中违背规则的行为，他们常常会“群起而攻之”。

(6)个性开始形成。大班幼儿已经初步形成了比较稳定的心理特征，能够控制自己的行为，但是容易冲动，有时不能与同伴友好相处。大班幼儿的自我意识有了进一步的发展，但是大班幼儿对自己的评价能力还很差，成人对他们的评价往往会对他们的个性发展产生重大影响。

（二）大班幼儿的常规管理

1. 教育活动常规管理

1）教学活动常规管理

教师在大班幼儿的教学活动常规管理中应注意以下几点。

（1）设置课程目标时，应做到以幼儿的发展为本，服从于学前教育的总目标。

（2）在课程内容方面，应选择对幼儿发展有利，适合幼儿学习的有意义的主题内容，充分地让幼儿主动构建。

（3）在教学方法和策略方面，要进行多种教学活动的整合，注重幼儿的学习过程，注重幼儿的互动与合作。

（4）在课程评价方面，要注意与幼儿交流的语气、语调、表情、身体动作等，平等地对待幼儿，和他们建立伙伴关系，多进行纵向比较，慎用横向比较。

2）游戏活动常规管理

幼儿在玩游戏时，教师管理班级的行为方式有倾听、交流、观察等。倾听是尊重幼儿的表现。交流既可以是情感上的，也可以是语言上的，交流还可以通过表情和动作来实现。除此之外，教师还应注意观察幼儿的行为和情绪，及时进行指导和调整，保证游戏的顺利开展。

3）亲子活动常规管理

在举行亲子活动时，教师要注意让家长从旁观者转变为幼儿的合作者。

2. 日常生活常规管理

在大班幼儿的日常生活中，教师应注意培养他们以下几个方面的能力。

（1）培养幼儿的规则意识和生活自理能力，让幼儿养成自己的事情自己做、管理好自己的物品的习惯。

（2）培养幼儿的任务意识和交往能力，让幼儿学会与他人友好、和睦地相处。

（3）培养幼儿的专注力和抽象思维能力。

（4）培养幼儿学习的主动性和解决问题的能力。

【案例分析】

晨晨是班上个子最高、胆子最大、精力最充沛的孩子。每次课堂提问，他总是不举手就大声嚷嚷；区域活动时，他总是带着一群男孩子模仿奥特曼的动作，东打西杀，玩得让人心惊肉跳；平时总有幼儿来告状，说他打人。于是，教师把晨晨列为重点观察对象，决定采取一些计策来改变他。教师利用他语言表达能力强的特点，将好插嘴转化为在课堂上积极发言；利用他号召力强的特点，将打人转化为约束自己争做小老师。这样一来，晨晨就没时间淘气捣蛋了。半年下来，他变成了班上的小骨干。

思考

这个案例中的教师采用的是什么样的管理方法？

四、混龄班的班级管理

（一）混龄班的特点

混龄班是将3～6岁的幼儿集合在一个班级中一起学习、生活、游戏的一种教育组织形式。在混龄班中，每个幼儿都可以与不同年龄段的其他幼儿交往。

(二)混龄班的优势与不足

1. 优势

混龄班具有以下优势。

(1)差异互补。在混龄班中，幼儿可以模仿年龄比自己大、能力比自己强的同伴，而年龄大一些的幼儿可以通过帮助年龄小一些的幼儿，获得快乐的体验。

(2)培养人格。幼儿通过与不同年龄段的小朋友交往，可以学习与人交往的正确态度与技能，培养良好的社会行为方式，形成积极、健康的个性。

(3)促进语言表达能力的发展。培养幼儿对语言的理解能力和表达能力是非常重要的。在混龄班中，每个幼儿都是这个大家庭的一员，在自由、轻松的氛围中，这些幼儿在语言上更明显地表现出想说、愿说、敢说的特点。在混龄班中，年龄较大的、语言表达能力较强的、词汇量较多的幼儿可以影响年龄较小的幼儿，促进其语言表达能力的发展。

(4)促进思维能力的发展。混龄班中的幼儿，由于年龄的差异性，在各种教育活动中，年龄较小、能力较差的幼儿总是能通过观察、模仿年龄较大、能力较强的幼儿，构建自己的知识结构，这对其思维能力的发展是有重要意义的。

(5)规避竞争伤害。心理学家认为，在同龄班中，在统一的教学模式下，能力较差的孩子容易产生自卑感，而能力较强的孩子则容易变得骄傲、自大。但是在混龄班中，这两类孩子的需求都可以得到满足，能力较差的孩子可以和年龄较小的孩子一起玩耍，从中得到乐趣，而能力较强的孩子则可以从年龄较大的孩子那里学习到更多的东西。

【案例分析】

文文今天第一天来幼儿园，不停地哭闹。为了分散他的注意力，尽快稳定他的情绪，老师立即召集全班小朋友，向大家介绍这位小弟弟，并带领小朋友们热情地说："欢迎文文弟弟来到我们彩虹三班。"教室里响起一阵热烈的掌声。此时，文文惊讶地睁大了眼睛，完全忘记了哭闹。老师接着说："请小朋友表演早操给文文弟弟看，让文文弟弟看看我们有多棒！"小朋友们马上精神抖擞地做起了早操。文文被这种充满爱的温馨氛围吸引了，不知不觉地停止了哭闹。早操做完后，小朋友们都聚集在老师和文文的周围。老师亲切地说："文文弟弟今天刚来幼儿园，我们都要多多帮助他哟！"依依马上跑过来，拉着文文的手去了盥洗室，耐心地指导他上厕所、洗手、挂毛巾。过了一会儿，依依跑出来着急地对强强说："文文弟弟不肯挂毛巾，你快来帮忙吧！"强强一听，马上放下手头的值日生工作说："好！"很快，文文就在强强的帮助下挂好了毛巾。接下来的活动，文文处处都得到了哥哥、姐姐的关照：吃早餐时，有人为他送来勺子；餐后活动时，有人陪他玩玩具；喝水时，有人领着他去拿杯子……就这样，小朋友们把新来的弟弟照顾得妥妥当当的。

分析与思考

在混龄班老师积极营造的温馨的氛围中，小朋友们形成了自觉关爱他人、帮助他人的良好品质。面对新来的小弟弟，每个小朋友都主动地行动起来，细心、周到地关心、帮助小弟弟。哥哥、姐姐热情、细心的照顾，让文文感受到了安全与爱，很快消除了焦虑感。正是混龄班这种特有的"大带小，小学大"的氛围，让小朋友们在感受别人给予的关心和爱护时，自然而然地学会了关爱他人。

2. 不足

混龄班具有以下不足。

(1)对教师的要求比较高。教师首先要掌握每个幼儿的发展水平,并对幼儿准确、恰当地进行分组,然后根据幼儿的特点采取不同的教育方式。这对教师的要求比较高,使得一般水平的教师难以胜任。

(2)学习进度不好安排。有的教育活动在同龄班中只需要一个单位时间即可完成,而在混龄班中却需要几个单位时间才能完成。如果组织得不好,会使得部分幼儿无所事事。

(3)教师常常对年龄较小的幼儿比较重视,而对年龄较大的幼儿则要求较低,这在一定程度上会影响年龄较大幼儿的发展。

(三)混龄班幼儿的常规管理

1. 日常生活常规管理

在混龄班幼儿的日常生活中,教师应注意以下几点。

(1)根据不同年龄段幼儿的特点,分别进行指导。

(2)发挥"混合"优势,让幼儿教育幼儿。

(3)持之以恒,培养幼儿良好的生活习惯。

(4)合理安排幼儿的一日生活。

(5)组织生活活动时,活动应尽量适合不同年龄段的幼儿,分组活动,个别教育,合理搭配幼儿,呈现大帮小、大教小的和谐局面。

2. 教育活动常规管理

1)教学活动常规管理

在开展教学活动时,混龄班教师应注意以下几点。

(1)根据幼儿的年龄特点进行分组教学,以大带小,以小促大。

(2)充分考虑幼儿的年龄特点,科学地安排教学活动。

(3)精心安排教学内容:①巧妙地设计混龄集体教学,设计的问题和提供的材料要体现层次性;②灵活组织同龄小组活动和混龄小组活动;③创设不同的情境,提供不同的学习材料,供幼儿自主选择。

2)游戏活动常规管理

教师在组织游戏活动时,要注意以下几点。

(1)确定游戏目标。

(2)安排好游戏过程。

(3)多元组织,灵活管理,使异龄幼儿间形成自然的教育生态环境,通过互动和影响,让每个幼儿找准自己的定位和发展空间。

第四节　托幼园所班级环境创设

一、托幼园所班级环境创设的含义、功能和内容

(一)托幼园所班级环境创设的含义

托幼园所班级环境创设是指以促进幼儿主动发展为目标,在幼儿、教师、家长的共同参与下,对幼儿在班级的活动环境进行改造、美化和积极利用,使之更加适合幼儿成长。

托幼园所的班级环境不仅包括有形的幼儿可直接参与的物质环境,如活动材料、设施等,也包括无形

的具有可亲近性的精神环境,如教师和幼儿之间的关系、活动氛围等。托幼园所应为幼儿提供健康、丰富的物质环境和精神环境,满足他们多方面发展的需要,使他们在快乐的童年生活中获得有益于身心发展的经验。良好的班级环境,对于幼儿的健康成长与发展是十分必要的。

(二)托幼园所班级环境创设的功能

托幼园所环境创设有利于幼儿身心的健康发展,对幼儿的社会性发展也起着重要作用。班级环境是课程设计与实施的重要因素。

1. 教育功能

托幼园所班级环境对幼儿的教育功能是得到幼教行业的普遍认同的。

2. 提醒功能

环境是可以"说话"的,经过精心设计的环境可以诱发幼儿的积极行为,让幼儿凭借自身的思考、判断、协商与环境互动,从而使幼儿不断获得经验。墙面环境像一位无声的老师,时时刻刻提醒幼儿应该怎么做。

(三)托幼园所班级物质环境创设的内容

1. 在活动室内设置各种活动角落

活动室内设置的各种活动角落可以为幼儿提供活动的机会和空间。大多数托幼园所会在活动室内设置美术角和图书角。

美术角是供幼儿进行美术活动的场所。

图书角是供幼儿阅览图书的场所。图书角有多种形式,条件好的托幼园所可以定做专用的图书柜、图书架等,场地有限的可以将图书角设置在窗台上,效果比较好的是布袋式图书角。布袋式图书角具有制作简便、不占用空间、价格低廉、幼儿取送图书方便、美观大方等特点。

2. 设置家园联系专栏和小红花园地

家园联系专栏和小红花园地是托幼园所必不可少的专栏。

家园联系专栏用于教师与家长之间的沟通和联系。该专栏可以使家长了解、掌握托幼园所的教学情况,以及幼儿在园内的学习情况,便于家长配合教师做好教育工作。教师还可以通过家园联系专栏向家长介绍一些教育幼儿的方法。家长也可以把自己的意见、见解和要求,通过家园联系专栏传递给教师。

设置小红花园地是为了表扬和鼓励表现优异的幼儿,激发幼儿积极向上的愿望。小红花的类型可以根据幼儿的特点和情况确定,如午睡小红花、进餐小红花、学习小红花、守纪律小红花、讲卫生小红花等。通过设置小红花园地,可以使幼儿在德、智、体等方面得到发展。

3. 充分利用瓷砖墙壁

把幼儿的作品布置在活动室的瓷砖墙壁上,可以使幼儿对自己的生活环境增添一种亲切感,对所在的班级产生一种家的感觉。教师可以根据教育主题与季节的变化,随时更换幼儿的作品,潜移默化地向幼儿传授知识。

4. 用纸贴画、布贴画装饰托幼园所

用各种纸贴画装饰托幼园所,是一种很好的创设物质环境的方法。这里所说的纸包括旧挂历纸、手工纸、不干胶纸等。用这些纸粘贴出的作品,色彩鲜艳,画面生动,具有一定的艺术效果。

用布贴画装饰托幼园所,可以为幼儿创造一个新颖、别致的生活和学习空间。

幼儿天真、活泼,他们早期性格与习惯的形成,是与环境有着密切联系的。幼儿行为的可塑性,决定了环境作用的广泛性;幼儿身心发展的特殊性,决定了为幼儿创设良好教育环境的重要性。

(四)托幼园所班级精神环境创设的含义和内容

1. 托幼园所班级精神环境创设的含义

精神环境是指对人的心理有着实际影响的社会生活环境。托幼园所作为群体式的保育和教育机构，其精神环境包括幼儿生活和学习的全部空间，特别是幼儿生活和学习的氛围，会潜移默化地影响幼儿的身心发展。

2. 托幼园所班级精神环境创设的内容

1)建立师生互动式环境

为了建立师生互动式环境，教师应做到以下几点。

(1)热爱幼儿，尊重并了解幼儿。每个幼儿都是一个独立的个体。教师要以宽广的胸怀去爱护全体幼儿，而不是只爱几个幼儿，这是一个十分重要的教育思想。有人曾说，漂亮的孩子人人都喜欢，而对难看的孩子的爱才是真正的爱。这里所说的"漂亮"与"难看"，不仅是长相上的美与丑，也包括品德上的优与劣。在托幼园所里，确实有一些比较"难看"的幼儿，他们淘气、不听话、破坏纪律、成绩不好，对于这些幼儿，教师应该格外关心和帮助。

(2)创造良好的学习氛围，调动幼儿学习的积极性。教师要想调动幼儿学习的积极性，就要真正创造良好的学习氛围，良好的学习氛围能提高幼儿的学习兴趣，使幼儿得到一种愉快、成功的学习体验，并保持一种积极的学习心态。

2)建立同伴互动式环境

为了建立同伴互动式环境，教师应做到以下几点。

(1)建立良好的幼儿群体。群体是我们参与社会生活的基础，我们每一个人都生活在一定的群体当中，幼儿也不例外。幼儿作为特定的社会成员，是托幼园所班集体这个群体中的一员。教师初建班集体时，应坚持正面教育和集体教育的原则，使幼儿个体的才能在集体中得到充分体现，逐渐使幼儿变得自信。教师应注意引导、鼓励幼儿参加各种活动，并随时肯定、表扬他们的良好表现，这将会激励他们的主动性。

(2)培养幼儿良好的人际交往能力。教师和幼儿都有交往的需要，通过交往，他们可以使自己的心理愿望和精神需要得到满足。教师应掌握和认识幼儿在与人交往的过程中的各种方式和活动规律，以便针对幼儿的差异，采用适宜的方法培养他们的人际交往能力。教师要充分利用集体的力量纠正幼儿在与人交往的过程中的不良倾向，培养幼儿良好的人际交往能力。

二、托幼园所班级环境创设中存在的问题

【案例分析】

案例1：元旦快到了，某幼儿园正在布置幼儿园环境。一百多名幼儿在家长的帮助下，做了一百多个大大小小的灯笼，三位老师站在梯子上，冒着摔下来的危险，花了大半天时间，在大厅及走廊挂上了这些五颜六色的灯笼，原本空荡荡的大厅及走廊变得五彩缤纷，路过的老师、行人都驻足观望，都觉得漂亮极了。一队幼儿排队经过大厅，也被灯笼的色彩和形状吸引，他们叽叽喳喳，议论纷纷。这时，队伍变得有点不整齐，带队老师很生气，她不仅没有引导幼儿观察环境的变化，反而狠狠地批评了幼儿，还惩罚幼儿课后不能去看灯笼。

案例2：一所幼儿园的区域活动很有特色，每个班上都有7～8个区域供幼儿分组活动，内容非常丰

富。但仔细观察可以看到,语言区里的图书排列得整整齐齐,已积了一层灰;智力活动区里的几张包装得很好的拼图无人问津。原因是这些图书和拼图太难,班上的幼儿根本不感兴趣。

案例 3:

问:你们活动室的这些墙饰是你布置的吗?

答:是我和另外一位教师共同布置的。

问:你们在布置墙饰的时候首先考虑的是什么?其次考虑的是什么?

答:我们首先考虑的是是不是符合幼儿的年龄特点,其次考虑的是有没有艺术性。说实话,我们也没有那么多的时间去考虑这考虑那的,我觉得我们能考虑到这两个方面应该差不多了吧!

问:那么,你们在设置区角的时候也是这样考虑的吗?

答:差不多,只是设置区角的时候还要考虑玩具种类和场地大小等问题。

案例 4:传统的幼儿园教室大多是一个封闭的空间,所有的玩具和材料都摆放在教室的四周,中间留下一个较大的空间摆放幼儿的课桌椅,这个空间是对幼儿进行集体教育的场所。有的幼儿园为了保证幼儿的安全,避免出现意外事故,会尽量减少幼儿的户外活动时间。

案例 5:有些幼儿园设置了许多专用教室,但平时很少使用,只有当上级来幼儿园检查时,才会使用这些专用教室。有些示范性幼儿园在验收结束后,原有的饲养角和种植园地也会关闭不再使用。

思考

这些幼儿园的环境创设存在什么问题?如何改进?

1. 老师创设多,儿童参与少

在托幼园所中幼儿是活动的主体,但很多教师为了省时、省力,在创设班级环境时不和幼儿交流,直接按照自己的想法进行创设,忽视了幼儿的感受。这样就失去了创设班级环境的真正意义。在创设班级环境时只有充分尊重幼儿的意愿,才能使班级环境创设的价值真正体现在教育教学中。

2. 美化功能多,实用价值少

有些教师在创设班级环境时会一味地追求美感而忽略了它的真正价值。美化功能在一定程度上能促进幼儿的发展,但班级环境创设的重点是它的实用价值,即要通过班级环境创设来促进幼儿身心健康发展,培养幼儿的创新能力。

3. 重视物质环境的创设,忽视精神环境的创设

环境创设包括物质环境的创设和精神环境的创设。托幼园所的设施、设备、活动材料等都是物质环境。由于物质环境具有直观性、生动性、形象性,所以物质环境很容易被幼儿接受和掌握。因此,很多教师会重视物质环境的创设,忽视精神环境的创设。

精神环境主要指环境中的人际关系。托幼园所的精神环境主要包括幼儿与教师、教师与教师、幼儿与幼儿之间的关系。良好的精神环境是幼儿身心健康发展的保障,所以教师在重视物质环境创设的同时,也要重视精神环境的创设。

三、对托幼园所班级环境创设的建议

1. 根据幼儿喜爱美的事物的特点,创设优美、亲切的环境

美的事物对于幼儿是非常具有吸引力的,所以在托幼园所的班级环境创设中,教师应尽量为幼儿提供优美、亲切的环境。教师还可以充分利用室外环境,和幼儿一起进行简单的室外环境创设。

2. 注重幼儿的参与

在托幼园所班级环境的创设过程中,教师应根据不同的主题让幼儿参与内容的选择和设计,征求幼儿的意见，并在了解幼儿意见的基础上进行适当的引导，使幼儿了解教师设计该内容的目的，让幼儿与教师的意见得到统一，最后确定环境布置的内容。另外，在布置环境的过程中，教师要和幼儿一起动手来布置，教师可以先将制作方法教给幼儿，也可以将自己的作品和幼儿的作品进行组合，达到最佳的艺术效果。

让幼儿参与班级环境创设，不仅可以使幼儿全身心地投入创设活动，体验成功的喜悦，而且会使幼儿对班级环境更加珍惜与爱护。

3. 为幼儿创设一个良好的精神环境

托幼园所所提倡的"我和孩子一样高"，不仅指教师在与幼儿交流时要蹲下来，使自己与幼儿"一样高"，也指在教师的内心世界里，教师与幼儿之间应该是朋友关系，而不是"教者"与"被教者"的关系，教师要倾听幼儿的心声，为幼儿营造一个充实、快乐、平等的精神环境。

4. 班级环境创设要服从教育目标

在班级环境创设过程中，要让班级环境为教育目标服务。例如，创设班级自然角时，如果教师只是单纯地摆放几盆花草，它就只能起到美化环境的作用，不能达到教育幼儿的目的。教师可以和幼儿一起进行"种子的生长"科学实验，让幼儿在花盆中种下不同的种子，并成立专门的照料小组，让幼儿每天仔细观察、记录不同种子的生长发育情况。有了一定的经验后，教师还可以让幼儿根据自己的观察情况，用不同的材料制作种子在不同生长阶段的模型，然后把这些模型摆放在美工区，供其他幼儿观赏、学习。通过这一系列活动，幼儿不仅了解了种子的生长发育过程，也掌握了观察、记录的方法，还学会了用直观的手段表现种子的生长发育过程，最可贵的是幼儿的学习兴趣被大大激发。

总之，在托幼园所班级环境创设过程中，教师要不断地思考，了解和分析幼儿的想法，尊重幼儿，真正做到让班级环境影响幼儿、教育幼儿，使得每个幼儿都能在适合的班级环境中成长。

【本章小结】

托幼园所班级管理是指托幼园所班级中的保教人员通过计划、组织、实施、调整等环节协调班集体内外的人、财、物、时间、空间等，以达到高效率地实现保育和教育目标的目的。托幼园所班级管理一般由生活管理、教育管理、家园交流管理、班级间交流管理等组成。托幼园所应为幼儿提供健康、丰富的物质环境和精神环境，满足他们多方面发展的需要，使他们在快乐的童年生活中获得有益于身心发展的经验。

【思考与练习】

1. 观察 2～3 名刚入园的幼儿，记录他们的表现，分析如何进行小班幼儿的入园管理。

2. 某托幼园所开学第一天早上，有些幼儿哭嚷着不愿意入园，假如你是老师，你会怎样处理这种情况？

3. 观察小班、中班、大班各一名有不良习惯的幼儿，记录、分析他们的行为，并分析应该如何使这些幼儿改掉不良习惯。

4. 混龄班的优势和不足分别是什么？如何对混龄班进行管理？

第九章

托幼园所人力资源管理

【学习目标】

1. 了解托幼园所人力资源管理的意义。
2. 明确托幼园所人力资源管理的原则。
3. 了解园长的几种领导方式。
4. 初步掌握园长的领导艺术。

【案例分析】

××是一所幼儿园的园长，原来做业务副园长时很受教师们的欢迎，教师们觉得她业务能力强，对同事也很热心。但是，当她当上园长后，情况就完全不同了，经常有教师反映，说她没有管理能力，管理思路不清，把幼儿园管理得一团糟，而且还偏爱个别教师，总是把机会给那么几个人。有些教师气不过，就到园长办公室找她理论，甚至有教师集体写匿名信寄给教育局。××很气愤。一天，她联合助手在园长办公室找一些教师谈话，批评了她们的行为。私底下，××则想方设法地为难某些教师，特别是在提拔、考核、评优等方面设置障碍。

思考

1. 这位园长的做法有何不妥？
2. 为了解决以上问题，这位园长应该提高哪些方面的素质？

第一节　托幼园所人力资源管理概述

人才是世界上最宝贵、最有决定意义的资源。要想创办有竞争力的高质量的托幼园所，不仅需要幼儿教育人才，而且需要对人力资源进行科学、有效的管理。怎样才能实现托幼园所人力资源管理目标，降低办园成本，提高托幼园所的经济效益和社会效益，是值得托幼园所管理者思考的问题。

一、托幼园所人力资源管理的含义

人力资源管理是一门新兴的学科，起源于20世纪70年代末。人力资源是指在一定范围内作为生产要素投入到社会经济活动中的全部劳动人口的总和。人力资源管理是指在社会经济活动中对劳动者和管理者的有效利用，具体来说，是指对组织内的人力资源进行统计、规划、成本收益核算、培训、利用等一系列的组织和决策活动。

“人力资源”这一概念早在1954年就由现代管理学之父德鲁克在其著作《管理的实践》中提出。20

世纪 80 年代以来，人力资源管理理论不断成熟，并在实践中得到进一步发展。进入 20 世纪 90 年代，人力资源管理理论不断发展，也不断成熟。现在，人们更多的是探讨人力资源管理如何为企业的战略服务。战略人力资源管理理论的提出和发展，标志着现代人力资源管理的新阶段。

结合人力资源管理的含义和托幼园所管理的实际情况，托幼园所人力资源管理是指运用科学的方法，合理地配置托幼园所各岗位的职工，并引导、管理他们的思想和行为，充分调动他们的积极性和创造性，从而提高托幼园所的办园水平和经济效益。

二、托幼园所人力资源管理的意义

(一)有助于高效率地实现托幼园所的管理目标

只有在全体员工的协调配合和共同努力下，才能逐步实现托幼园所各个时期的管理目标。合理地配置托幼园所各岗位的职工，有助于提高全员的工作效率，用最少的人力办最多的事，从而可以促进托幼园所的健康发展和最终管理目标的实现。

(二)有利于促进教师自我价值的实现

现代管理思想强调人是管理的核心，离开了人的作用，管理目标就不能实现。托幼园所各项工作质量的高低，都取决于教职工队伍的素质。托幼园所管理者不可能样样都精通，但一定要具备知人善任的能力和气度。园长要用发展的眼光看待人才，不拘一格地使用人才，秉公用人，把握时机，委以重任。园长要合理配置岗位与安排工作，使教师的个人目标与托幼园所的整体目标保持一致，这样既可以促进教师自我价值的实现，又可以为托幼园所的发展提供保障。

(三)有助于实现幼儿教育事业的全面健康发展

保教结合是托幼园所服务的宗旨，在保教工作第一线的教师是托幼园所保教工作的直接执行者，对于托幼园所保教质量的提高起着至关重要的作用。采取适当的人力资源管理措施，可以帮助教师树立自信心，形成良好的职业道德规范，促进她们各方面能力的提高，从而有助于实现幼儿教育事业的全面健康发展。

三、托幼园所人力资源管理的目标

为了充分发挥托幼园所人力资源的作用，建设一支高素质的教职工队伍，培养可持续发展的现代化幼儿教师，实现幼儿教育事业的全面健康发展，托幼园所管理者应以以下几点作为人力资源管理的目标。

(1)托幼园所教职工队伍的比例是恰当、合理的。

(2)托幼园所各类工作人员都能爱岗敬业，具有良好的职业道德。

(3)托幼园所各类工作人员都具有优良的专业知识基础和业务能力，能持续发展自身各方面的能力，并且能胜任本职工作。

(4)托幼园所各类工作人员都有持久的工作热情，并且能不断地开拓创新，积极钻研工作，努力提高工作质量。

(5)托幼园所各类工作人员都对自己在托幼园所中的角色、地位感觉比较满意，能实现其个人在社会中的价值。

四、托幼园所人力资源管理的原则

托幼园所人力资源管理是一项系统工程，它涉及托幼园所的环境、人际关系、设施等诸多方面，因此要顺利地实现人力资源管理目标，就需要遵循科学的原则来实施人力资源管理。实践证明，以下几项原则是顺利实现人力资源管理目标的重要保障。

（一）前瞻性原则

人力资源管理是由人事管理发展而来的，是适应社会主义市场经济发展的新的人事管理模式。人力资源管理与社会主义市场经济的改革与发展息息相关，因此，人力资源管理者必须关注社会形势的发展，跟上时代发展的步伐，及时更新观念。人力资源管理者应以前瞻性的目光，把人力资源管理看成一门学问，认真地学习、研究并通过管理实践来充实、丰富它。

（二）系统性原则

一个单位是一个系统，人力资源管理者要有系统观念，在管理过程中要做到以下几点：①对人力资源管理要有全面的规划与设想，如设置岗位、制定规章制度等；②明确人力资源管理在单位整体中的地位和作用，不顾此失彼；③不要片面地看重某些部门或某些岗位，也不要过分地强调某一个人或某一些人的作用，而要站在全局的高度，统观各部门、各岗位在这个整体中的地位和作用，充分发挥各部门和各岗位的力量；④懂得“牵一发而动全身”，一个岗位的设置或撤销，一个人员的调动或调整，都要考虑到全局的得失；⑤要明确单位是一个系统，系统外还有行业系统，行业系统外还有更大的社会系统，要有系统观念，使自己的小系统适应大系统，并领先于同类的小系统。

（三）民主化原则

民主化原则是做好一切工作的重要原则。古人云：“智者千虑，必有一失；愚者千虑，必有一得。”再能干、再聪明的人做事也不可能万无一失，只有集思广益，才能避免顾此失彼。因此，管理者必须具有民主意识，只有具有了民主意识，才会具有海纳百川的胸怀，才会善于倾听大家的意见，尊重人与人之间的差异，把每个人都安排在最合适的工作岗位上，使他们的才能得到充分发挥。此外，幼儿教师都有一定的文化素养，比较重视精神层面的需求，他们都有一定的议事能力和强烈的参与管理的意识，所以管理者发扬民主精神有助于他们主人翁意识的激发和增强，从而在托幼园所内产生团结奋斗的力量，形成和谐、奋进的局面。

（四）激励性原则

激励性原则是当前人力资源管理中最人性化的管理原则。人力资源管理工作的对象是人，每个人都想上进，都希望得到赏识，受到奖励，所以人力资源管理工作必须注重激励性，管理者必须具备强烈的激励意识，只有这样，管理者才能用好人，管好人。激励性原则要求管理者在人力资源管理工作中要坚持关注每个人积极的一面，坚持采用以激发人的积极性为主的工作方法。具体来说，管理者在用人时要先关注人的长处和潜能，尽量把他们安排到最能发挥其特长的岗位上；在制定规章制度时，要考虑到相关人员的适应性，要让他们觉得工作有奔头；在日常工作中要经常注意观察大家的工作热情程度，要及时激励他们克服职业倦怠，及时创造条件，让他们不断地“充电”，使他们永远保持进步的势头；在赞扬或批评时，始终要做到恰到好处，赞扬时不让人高兴得忘乎所以，批评时也不让人感到灰心丧气；在奖励上坚持精神奖励第一，物质奖励第二，因为激励偏重于精神层面，当然，过分忽视物质奖励的做法也是不可取的。

托幼园所管理者只有遵循以上原则，认真实施人力资源管理，托幼园所的管理工作才能日趋规范，才能保证托幼园所各项工作的顺利开展以及办园水平的持续提高。

第二节　托幼园所保教队伍建设

任何工作都是由人来完成的,人是管理的核心。现代管理十分重视人在管理中的作用,以人为本的管理是现代管理思想的集中体现。托幼园所各项工作的开展和管理目标的实现需要全体员工共同努力,特别是在保教工作第一线的教师,他们是托幼园所各项工作的主体,是促进幼儿全面发展的教育的实施者,他们对保教质量的提高起着关键作用。因此,托幼园所管理要以教职工为核心,以调动教职工的积极性为根本原则,建设一支高素质的保教队伍。

一、托幼园所管理的核心是调动教职工的积极性

(一)托幼园所管理两大任务的一致性

目标是管理的核心要素。组织目标包括两个层面:一是组织的正式目标;二是组织成员的个人目标。组织的正式目标是系统化了的多数人的目标,是组织成员的共同目标;组织成员的个人目标一般与谋生、个人发展、自我价值的实现等方面有关,是与个人需要紧密相连的。组织的正式目标与组织成员的个人目标是相互联系的,不能把它们对立起来。组织正式目标的实现为其成员提供了谋生、发展的可能,而组织成员个人目标的实现也有助于组织的发展。若将两者对立起来,必然会影响组织成员积极性的调动,既不利于组织成员个人目标的实现,也不利于组织正式目标的实现。组织的正式目标与组织成员的个人目标应该是一致的,它要求管理者将搞好工作与满足组织成员的个人需要结合起来,既要关心工作,又要关心人,不能顾此失彼。

托幼园所是实施幼儿教育的组织机构,在管理过程中承担着两项任务:一是实现托幼园所的工作目标,即实现教育目的,促进幼儿全面发展;二是充分调动教职工的积极性,为其发展及自我价值的实现创造条件,尽可能使教职工取得较高的社会成就。这两大任务从根本上来说应该是一致的、相辅相成的。

(二)使人产生积极性的三种动机

人的积极性是处于能动状态下的心理活动针对一定目标的外在表现。人的积极性是人对客观世界的认识及其在行为上的表现。人的积极性使人的全部心理活动处于能动状态,只要具备适当的条件,这种能动状态就会转化为行动。

心理学研究表明,人的积极性源于人的需要,需要是人活动的基本动力。需要是维持个体和社会生存的必要事物在人脑中的反映。人的需要具有以下特征:①它具有对象性,即人的任何需要都是指向一定的对象的;②它与个体的生存和发展息息相关,是个体生存和发展的必要条件;③人的需要既有共性,也有差异性,最基本的生理需要、精神需要和社会活动需要是人类不可缺少的,这是所有人共同的需要,每个人又有不同于他人的需要,这就是需要的差异性;④人的需要具有社会历史制约性,即人的需要是随着历史的发展而发展的。个人需要的产生,与个体当时的生理状态、认知水平、社会情境等因素有关。人的需要是多种多样的,概括来讲,人的积极性源于以下三种需要或动机。

(1)个人动机,即因为追求个人所需的物质利益和精神生活而产生积极性。

(2)团体动机,即因为受人际关系影响而产生积极性。人具有社会属性,生活在组织或团体中的个人往往会有被尊重和被认可的需要。

(3)社会动机，即因为对个人应尽的社会责任和义务有着深刻的理解而形成一定的理想、信念。“天下兴亡，匹夫有责”“振兴中华，从我做起”等都反映了崇高的社会性需要在推动人类活动中所起的重要作用，由这种社会性需要而产生的动机具有强烈而持久的作用。

在现实生活中，人的工作、活动的积极性往往是由多种需要引起的，这些需要一般是同时存在、相互交叉的。不同的需要因人、因事、因时等因素的不同所起的作用大小有差异。一般而言，三种动机很难分开，常常同时存在，只是某一种动机会表现得更突出、更强烈。

(三)如何调动教职工的积极性

为了调动教职工的积极性，托幼园所管理者要做好以下几个方面的工作。

1. 将使人产生积极性的三种动机有机地结合起来

托幼园所管理者要充分了解教职工的需求，并分析其原因，在可能的条件下，应尽可能满足教职工的合理需求，以调动教职工的积极性。

首先要坚持物质利益原则。给劳动者以物质利益，是由社会主义基本经济规律决定的，也是满足人类生存需要的保障。目前，我国托幼园所教职工的经济收入普遍较低，托幼园所管理者要理解和体谅其苦衷，尽可能提高教职工的福利待遇，帮助他们解决生活上的困难。安居方能乐业，只有生活问题得到妥善解决，教职工才能全身心地投入到工作中。

其次要重视教职工的精神需要。人除了具有生物属性外，还具有社会属性，他们会有被尊重、被认可的需要。托幼园所管理者要尊重教职工，不能伤害他们的自尊心，虽然工作分工不同，但人格是平等的。因此，管理者要知人善任，能够根据每个教职工的不同特点来分配工作，同时要提供必要的物质条件，使每个教职工都能取得最佳的工作业绩。

其次要注意激发教职工的团体动机。托幼园所管理者应注重建设具有较强凝聚力的集体，加强组织文化建设，增强教职工的归属感、认同感，从而发挥集体与组织对个人的激励作用。

2. 建立和疏通信息沟通渠道，创设宽松的心理环境

宽松的心理环境是指组织内部人际关系和谐，成员之间相互信任、相互关心。心理环境会影响每个教职工积极性和创造性的发挥。在一个紧张、压抑的心理环境中，人的积极性是无法被调动起来的，这样将不利于工作的开展。

在组织中建立和疏通信息沟通渠道是创设良好的心理环境的有效途径。沟通既可以使组织成员认清形势，使决策更加合理、有效，也可以统一组织成员的行动。沟通的形式有很多种，按不同的分类标准可分为正式沟通与非正式沟通、口头沟通与书面沟通、单向沟通与双向沟通等。沟通的方法有发布指示、召开会议、个别交谈等。在托幼园所的具体工作中可以结合实际情况，选择合适的沟通形式与方法。了解是沟通的前提，一方面，管理者要让下属了解组织的设想与计划；另一方面，管理者也要了解下属的观点与意见。当前，一些托幼园所实行园长负责制，在制定托幼园所的发展目标时，园长的办园思路应该为中层干部及广大教职工所理解和认识。只有建立起宽松、民主的心理环境，使每个教职工都能够充分地发表意见，表达自己对工作的意见和建议，才能充分挖掘教职工的潜能，很好地确立和实现目标。

3. 树立人既是管理对象，也是管理主体的观念

人既是管理的对象，也是管理的主体。首先，组织成员是管理的要素之一，是管理的对象，没有组织成员，组织也就不可能存在，更谈不上管理；其次，组织成员是组织的主人，是管理的主体。管理者在实践中要坚持以人为本的原则，注重发挥管理对象的主体作用，调动组织成员的积极性，激发其参与管理、关心组织发展的主体性，而不是把组织成员作为被动接受管理的客体。对于托幼园所来说，在制定重大决策之前，园长应征求各方面的意见，广泛听取教职工的建议，将托幼园所的发展与教职工的利益紧密联系在一起，充分发挥广大教职工的积极性和创造性。当然，发挥组织成员的主体性并不等于让组织成员牵

着鼻子走，要正确处理好发挥组织成员的主体性与坚持统一领导的辩证关系。

总之，托幼园所管理者应从以上三个方面入手，并将其有机地结合起来，充分调动教职工的积极性，在满足教职工需要的同时，实现托幼园所的目标。

二、托幼园所人员的选聘与任用

人员的选聘是保证保教队伍质量的第一关，它影响着托幼园所内部风气与人际关系的形成，也会影响托幼园所的保教质量。

(一)选聘与任用人员时应遵循一些基本原则

托幼园所管理者在选聘与任用人员时，应遵循以下基本原则。

1. 因事用人

管理者在用人时，要以工作为重，人员的安排要服从工作的需要。托幼园所管理者在选聘与任用人员之前，首先要对全园的工作任务进行分析，考虑所需设立的岗位，明确各个岗位的工作内容和任职者应具备的条件，结合所掌握的本园教职工的实际情况，选聘和任用适宜的人员承担相应的工作，切忌因人设岗。

2. 用人之长

扬长避短是用人的基本原则之一。人无完人，管理者如果能从人的长处着眼，则无不可用之人。托幼园所管理者只有在管理中充分发挥每个教职工的长处，教职工的积极性才能被充分调动起来，管理才会有成效。管理者用人时切忌求全责备，对于不影响大局的缺点不必斤斤计较，最重要的是要发现并有效地利用人的长处。

3. 任人唯贤，严格要求

人的能力有大小之分，水平有高低之分，托幼园所管理者在用人的过程中要坚持任人唯贤，对有能力的人，不论其年龄、资历如何，都应大胆任用，使其在合适的岗位上充分发挥作用。与此同时，托幼园所管理者要严格要求教职工。人无完人，每个人或多或少都存在着缺点与不足，在工作中都会出现许多问题，当教职工犯错时，管理者不能姑息和迁就，而应坚持标准，严格要求，使其明确努力的方向，不断提高自身的素质，取得更好的工作业绩。

4. 用人唯精，重视效益

托幼园所管理者在选聘与任用人员时，应力求少而精，注重选择既懂业务又有热情的人，一个人能做好的事情不要让两个人去做，避免人浮于事。与此同时，管理者要以教职工所取得的工作业绩为标准来评价教职工的工作，奖优罚劣，从而激发教职工的工作积极性，树立良好的园风。

(二)创造条件合理用人，充分发挥教职工的作用

除了要坚持上述用人原则外，托幼园所管理者在具体操作过程中还应创造条件合理用人，为教职工提供锻炼和施展才干的机会，充分发挥教职工的作用。

1. 知人善任，各得其所

事物既有共性，又有个性，人亦如此。每个教职工都有各自不同于他人的独特之处，因此“知人”是托幼园所管理者首先要做到的，即了解每个教职工的思想状况、文化水平、业务水平、工作态度与能力、个人爱好与特长、健康状况、家庭情况等。“知人”方能“善任”，管理者只有在全面掌握上述情况的基础上，才能妥善安排每个教职工的工作，做到用人之长，避人之短。

托幼园所管理者在用人的过程中，一方面要考虑每个人的特点，另一方面要考虑托幼园所发展的需

要，使个人业务能力与特长的发挥服从发展的需要，将体现个人价值与实现社会价值有机地结合起来。

2. 优势互补，合理配备人员

研究表明，工作绩效与工作人数并非成正比，不是工作人数越多，工作绩效就越高。相反，有时会出现一个人能做好的工作，由两个人做时反而完成得不好的现象。因此，工作绩效除了与工作人数有关外，还取决于组织内部工作人员的结构，合理配备人员是提高工作绩效的关键。在托幼园所中，管理者应根据教职工的实际情况与特点，搭配组建班组，做到既发挥个人的专长，又能优势互补，提高工作效绩。例如，以老带新的搭配组合方式，既有利于发挥有工作经验的老教师的传帮带作用，又有利于新教师的迅速成长。再如，根据教职工的个性特征，将具有开拓创新精神的教师与做事仔细、周到的教师搭配组合，既有利于创造性地开展工作，又不会漏洞百出。总之，优势互补，合理配备人员，可以减少工作中的矛盾和冲突，保证工作的顺利开展。

3. 为教师提供充分表现才能的机会，并委以重任

教师对成就和知识的需要特别强烈，他们的特长及才能需要得到表现，他们的价值需要得到认可。托幼园所领导可根据园所的实际情况为教师分配工作任务，满足其取得业绩、体验自尊的需要。除此之外，托幼园所领导还可以给教师一定的自主权，让其创造性地开展工作，特别是在转变教育思想、变革教育实践的今天，为教师创造性地开展工作，发挥其才能提供机遇，是时代的要求。托幼园所领导甚至可以创造园所内部的竞争机制，使全园教师的积极性得到调动，形成一个良好的工作氛围，推动教育实践的深入开展。

三、教职工的培训与教育

随着社会的快速发展，各种职业对劳动者素质的要求都在不断提高，走上工作岗位之后继续学习、接受教育是时代的要求。托幼园所教职工承担着培养人的重任，他们思想观念的转变、知识的更新对于保教质量的提高起着至关重要的作用。因此，教职工的培训与教育必须得到足够的重视。在管理中将人员使用与人员培养相结合，注重在工作中提高教职工的素质，是幼儿教育事业发展的需要。

教职工的培训与教育，必须坚持又红又专的方向和标准，既要注重提高教职工的业务水平和职业能力，又要注重教职工思想觉悟的提高和道德品格的塑造，两者相互联系，相辅相成。

（一）加强业务培训，强化教职工的职业能力

1. 制订保教队伍培训发展规划

保教队伍的建设是一项长期的工作，托幼园所领导要根据园所的实际情况，结合全园总体发展的目标规划，制订保教队伍培训发展规划。在制订培训发展规划的过程中要处理好当前工作和长期利益的关系，做到既不影响眼前的工作，又能有一定的发展。这就要求规划要分阶段，要制定一系列切实可行的具体措施，统筹安排人力、物力、财力，以保证培训发展规划的顺利实施。托幼园所领导在制订保教队伍培训发展规划时应特别注重青年教师队伍的发展，因为他们缺乏工作经验，需要尽快成熟，同时他们又是幼教事业的希望。

2. 采用适当的培训方式，注重岗位培训

组织机构对职工的教育和培训不同于职前教育培训，其方式以自学、短期培训为主。实践证明，托幼园所结合实际情况进行岗位培训，是一种行之有效的方式，既可以使教师不断提高思想素质和业务素质，也可以使教师不脱离工作岗位，确保保教工作任务的完成，同时还可以使教师将所学的理论与工作实践相结合，提高实际工作能力。岗位培训的方式有教研活动、观摩活动、专题讲座和研讨、竞赛评比活动等。托幼园所可根据实际情况，选择适当的培训方式。

(二)注重思想政治工作,激发教职工的敬业精神

1. 思想政治工作及其意义

思想政治工作是指通过宣传、说服、精神鼓励等方式,提高人的认识水平和觉悟,调动人的积极性,激发其工作热情与干劲。改革开放以来,人们的价值取向向着多元化的方向发展,正确的人生观、价值观的教育就显得更为迫切。通过开展思想政治工作,可以将个人的发展融入到组织的发展和国家各项事业的发展中,实现个人价值与社会价值的统一。

托幼园所作为教育机构,其开展思想政治工作是建立在忠诚于人民教育事业这一共同理想信念的基础之上的,反映了社会主义国家教育机构管理的本质特征。

2. 开展思想政治工作的途径

1)将理论学习与日常思想教育相结合

人的思想觉悟是后天获得的,并非生来就有。通过学习,可以了解先进的思想,并将其逐渐内化为自己的需要,成为指导行为的观念与标准。对于代表社会发展方向与前途的先进思想,人们只有通过长期、系统的学习,才能认识到它的精髓与实质,才能真正地掌握它。托幼园所应建立政治学习制度,组织教职工系统地学习马列主义基本理论,学习时事和国家方针政策,引导教职工坚持正确的政治方向,提高觉悟,树立献身于教育事业的理想和信念。管理者要想思想政治工作能取得实效,就必须将其与日常工作相结合,针对工作中出现的问题进行深入、细致的思想教育,防止单纯说教,搞形式主义。

2)将思想政治工作与职业道德教育相结合

职业道德,是从事一定社会职业活动必须遵守的行为规范,是职业活动的组成部分,也是实现个人理想的落脚点。当前教师队伍的职业道德现状不尽如人意,由于价值取向的多元化,相当一部分教师只求工作过得去,不再认为教师是太阳底下最光辉的职业。因此,通过开展思想政治工作加强教师队伍的职业道德教育尤为迫切。

3)注重组织文化建设,创设优良的园风

组织文化是指在一个组织内部形成的独特的价值观念,以及共同的思想作风和行为准则。组织文化主要表现为价值观念、思想认识,体现在组织活动的指导思想、目标追求、道德准则与行为规范等方面。组织文化是组织的灵魂和精神支柱,它在一定程度上影响着组织的成功与失败。组织文化对组织成员具有心理上、感情上的凝聚作用,能激发集体意识和集体荣誉感,可以使组织成员自觉地规范行为。

建设组织文化,创设优良的园风是托幼园所管理者的职责。管理者应注重通过开展思想政治工作,提高教职工的觉悟,使教职工树立共同的理想与目标,增强集体意识,并在具体的工作中形成和谐的人际关系,人人争先创优,形成团结奋斗的良好氛围。

3. 开展思想政治工作时需要注意的问题

托幼园所领导在开展思想政治工作时需要注意以下问题。

(1)率先垂范。托幼园所领导的模范行为是做好思想政治工作的前提。

(2)讲究方式与方法。思想政治工作的方式与方法会影响最终的工作成效。托幼园所领导应注重研究分析教职工的心态,晓之以理,动之以情,以诚相待,联系实际,有的放矢地做好思想政治工作。

(3)注重开展群众性的思想政治工作。思想政治工作是一项群众性工作,托幼园所领导应注重培养骨干,调动多方面的力量开展细致的思想政治工作。思想政治工作是一个开放的系统,不应只是少数人向多数人单向灌输,而应注重建立横向、双向的信息传递网络和思想沟通渠道,让教职工有机会发表自己的意见,从而达到相互影响、相互教育的目的。

(4)把思想政治工作与托幼园所的规章制度建设相结合。思想政治工作是软任务,这项任务的完成需要外在的硬任务作为保障,托幼园所规章制度的建设和管理手段的强化,是使思想政治工作取得效果

的保证。

四、保教队伍管理与建设的科学程序

人力资源的合理开发与利用要求形成科学的运行程序，以保证保教队伍管理与建设工作的顺利开展。

(1)规划，即在对目前教职工状况和各层次、各类型人员需求进行分析的基础上，制订保教人员培训与保教队伍发展的规划，明确要求，并提出合理的措施。

(2)任用，即在了解队伍基本状况的基础上，合理使用和安排工作人员，通过制定各项工作制度，加强管理，保证各项工作任务的顺利完成。

(3)培养，即将人员的任用与培养相结合，注意采取多种措施、途径进行业务培训，提高教职工的业务能力。

(4)评价，即对教职工的工作状况、业务能力、出勤、工作成绩等方面进行评价。评价时要注意确立适宜的评价标准，并使评价结果与工资、晋级等挂钩。

第三节　园长的角色与领导艺术

一、领导的含义

中外管理学家对“领导”一词有不同的定义，这里就不一一列举。我们认为，领导就是领导者带领和引导被领导者，在一定的客观环境下，为了实现组织目标而奋斗的过程。这个定义具有以下几层意思。

(1)领导活动的主要特征是“带领”和“引导”。

(2)领导是领导者有意识地对被领导者施加影响的过程。领导行为的目的是实现组织目标，领导活动的形式常常表现出个体性，但其实质永远是组织性质的。

(3)领导活动体现了一种多因素的相互关系。领导不是领导者个人的活动，它不是单因素的，而是多因素的，是领导者、被领导者和客观环境三个要素相互作用的过程。

虽然领导和管理都是指在权威的指导下系统而有效地实现组织目标的过程，但是管理的含义更宽泛一些。领导专指人对人的关系，是上级有意识地引导下级完成既定任务的过程，而管理除此之外，还包括对物的系统操作，而且这种操作的层次不限于决策层，基层工作人员也肩负着管理物的责任。可见，领导是管理的一个职能，组织中的领导行为仍属于管理活动的范畴。领导者必然是管理者，而管理者并不一定是领导者。

二、领导者的影响力

领导既然意味着领导者影响被领导者去行动，那么这种影响力从何而来呢？影响力指领导者的言语指令(命令、建议、劝告)和非言语指令(榜样示范)引起被领导者做出预期反应的感召力量，它在本质上是权力作用的人格表现，是领导者将个人意志以各种方式施加到他人身上的能力。影响力强的园长能使幼儿园的全体教职工团结起来，努力奋斗，从而实现组织目标。

研究表明，领导者的影响力由两部分构成：权力性影响力与非权力性影响力。

(一)权力性影响力

权力性影响力是指由领导者掌握合法职权并能合情合理地加以运用而产生的影响力。每个领导者在一定的范围内，都掌握着由组织法规、团体规范和文化习俗所赋予的权力，这种权力归根结底是由领导者所掌握的特定资源派生出来的，因此，权力性影响力具有单向性和强制性的特点。例如，园长有对重大事件的决策权，有对教职工的奖惩权等。凭借这些权力，领导者可以有力地影响被领导者的行为和活动，使其服从命令和要求。但是单凭这种强制性权力行使领导职能，往往会使被领导者消极、被动地适应或应付，不能充分调动其积极性；对于领导者个人也有一定的负面影响，会使他们只注重支配和控制他人，只看重个人的职位和权力，而不注重提高自身的素质和威信，有的领导者甚至会超越组织法规和团体规范滥用职权。

(二)非权力性影响力

非权力性影响力是指由领导者自身所表现出来的良好的品格、卓越的才能、丰富的知识和经验、真挚而友善的感情所产生的影响力。这种影响力主要来自被领导者对领导者的敬佩和爱戴。非权力性影响力是自然产生的，是非强制性的。

在领导者影响力的构成中，非权力性影响力占主导地位，起着决定性的作用。幼儿园管理实践表明，一个领导能力强、素质高、威信高的园长，能够带领全园教职工奋发向上，使保教质量不断提高。这里，决定园长威信高低的主要因素是非权力性影响力。具有非权力性影响力的园长，自然而然地会受到人们的尊敬，让人由衷地敬佩，并产生信任感，愿意接受其建议，心悦诚服地服从其领导。园长非权力性影响力的大小，往往会影响管理成效。因此，提高园长影响力的关键在于提高非权力性影响力，尤其是品格、才能等方面的影响力。

三、幼儿园领导者的领导方式

园长的领导方式是指幼儿园领导者对教职工行使权力和发挥影响力的行为表现，它体现了领导过程中领导者与被领导者之间的关系。幼儿园领导者的领导方式对领导成效有很大的影响，因为领导成效是通过幼儿园领导的领导方式实现的。因此，幼儿园领导者必须不断地研究和改进自己的领导方式，以便取得更好的领导成效。

根据现代领导学、学校管理学等学科的有关研究，结合我国幼儿园管理的实际情况进行分析，我们认为，客观上存在着四种类型的领导方式，即专制型领导方式、民主参与型领导方式、放任型领导方式、权变型领导方式。

(一)专制型领导方式

专制型领导方式也称为集权型领导方式，它的主要特征是幼儿园领导者权力高度集中，突出领导者的中心地位。这种领导方式主要表现在以下两个方面。

(1)在工作方面，决策由领导者做出，下级无权参与，而且下级必须无条件执行和服从领导者的决定，在执行决策的过程中，领导者对下级的每一项工作都实行严格监督，下级没有自主权；重视行政手段的作用，缺乏必要的灵活性；强调以奖惩手段来维护幼儿园正常的工作秩序和规章制度，禁令多，惩处严。

(2)在人际关系方面，幼儿园领导者喜欢发布命令，较少关心教职工的需要，不喜欢下级及群众发表不同意见，容不下有独到见解和创新精神的人，不注意调动教职工的积极性。

这种领导方式的有效性完全取决于领导者个人的智力和经验。这种领导方式的缺点是：①极不民主，不利于集思广益，往往由于领导者个人的原因而造成决策失误；②容易使下级习惯于奉命行事，不利于调动下级的积极性、主动性和创造性；③容易造成人际关系紧张，甚至会引起下级的反感和不满。

目前，我国大部分幼儿园实行园长负责制，但是有些园长对园长负责制的内涵理解得不够全面，甚至是错误的，他们认为园长负责制就是园长一个人说了算，简单地将园长负责制与专制型领导方式等同，在工作中独断专行，加上在体制上缺乏有效的制约和监督机制，使得幼儿园的各项工作受到很大的影响。

(二)民主参与型领导方式

民主参与型领导方式的主要特点是幼儿园领导者在工作中依靠广大教职工，鼓励广大教职工参与幼儿园的管理工作。这种领导方式主要表现在以下两个方面。

(1)在工作方面，幼儿园领导者能主动引导教职工更多地参与决策和管理过程；在进行决策前，注意听取广大教职工的意见和建议，在集思广益的基础上做出决策；在管理过程中，根据需要下放权力，让下级承担必要的责任和拥有部分权力，注意调动教职工的工作积极性。

(2)在人际关系方面，幼儿园领导者能尊重教职工，并且充分信任教职工，尽力满足教职工的各种正当需要，努力为他们排忧解难；干群关系较为融洽；善于用建设性的方式来鼓励和督促教职工努力工作，并努力为他们创造施展才能的机会。

这种领导方式的优点是可以减少决策中的失误，并且可以充分发挥教职工的聪明才智，增强教职工的责任感和主人翁意识，有利于调动他们的积极性、主动性和创造性，还可以形成良好的组织氛围。这种领导方式的缺点是决策过程较长，如果幼儿园领导者的组织和决断能力较差，则容易造成“议而不决”的现象，从而降低工作效率。

(三)放任型领导方式

放任型领导方式是一种领导者完全或大部分放弃职责而让下级各行其是的领导方式。这种领导方式主要表现在以下两个方面。

(1)在工作方面，没有目标，或有目标而不努力实现；对教职工无要求，无规章制度，对好人好事不表扬，对坏人坏事不批评，遇到矛盾和困难绕开走，得过且过。

(2)在人际关系方面，领导者与教职工保持不远不近的距离，领导者很少主动与教职工接触，对下级或群众的要求、困难采取无所谓的态度，不闻不问。

这种领导方式容易使组织涣散，是一种非常不可取的领导方式。

(四)权变型领导方式

这种领导方式是20世纪70年代发展起来的权变理论所倡导的领导方式。权变理论认为，领导方式的有效性不是由某一种或少数几种因素来决定的，而是许多种因素互相作用的结果，与领导者所处的环境有很大关系。不存在唯一有效的领导方式，在不同的情境下，各种不同类型的领导方式都可以为实现组织目标做出贡献。

权变理论主张将影响领导成效的各种要素作为一个系统来看待，领导者可以根据具体情况采取相应的领导方式。特别值得注意的是，这一理论提醒我们，在专制型领导方式和民主参与型领导方式之间还存在着许多种领导方式融合于一体的其他模式，这些模式力图在不同的情况下，使提高工作效率和下级民主参与决策及管理达到和谐统一。

这些领导方式的优劣从理论上看是十分明显的，但在实践中，一些理论上最佳的领导方式往往在一些组织中不能取得成效或成效不明显，也就是说，在某些情况下，某一类型的领导方式是有效的，但在另一种情况下，这种领导方式也许并不那么有效。因此，幼儿园领导者应从动态的角度来看待这个问题，根据实际情况来选择领导方式。幼儿园领导者选择领导方式时应考虑以下两个方面的因素。

(1)考虑被领导者的成熟度。成熟度可以理解为一个人认识客观现实与社会生活、认识自己、清楚自己与外界环境关系的水平。对于成熟度不同的教职工，幼儿园领导者所采取的领导方式应有所不同。例如：对于成熟度较低的教职工，工作目标应低一些，要求要严一些，并且要多给予指导与关心，随着成熟度的不断提高，工作目标应逐渐提高，任务难度应逐渐加大；对于成熟度较高的教职工，可以减弱监督和控制，放手让他们独立完成任务，充分发挥其才能和主观能动性，但仍要多关心他们的工作与生活，多为他们提供支持和帮助。

(2)考虑领导环境。幼儿园领导者应综合考虑自己的威信与影响力、幼儿园的组织结构、分工状况、人际关系等因素，选择较佳的领导方式。比如：当上述各项条件良好时，可以采用民主参与型领导方式；当幼儿园的人际关系不良时，特别是干群关系紧张时，权力应相对集中，工作重点应放在协调人际关系上，在这种情况下，工作目标不宜定得过高，当人际关系调整好以后，再考虑采用民主参与型领导方式。

四、园长的角色

“角色”一般指戏剧或电影中，演员所扮演的剧中人物。当今社会中，幼儿园园长扮演着多种角色：在幼儿园内，园长是教职工的上级，而对幼儿园的主管单位或部门来说，园长是下级；在幼儿园行政工作中，园长是领导者，而在党支部中，园长可能是一名普通党员；在幼儿园内部，园长是资源的分配者，而在争取外部支持或与外界打交道时，园长又成了联络者和谈判者。在计划经济体制下，幼儿园的资源由主办部门统筹配置，在这样的宏观环境下，园长很难有独立的作为，他们的价值取向基本是守成，其行为模式是服从和执行。而在市场经济体制下，自主办园已成为一种趋势，资源配置的方式发生了较大的变化，配置的机制也更多地具有竞争的因素，在这种情况下，园长的价值取向更多地融入了“创业”的因素，他们不仅要管理好幼儿园，还要经营好幼儿园，他们不再是简单地执行上级的命令，而是在不同程度上自主办园，他们的角色也因此发生了相应的变化。

尽管园长的角色具有多重性，但其最重要的角色是全园工作的领导者。从我国幼儿园的具体情况来看，一个幼儿园少则十几名教职工，多则上百名教职工，这些教职工及其工作都需要园长来协调、指挥和控制，否则，幼儿园的保教工作就无法顺利开展。

1. 园长是幼儿园的行政负责人，也是幼儿园的法人代表

《幼儿园工作规程》明确规定我国幼儿园实行园长负责制。园长负责制有着特定的内涵，它是以园长责任和职权为主要内容的园内管理体制之一，它包括上级领导、园长负责、党支部政治核心和保证监督、教职工民主参与管理四个既相互联系又相互区别的组成部分，目的是建立统一的、高效率的园内指挥系统。

在幼儿园园长负责制体制中，园长是幼儿园的行政负责人，也是幼儿园的法人代表，对内全面领导保育、教育和行政工作，对全体教职工、幼儿负责，对外代表幼儿园，对幼儿家长及社区负责。

《中华人民共和国民法通则》规定，法人是具有民事权利能力和民事行为能力，依法独立享有民事权利和承担民事义务的组织。根据这个规定，幼儿园具备法人资格。第一，幼儿园是依照法定程序创办的；第二，幼儿园有必要的财产和经费；第三，幼儿园有自己的名称、组织机构和场所；第四，幼儿园能够独立承担民事义务，即能以自己的名义参与民事活动和诉讼活动。但是，教育机构法人与企业法人又有区别，教育机构法人不是以营利为目的，而是以培养人为目的的组织。园长作为幼儿园的行政负责人，代表幼儿园行使职权，理所当然应该是幼儿园的法人代表。园长必须增强法治观念，提高对依法治园意义的认识，运用法律手段管理幼儿园，依法维护幼儿园、教职工和幼儿的合法权益。

2. 园长具有与其责任相一致的权力

《幼儿园工作规程》规定，幼儿园园长由举办者任命或者聘任，并报当地主管的教育行政部门备案。经任命或者聘任的园长，具有法人代表的地位，依法行使行政决策权、行政指挥权、人事管理权和财务管理权等。

3. 园长在幼儿园管理过程中处于主导地位，是管理的主体

管理活动是一种人与人之间的双边活动过程，即领导者与被领导者之间相互作用的过程。在管理活动中，领导者起决定作用。对于幼儿园来说，园长在管理过程中处于主导地位，是管理的主体。然而，从实现幼儿园的任务目标来看，必须依赖两方面的积极性，即既要依赖园长的积极性，又要依赖广大教职工的积极性，要处理好二者的关系。有的管理学家认为，人的积极性的发挥程度与管理效能成正比。园长能否发挥领导职能，主要体现在能否调动教职工的积极性等方面。

4. 园长是上级领导者和教职工之间的协调者

园长一方面要主动贯彻上级的方针、政策；另一方面，园长又是幼儿园组织和群体的代表，要向上级领导机关汇报情况，提出问题，反映教职工的意见和要求。由此可见，园长是上级领导者和教职工之间沟通的纽带和桥梁。

五、园长的职责和主要领导工作

《幼儿园管理条例》和《幼儿园工作规程》不仅明确了园长的领导地位，同时也明确了园长的职责。《幼儿园工作规程》对园长的主要职责做了如下规定。

(1)贯彻执行国家的有关法律、法规、方针、政策和地方的相关规定，负责建立并组织执行幼儿园的各项规章制度。

(2)负责保育教育、卫生保健、安全保卫工作。

(3)负责按照有关规定聘任、调配教职工，指导、检查和评估教师以及其他工作人员的工作，并给予奖惩。

(4)负责教职工的思想工作，组织业务学习，并为他们的学习、进修、教育研究创造必要的条件。

(5)关心教职工的身心健康，维护他们的合法权益，改善他们的工作条件。

(6)组织管理园舍、设备和经费。

(7)组织和指导家长工作。

(8)负责与社区的联系和合作。

《幼儿园工作规程》所列出的园长职责，实际上包括了幼儿园工作的全部任务和内容。据此，我们将园长的主要领导工作归纳为以下几个方面。

1. 坚持正确的教育思想的领导

园长作为一园之长，其主要任务是贯彻党的教育方针，办好幼儿园，培养好幼儿。园长的教育思想直接影响幼儿园的教育过程和管理质量。

园长要正确地理解并积极贯彻党和国家的教育方针，树立正确的办园思想；要将坚持用教育方针对全园教职工进行教育思想的领导作为自己的首要任务和职责，注意引导教职工认识幼儿教育的社会职能，认识幼儿园的性质和任务，端正教育思想，保证社会主义办园方向；要带领教职工认真学习、领会《幼儿园工作规程》和《幼儿园管理条例》的精神，并付诸实施，促进全体幼儿身心和谐发展。

园长要很好地行使管理职能，组织好幼儿园的保教工作和教育活动，实现教育目标，要能及时发现并纠正重教轻保、重智轻德、保教分离等偏离教育目标和偏离办园方向的错误倾向。园长还应进一步引导教职工在工作实践中努力探索教育规律，逐步形成正确的教育观念。

园长是一所幼儿园的决策者和指挥者，他必须清楚自己要解决的核心问题，必须明确自身的角色及应承担的职责，要善于抓住办园思想、办园方向这样的大问题，不能大事糊涂，小事精明。同时，园长要统筹安排、组织、调配各项工作，调动各层次、各部门和全体教职工的积极性，保证各项工作的顺利开展。

2. 建立有效的幼儿园管理体系

园长要根据国家的有关规定，并结合本园的实际情况，建立合理的幼儿园管理体系，选聘、充实中层干部，使各组织、各层次发挥管理职能。园长应通过制定切实可行、明确具体的各项工作及各类人员的规章制度，使各部门分工明确，各岗位有章可循，层层落实责任制，从而使全园工作协调、有序、顺利地进行。

园长要根据国家和上级的方针政策和社会对幼儿教育的要求，考虑本园人力、物力、财力等各方面的条件，规划幼儿园的发展，制定出全园工作目标和计划，计划要体现正确的办园方向，以保教工作为全园工作的中心。园长要掌握和控制幼儿园工作的全过程，及时检查和监督，保证工作按计划开展。另外，园长要注意在幼儿园上下、平行部门之间建立联系和沟通渠道，以保证管理活动的正常开展。

3. 保证保教工作的顺利开展

园长一定要树立保教工作是幼儿园中心工作的观点，注意对保教工作的组织与指导，特别要注意对班级保教工作的指导，每学期应组织各班根据全园总任务及本班的实际情况制订班务计划，明确培养目标和各阶段的教育重点，全面安排班级工作，认真贯彻保教结合原则，积极与家长联系，争取得到家长的配合与支持。

园长应通过直接深入班级保教实践第一线和召开班务会等形式了解各班执行计划的情况，及时发现保教工作中存在的问题，并给予指导和帮助，促进保教质量的不断提高。

园长应注重建立健全保教工作制度，并认真检查执行情况，保证保教工作的顺利开展。

4. 建设好教职工队伍

园长应特别注重教职工队伍的建设，要对全园教职工的业务培训制订切实可行的计划，并注意落实，要加强对青年教师的锻炼和培养，使其尽快胜任工作。教职工队伍的建设要坚持德才并举的原则，要将业务培训与思想教育结合起来，重视政治学习，有针对性地开展思想政治工作，提高教职工的职业道德。园长要关心教职工的生活，尽可能地帮助教职工解决实际困难，使他们可以将更多的精力放在工作上。

园长一定要充分认识教职工队伍建设对实现园所工作目标的重要意义，要通过有效的管理，在完成组织任务的同时，使全园教职工以一种最能发挥自身潜能的精神状态投入到工作中，从而形成良好的园风。

5. 善于理财

园长要贯彻勤俭办园的方针，管理好幼儿园的经费和财产，为保教工作的顺利开展奠定必要的物质基础。园长要懂得理财，了解经费的收入和支出情况，精打细算，挖掘潜力，合理分配和使用经费，以有限的投入获得尽可能大的效益；要建立相关制度，定期检查设备和设施，并进行维修与保养，充分发挥其效用，延长其使用寿命；要注意提高教育资源的利用率，避免浪费；要注意检查财务制度、财产管理制度的执行情况。

6. 做好家长工作，密切幼儿园与社区、社会的联系

家长工作是幼儿园管理的重要内容。家庭教育对幼儿园的保教质量有着重要影响，同时，家长作为幼儿园的服务对象，有权监督、评价和参与幼儿园的工作。园长必须将家长工作列入幼儿园议事日程，并将家长工作放在与保教工作同等重要的位置。

教育系统，包括幼儿教育系统，是社会系统的一个组成部分，是社区生活的有机组成部分。幼儿园组织是一个开放的动态系统，一方面要依靠社区、社会的支持实现自身的发展，另一方面必须主动为社区的建设和发展服务，为社会尽责。园长作为幼儿园的管理者，要密切幼儿园与社区、社会的联系，要注意了解社区环境、社会环境的变化及其对幼儿教育提出的新要求，有意识地进行组织的自我调节，选择适宜的管理方式，并从宏观的角度依据社会发展来规划幼儿园的未来，而不能就教育谈教育，关起门来办园。

幼儿园应通过与家长、社区、社会的密切联系，创造良好的教育大环境，提高教育质量；充分利用社会资源和社区资源，争取多方面社会力量的支持；努力发挥教育机构的社会功能，主动为社区、社会服务，满足其多样化的需求，实现幼儿园与社区的双向互动，推动幼儿教育事业的发展。

六、园长的领导艺术

领导艺术属于领导方式的范畴，但不是普通的领导方式，而是具有鲜明特性的领导方式。

园长的领导艺术，是指园长在具有一定学识、智慧、能力、经验的基础上，为实现幼儿园的工作目标，对各种领导条件和领导方式进行灵活、恰当、创造性的运用的领导策略、技巧和风格。它是园长的素质和领导水平的综合体现。幼儿园的领导效能在很大程度上取决于园长的领导艺术。

领导艺术贯穿于整个领导过程。由于园长需要解决和处理的问题是多种多样的，所以园长的领导艺术也是多种多样的，主要包括运用权力的艺术、协调人际关系的艺术、运用时间的艺术、运用信息的艺术等。

（一）运用权力的艺术

运用权力是园长实施领导的基本条件，善于运用自己的权力，是园长一项重要的领导艺术。

领导者的权力是由其领导职务和职位所决定的，主要包括控制指挥权、强制权、奖惩权等。园长在运用这些权力时，应把握以下几点。

1. 运用权力要做到合法、合理、合情

要想使权力真正发挥作用，园长在运用权力时，必须做到有法可依，照章办事，不能随便超越自己的职权范围；要讲道理，坚持以理服人，切忌蛮横无理，以权压人；要重视感情因素，以情动人。只有保证法、理、情三者的协调统一，才能使权力的运用发挥积极的作用。

2. 不滥用强制权

园长要通过运用权力，最大限度地将教职工的积极性调动起来。从某种意义上讲，权力的实际大小与下级人员接受领导的程度有直接关系。因此，园长在运用权力时，尤其是在运用强制权时一定要慎重。强制权是建立在因畏惧而服从的基础上的权力，它会使教职工意识到，如果不服从园长的命令，便会受到惩罚。园长不能用强制权来吓唬教职工，命令主义和专制主义往往会对工作造成消极的影响。因此，园长不能滥用强制权。

3. 发挥个人影响力的积极作用

园长的个人影响力是指在园长的品质、知识、才能的基础上形成的一种使教职工敬佩和信服并能改变教职工行为的力量。园长的个人影响力主要指非权力性影响力，它与园长的领导权是相辅相成的，是提高领导成效的重要因素。

园长要想增强个人影响力，应把握以下几点。

(1)努力取得卓越的工作业绩。园长如果能取得卓越的工作业绩，自然会引起教职工的信服和敬佩，从而增强个人影响力。

(2)言行一致，以身作则。榜样的力量是无穷的，园长如果以身作则，处处成为教职工的表率，其个人影响力必定会增强。

(3)不断提高自身的素质。园长良好的道德品质、丰富的知识和经验、出色的才能，是形成其个人影响力的基本条件。因此，园长必须不断地通过学习和实践，提高自身的整体素质，从而不断增强其个人影响力。

4. 有效地授权

授权是指领导者把所属权力按照规定和工作需要授予下级，从而为下级提供完成任务所必需的权力。幼儿园的授权主要是针对园长而言的，园长是幼儿园权力的中心，但是园长不能集大小权力于一身，必须恰当地进行集权和分权，这样既可以减少园长的工作负担，使其从烦琐的事务中解脱出来，有较多的时间去处理重要问题，也可以有效地调动下级的积极性，激发他们的责任感和进取心。

授权时应注意以下几点。

(1)要因事用人，视能力授权。

(2)明确职责范围。

(3)在授权时，自己要保留一定的权力。

(4)授权后，要进行必要的监督和控制。

(二)协调人际关系的艺术

领导是在人与人的交往过程中实现的，因此在领导过程中，必然存在着各种各样的人际关系。从幼儿园的管理实践来看，造成管理水平不高的一个重要原因是人际关系不协调。善于协调各种人际关系，是园长领导艺术的一个重要方面，也是园长的一项重要工作。

园长要协调好各种人际关系，包括自己与上级的关系、自己与群众的关系、自己与幼儿园领导班子内部成员的关系、幼儿园领导班子内部成员之间的关系。

幼儿园领导班子内部成员之间的关系直接影响着领导班子整体的领导效能。如果领导班子内部成员之间不能融洽地相处，互相扯皮，甚至互相拆台，就会对幼儿园的领导活动造成不良的影响。因此，园长要协调好自己与领导班子内部成员的关系以及领导班子内部成员之间的关系。园长在协调这些关系时应做到以下几点。

(1)使领导班子内部成员有共同的工作目标，并对共同的工作目标取得统一的认识和理解，确立共同的价值观。

(2)使领导班子内部成员在工作上既有明确的分工，又相互支持和合作。

(3)使领导班子内部成员从感情上和思想上多进行沟通与交流，加深相互之间的了解。

(4)使领导班子内部成员在行动上保持一致。

(5)处理好正职与副职的关系。

(三)运用时间的艺术

有一位管理学家曾经说过，只有时间才是唯一最缺乏的资源，如果不管理好时间，则无法管理其他任何事务。科学地运用时间，是园长对幼儿园实施科学管理的基本条件。现实社会生活的管理更多的是直接反射式的，而不是思考式的；是感情式的，而不是推理式的；是繁杂、零碎的，而不是系统的。许多管理者经常被迫把许多时间浪费在很难说有什么效益的事情上，园长也不例外。园长要想实现有效管理，就必须学会科学地运用时间，提高工作效率。

1. 分析时间利用情况

园长要想有效地利用时间，合理地安排工作程序，首先要了解自己对时间的利用情况，经过分析，制订出管理时间的方案。

园长可以将最近一周的工作内容逐一列出，详细记录每项工作所耗费的时间和完成情况，自我检查工作效率，分析工作中存在的问题。

园长可以从以下几个方面分析时间的利用情况。

(1)本周做了哪些工作,各耗费多少时间?

(2)本周所做的工作中哪些是主要的,哪些是次要的?本周计划外或临时性的工作耗费了多少时间?

(3)本周所做的工作中哪些是必须由自己亲自去做的,哪些是可以交给别人去做的?

(4)工作完成情况如何?有无时间浪费现象?

(5)本周工作时间是否超过法定时间?

2. 合理安排工作程序,提高时间利用率

园长要想科学、有效地利用时间,就应合理地安排好工作程序,制订好工作计划。园长可以根据工作的阶段性,把要完成的工作按轻重缓急加以分类,进而按年、学期、月、周和日的先后顺序制订工作计划。

填写工作日志和编制每周全园工作日程表,可以帮助园长合理地运用时间。此外,园历的编制也有助于园长对全园整个学期的各项工作很好地做出安排。

(四)运用信息的艺术

管理与信息有着极为密切的关系,园长制订工作计划要靠信息,组织和控制人、财、物等也要靠信息。从某种意义上说,幼儿园管理就是收集信息、加工信息、分析信息、做出决策的过程。信息是管理的基础,是管理的介质,是管理的手段。随着科学技术的发展和社会的进步,信息在管理中起着越来越重要的作用,是管理活动中不可缺少的要素。有效地获取信息,并且科学地利用信息是园长提高管理效能的重要前提之一。

园长要想科学、有效地利用信息,应做到以下几点。

1. 增强信息意识

园长必须保持清醒的头脑,认识到要想提高办园水平,就必须增强信息意识。园长要有增强信息意识的紧迫感和危机感,只有这样,才能不断掌握工作的主动权。

2. 建立信息系统

幼儿园应根据实际情况建立以园长为领导,专职和兼职人员相结合的信息收集、加工、处理系统。信息系统的主要功能是:①建立信息组织;②制定信息处理制度;③配备相应的信息处理设备;④与教育行政部门、姐妹幼儿园等建立信息交流关系。

3. 主动获取信息

园长应通过多种渠道,积极、主动地获取信息。获取的信息量越大,有效信息就越多,园长的领导资本就越雄厚,园长对幼儿园的领导与管理就会有更多的客观事实依据及理论依据。

4. 及时加工信息

信息加工是对已获取的信息进行筛选、统计、分类,并进行定量分析与定性分析的过程。如果只获取信息而不对信息进行加工,信息就无法发挥作用。在加工信息时,要注重信息的价值。

5. 创造性地利用信息

利用信息不仅要为当前的管理工作服务,也要重视它对幼儿园未来发展的重要意义。园长在利用信息时,要注重发挥创造性,具体表现在以下两个方面:①园长应根据幼儿园的实际情况对信息进行选择,并将其创造性地运用到计划、决策、控制等管理活动中,从而提高办园效益和办园水平;②从实际出发,将信息与幼儿园的发展联系起来,善于预测和验证,从今天的教育预测未来对人才的需求,从而超前制订相应的规划,超前做好必要的调控准备,以保证幼儿园发展的方向性。

园长如果善于创造性地利用信息,展现在园长面前的必然是更多的发展机会,信息的价值也会扩大。

【本章小结】

托幼园所人力资源管理是指运用科学的方法，合理地配置托幼园所各岗位的职工，并引导、管理他们的思想和行为，充分调动他们的积极性和创造性，从而提高托幼园所的办园水平和经济效益。托幼园所管理要以教职工为核心，以调动教职工的积极性为根本原则，建设一支高素质的保教队伍。园长在幼儿园管理过程中处于主导地位，是管理的主体。由于园长需要解决和处理的问题是多种多样的，所以园长的领导艺术也是多种多样的，主要包括运用权力的艺术、协调人际关系的艺术、运用时间的艺术、运用信息的艺术等。

【思考与练习】

1. 什么是权力性影响力与非权力性影响力？
2. 园长的领导艺术主要有哪几种？

第十章

幼儿园总务管理

【学习目标】

1. 充分认识幼儿园总务管理的意义和特点。
2. 了解幼儿园总务管理的要求。
3. 了解幼儿园总务管理的内容。
4. 掌握幼儿园总务管理的具体方法和注意事项。

【案例分析】

六月的一天，某幼儿园大班的三十多位小朋友一边玩积木一边喝“水”。“水”是各种各样的，有鲜橙汁、橘子汁、可口可乐、雪碧等，只是没有白开水。水瓶(壶)也是各式各样的，大小不一。问孩子为什么不喝白开水，孩子回答说他们不爱喝白开水，于是自己从家里带“水”。问教师：“孩子在幼儿园里一整天，一瓶‘水’够喝吗?”教师回答说：“有的家长中午会再送来。”又问：“如果有的孩子要喝白开水，有吗?”教师指着门边的搪瓷水罐，支吾道：“那…… 那里面有。”

思考

这个幼儿园的管理存在什么问题?

第一节　幼儿园总务管理概述

一、幼儿园总务管理的意义

幼儿园管理的内容包括保教工作管理、卫生健康工作管理与总务管理。总务管理是幼儿园管理的重要组成部分，是对全体人员的全部事务的管理。它是为保教工作的开展服务的，也是实施科学管理的重要内容和保证。幼儿园管理是对人、财、物、时间、空间、信息等方面的管理，这些方面的管理都是通过总务工作来体现的。幼儿园总务管理的质量直接或间接地关系到幼教方针的贯彻，并且会影响幼儿园保教工作的质量。

(一)幼儿园管理的各个要素都需要通过总务工作来体现

总务是指全体人员的各项事务。幼儿园管理的各个要素都是通过总务工作来体现的。

(二)幼儿园总务管理的质量直接影响保教任务的完成

幼儿园总务工作涉及面广、跨度大，包括物资供应、园内绿化等方面的工作。这些工作都是相互联系、相互配合的，其目的是保证保教工作的顺利进行，促进幼儿健康、全面地发展。幼儿园总务管理是幼儿园开展保教工作的重要保证。也就是说，没有总务管理作为后盾，保教工作是难以顺利开展的。

(三)幼儿园总务管理的水平关系到能否调动教职工的积极性

幼儿园总务工作是一项服务性的工作，不仅要为幼儿服务，还要为教职工的工作和生活服务。也就是说，幼儿园总务工作一方面要为保教工作提供便利的条件和较好的环境，另一方面要为教职工排忧解难，使他们能将大部分精力投入到工作中。只有这样，才能解决教职工的后顾之忧，才能真正调动他们的积极性。马斯洛的需求层次理论告诉我们，人最低层次的需求是来自生理上的，如果人的吃、住没有得到基本保障，他将很难有更高层次的需求。幼儿园要多为教职工着想，帮助他们解决生活中遇到的困难。在住房、医疗等问题日益成为人们关心的焦点问题时，幼儿园要考虑到教职工的切身利益，依照国家的有关政策，尽快完善住房、医疗等管理体制，使教职工能安心工作。

幼儿园总务工作十分重要。有些从事总务工作的人，总认为自己是为别人服务的，低人一等，不愿意做总务工作。这种看法是非常片面的。总务工作为其他各项工作提供物质保障，每个总务工作者都应该正确认识自己的工作，意识到总务工作的重要性。幼儿园园长也要意识到总务工作的重要性，将其放在应有的高度，以保证园内一切工作的顺利开展。

【案例分析】

某幼儿园召开行政工作会议，即将退休的总务组长王老师非常生气地说："上次会议，肖园长让我推荐几个总务组长人选，会后，我找了几个我个人认为有这方面能力的人谈了一下，没想到他们没有一个愿意干，还说什么总务工作不重要，总务组长的地位低，让我从那些既教不了书又无文凭的人中去找。你们说这话有多气人，总务工作就这么不重要吗?"主管总务工作的李副园长接着说道："我在工作中也经常遇到这种轻视总务工作的人和事，很苦恼，这种思想使我们幼儿园里的总务工作变得很被动。"接着，其他几位园领导也谈到幼儿园里普遍存在着轻视总务工作的思想，特别是某些保教工作人员自认为所从事的工作是园里的中心工作，更加看不起那些干总务工作的人。最后，肖园长很严肃地做了总结："看来咱们园里这种不重视总务工作和总务工作人员的现象确实很普遍、很严重，这种现象非常不利于园里工作的开展。怎么能说总务工作不重要呢？它是其他各项工作的保障，非常重要。对于这个问题，我们今天先讨论到这儿。下去以后，大家再仔细考虑一下，过几天我们再专门开一次会，认认真真地研究一下这个问题，一定要彻底把这个问题解决好，否则，我们园里的工作是不可能开展得很好的。"

分析与思考

案例中的幼儿园内普遍存在的那种轻视总务工作的思想是不正确的。虽然幼儿园以保教工作为中心，但总务管理是幼儿园管理的重要组成部分。幼儿园总务管理在幼儿园的整个管理工作中具有重要的意义，主要表现在以下几个方面。

(1)幼儿园管理的各个要素都需要通过总务工作来体现。

(2)幼儿园总务管理的质量直接影响保教任务的完成。总务工作为保教工作提供物质保障，只有总务工作做得好，保教任务才能够顺利完成。

(3)幼儿园总务管理的水平关系到能否调动教职工的积极性。总务工作涉及教职工的物质生活条件，只有解决他们生活上的问题，才能真正调动他们的积极性，使他们更加积极地开展工作。

因此，每个总务工作者都应该正确认识自己的工作，意识到总务工作的重要性。园长也要意识到总务工作的重要性，将其放在应有的高度，以保证园内一切工作的顺利开展。

二、幼儿园总务管理的特点

幼儿园的总务管理不同于中小学。幼儿园教育的特点是保教并重，不仅要对幼儿实施德、智、体、美全面发展的素质教育，还要加强幼儿的保育，促进幼儿健康成长。这与幼儿园的教育对象——幼儿的身心发展特点是分不开的。幼儿自理能力差，因此，幼儿园总务管理工作更加庞杂，不仅要提供必需的学习用品，还要提供足够的生活用品以及大量玩具。幼儿园教育主要是启蒙性的，教材自选，不留作业，所以幼儿园的教务管理工作不像中小学那么繁杂。这就造成了幼儿园总务管理与中小学总务管理之间的区别，即幼儿园总务管理更侧重于对生活与环境的管理。

幼儿园总务管理不同于保教工作管理。保教工作管理比较集中，主要是管理教育教学工作，而总务管理则很杂，既有教育教学方面的，又有环境设施方面的，还有卫生保健和建筑维修方面的。

幼儿园总务管理主要有四个特点，即服务性、先行性、全局性、政策性。

(一)服务性

总务工作是一项服务性的工作，即为保教工作服务，为幼儿服务，为教职工服务，为家长服务。虽然各行各业都是互相服务的，但是就幼儿园总务工作而言，它具有的服务性更强，它为办好幼儿园提供物质基础和保障。总务工作应根据服务对象的特点提供适宜的服务。例如，幼儿发育不成熟，总务工作应该尽量考虑到幼儿的特点，为其提供方便、安全的环境和玩具。

(二)先行性

总务工作为幼儿园的其他各项工作提供物质保障，所以总务工作必须在其他各项工作之前进行。幼儿园的各项工作，如建园、招生、编班等，都要求总务工作先行一步。每学期开学前，总务部门应提前做好物质方面的准备，如教学用品、桌椅等。幼儿园的一些季节性工作，如防暑、防寒等，也要求总务部门提前把准备工作做好。总务工作的先行性与服务性密不可分，如果总务工作失去了先行性，那么幼儿园的其他工作将难以开展，保教质量就不可能提高，也就谈不上服务性了。

(三)全局性

总务工作为幼儿园的其他各项工作提供物质保障，总务工作做得如何关系到全园各项工作的开展，关系到每个成员的工作、学习和生活，是涉及面最广的一项全局性工作。总务工作既可以成为其他工作的促进因素，又可以成为其他工作的阻碍因素。总务工作做得不到位，会使人们为其浪费很多的精力，出现工作效率降低、相互扯皮等现象。因此，总务工作人员要有较强的全局观念，多了解教育教学、卫生保健等方面工作的需要，提前做好准备，以免影响全园的工作。

总务管理在宏观上受全园工作目标、计划和要求的制约，在微观上同各项工作、各个部门乃至每个成员紧密联系。总务管理要考虑总体，方便他人，顾全大局，提供优质的服务。总务工作人员要将总务工作放在全园工作中去考虑，不要孤立地考虑总务工作，要了解幼儿园的总体目标及各个阶段的任务，使总务工作总是围绕着幼儿园的总体目标进行。

由于总务工作涉及面广且非常复杂，所以总务工作人员在工作过程中常常会遇到许多意想不到的困难。如果总务工作人员只强调自己遇到的困难，就会给其他工作带来一系列问题。因此，总务工作人员要尽量克服困难，多为其他部门着想，以免影响全园的工作。

(四)政策性

总务工作与人、财、物等方面密切联系，总务工作人员需要同许多部门打交道。这就需要总务工作人员了解各个方面的相关政策，如财务、基建、职工福利待遇等方面的政策。总务工作人员一方面要很好地为幼儿和家长服务，同时千方百计地为教职工的工作和生活创造较好的条件，另一方面必须严格遵守国家有关的法规和政策。

三、幼儿园总务管理的要求

管理的实质就是合理地组织利用人、财、物、时间与信息等，充分发挥各要素的作用，取得最佳效率与效益。总务工作繁杂而琐碎，有时不起眼，容易被忽视。但幼儿园中的一切工作均关系到幼儿的发展，故在幼儿园中没有小事。总务工作渗透在幼儿园的各项工作中，影响着全园保教工作的正常进行。总务管理不同于保教工作管理，它有自身的规律，幼儿园管理者必须研究总务管理的规律，了解总务管理的基本方法。只有这样，总务工作才能更好地发挥服务作用，保证其他工作的顺利完成。

(一)增强服务意识

总务工作最大的特点就是有极强的服务性。总务工作人员必须增强服务意识，做好各项服务工作。总务工作人员要有甘当配角的服务精神，将保教工作的需要和幼儿的需要置于总务工作中最重要的位置，不断改善幼儿的生活条件，同时创造条件帮助教职工解决实际困难。

(二)与幼儿园整体规划相结合

总务工作规划是幼儿园整体规划的重要组成部分，必须认真对待。特别是基本建设工作，一定要反复研究，从长计议，做好整体布局与规划。总务工作规划要以全园工作规划为依据，紧紧围绕幼儿园的总目标来制订，将各阶段的工作作为实现幼儿园总目标的一个个实际步骤。

(三)制定切实可行的管理制度

总务工作十分繁杂，如果没有一定的制度做保障，则很难落实。总务工作中的环境的改善与美化、设备的更新与保养、经费的规划与使用等，都涉及幼儿园的整体工作，关系到全园各项工作的开展。因此，幼儿园要制定切实可行的管理制度，使人、财、物等充分地发挥作用。管理制度的制定要有利于管理目标的实现。

(四)明确总务工作人员的职责

幼儿园总务工作人员的基本职责包括以下几个方面。

(1)在园长的领导下根据全园工作的需要做好总务工作。

(2)坚持勤俭办园的方针，爱护公物，节约开支，逐步改善保教工作的条件，统筹兼顾，合理安排，做好幼儿园每年经费的预决算。

(3)建立财务账册和财产管理账册，定期公布账目，定期盘点幼儿园的财产和物品。

(4)定期检查设备和运动器材，及时进行维修和保养，确保师生安全。

(5)正确核算幼儿伙食费，账目做到月月结，月月清，每月做好收费、退费、催费工作，收费时间要方便家长，做到随到随收。

(6)严格执行物品领用制度和损坏公物赔偿制度。

(7)制定值班制度，安排好节假日的值班保卫工作。

幼儿园总务工作是一项十分繁杂的工作，总务工作人员的职责是保管好幼儿园所有的物品和财产，及时供应教育教学与保健等方面工作所需要的物品，同时还要处理好各项事务性的工作，如保卫工作、卫生工作等。

(五)提高总务工作人员的素质

幼儿园管理者一定不要忽视总务工作,要选好总务工作负责人,并加强总务队伍的建设,做到机构精简,人员精干。为了提高总务工作人员的素质,管理者应引导全园教职工正确认识幼儿园职责分工,克服职业偏见,并要求总务工作人员做到热爱本职工作,同时还要注意提高其文化知识水平。另外,管理者还要注意组织总务工作人员学习有关学前教育和卫生保健等方面的知识,以便使他们了解保教工作的需要,从而更好地为保教工作服务。

(六)提高工作效率

提高工作效率是幼儿园管理的最终目的。总务工作涉及人、财、物等多种资源,能否有效地配置各种资源,充分发挥其作用,直接影响着幼儿园的工作效率。总务工作人员只有科学地运用时间,妥善安排和处理各项工作,提高工作效率,才能谈得上为幼儿园的保教工作提供保障。

(七)协调各方面的关系

总务工作涉及对内关系和对外关系,要求总务工作人员具有较强的协调能力。幼儿园总务工作人员对内要处理好管理工作和教育工作的关系,对外要协调好幼儿园与上级部门、兄弟单位、家庭及所在社区的关系。总务工作人员还要注意信息的交流与沟通,应有较畅通的对内、对外信息沟通渠道。幼儿园必须了解社会变化所带来的新问题,分析新情况,探索新需要,进而主动地进行自我调整,采取相应的对策和措施,积极地适应社会环境的变化,而不能关起门来办园。总务工作人员应通过协调和沟通,使幼儿园的各项工作能够顺利开展,并争取较广泛的社会支持,以改善办园条件。

第二节　幼儿园财务管理

一、幼儿园财务管理的含义和基本原则

(一)含义

财务管理主要指对资金、资产的管理。在计划经济时代,幼儿园的经费主要由上级行政主管部门划拨,财务管理工作相对比较简单,加上经济活动较少,许多园长理财的意识和能力都比较弱。随着市场经济的逐步推进,上级行政主管部门逐渐减少,甚至停止向幼儿园拨款,要求幼儿园自筹资金,这必然会增加幼儿园的经济活动,导致幼儿园的财务管理工作比以前复杂得多,这就要求幼儿园的相关人员不仅要懂业务,还要懂经济,具有资金管理、资产管理的经营理念,提高资金、资产的使用效率。

(二)基本原则

幼儿园管理者和财务人员在财务管理工作中应遵循以下基本原则。

(1)贯彻执行国家有关的法律、法规和财务规章制度。

(2)坚持勤俭办园的方针。

(3)正确处理事业发展和资金供给的关系,社会效益和经济效益的关系,以及国家、集体和个人三者利益的关系。

二、幼儿园财务管理的主要内容及存在的问题

(一)幼儿园财务管理的主要内容

1. 积极筹措资金

资金是财务管理的主体,没有资金,财务管理也就不存在了。在计划经济时代,幼儿园的经费主要由上级行政主管部门划拨,幼儿园的生存与发展同上级行政主管部门密切相关。一般来说,在计划经济体制下,幼儿园既撑不死,也饿不死。随着我国大中型企业的改革和行政机构的调整,许多幼儿园的上级行政主管部门自身难保,与幼儿园脱钩,给幼儿园"断奶"是发展的必然趋势。目前,大部分幼儿园的经费要靠自筹,筹措资金成为园长一项十分艰巨的任务。幼儿教育是一项教育事业,通过提高教育质量来吸纳资金是筹措资金最主要的渠道。园长有责任开通吸纳资金的各种渠道,积极筹措资金。

2. 合理分配资金

提高资金的使用效率,是财务管理的根本任务之一。幼儿园的各项工作对资金的需求不平衡,园长在分配资金时应本着照顾重点、兼顾一般的原则,对有限的资金进行合理分配,以确保幼儿园能稳步、快速、全面地发展。

为了做好资金分配工作,关键是要把好预算关。第一,分清主次,保证重点,将幼儿园的各项工作按照重要顺序排列好,先保证重要的工作能够完成;第二,要考虑到特殊需要,即预算要留有余地,不要计划得太满;第三,要有规范的预算程序,即先由财务人员编制预算,再由园务会讨论通过,最后由园长审批。

3. 建立和健全财务管理制度

为了使财务管理有章可循,有据可依,必须建立和健全财务管理制度,如各项经费入账制度、报销制度、出纳制度、财产分类制度等。财务管理制度既要严格,又要合理;既要相对稳定,又要根据实际情况进行必要的调整和修改。

4. 加强财务监督

幼儿园的资金来之不易,幼儿园管理者和财务人员必须加强财务监督,严格管理,避免出现损公肥私、贪占挪用等违法乱纪行为。

(二)幼儿园财务管理存在的问题

幼儿园财务管理主要存在以下几个方面的问题。

(1)财经政策和法规方面的知识欠缺。

(2)财务管理意识淡薄。

(3)财务管理制度不健全。

(4)票据管理不规范。

(5)食堂财务管理存在问题。

(6)支付环节审核不严。

(7)财务公开工作做得不到位。

三、幼儿园财务管理的注意事项

幼儿园管理者和财务人员在财务管理工作中应注意以下几点。

(1)建立和健全幼儿园财务管理体制。

(2)建立和健全幼儿园的财务机构。

(3)建立严格的财务人员上岗制度。幼儿园财务人员须持证上岗,随时接受业务部门的检查、指导和监督。

(4)加强收入管理。幼儿园应严格按收费许可证上的收费项目和收费标准组织收费,公办幼儿园使用财政部门统一印刷的收费票据,民办幼儿园使用税务部门统一印刷的收费票据。

(5)规范支出管理。坚持统筹兼顾、保证重点、勤俭节约的原则,按预算合理地使用经费,确保专款专用。

(6)幼儿伙食费与教职工伙食费分开核算。

(7)加强固定资产管理。

(8)幼儿园的所有收支必须在对公银行账户上反映,保证幼儿园经费的正常运转。

(9)民办幼儿园应按规定提取发展基金,主要用于幼儿园的建设、维护,以及教学设备的更新。

第三节　幼儿园膳食管理

膳食管理是幼儿园总务管理工作的重要组成部分,总务部门必须与卫生保健部门协作配合,做好这项关系到幼儿健康的工作。

一、幼儿膳食的特点

幼儿的膳食应具有以下特点。

(1)幼儿正处于生长发育期,食物要有营养,食物种类要丰富。

(2)幼儿的肠胃功能还没有完全发育好,食物要易消化。

(3)幼儿对食物的色彩、味道等要求较高。

(4)幼儿的饮食应根据季节的变化进行适当的调整。

【拓展阅读】

不同季节孩子的饮食方式

春天,万物复苏,人体的阳气生发,此时在饮食上要选择一些能“助阳”的食物,如葱、姜等,使郁积一冬的人体内热散发出来。冬天蔬菜品种较少,孩子摄取的维生素往往不足,因此,在春天,应多让孩子食用一些时令蔬菜,如春笋、菠菜、芹菜等。

夏天,酷热多雨,暑湿之气易乘虚而入,孩子往往会食欲降低,消化功能减弱。在夏天的膳食搭配上,要注意食物的色、香、味,以引起孩子的食欲。夏天,孩子宜多食用绿豆、西瓜、乌梅等,不宜多食用冷饮,否则腹中受寒,易导致腹痛、呕吐等肠胃疾病。

秋天,随着暑气的消退,孩子的食欲逐渐提高,应特别注意立秋之后,无论是西瓜还是香瓜,都不能让孩子多吃,以免损伤脾胃。秋天气候干燥,要注意少食用辛辣的食物,如辣椒、生葱等,宜食用芝麻、糯米、蜂蜜、枇杷、甘蔗、菠萝等。

冬天,气候寒冷,饭菜的口味可适当重一些。冬天绿叶蔬菜较少,应注意让孩子食用一定量的黄绿色蔬菜,如胡萝卜、绿豆芽等,避免发生维生素A、维生素C等缺乏症。冬天切忌食用生冷的食物,此类食物属阴,易伤脾胃之阳。

中医讲究“天人相应”，根据季节的变化选择合理的食物，对孩子的健康成长非常重要。

二、幼儿园膳食管理的主要内容

(一)健全膳食管理网络，形成民主管理和监督机制

幼儿园应成立专门的膳食领导小组，膳食领导小组由园长、总务主任、专职保健人员、班级保教人员、会计、食堂负责人等组成，层层分管，职责清晰，分工明确。

幼儿园应制定一套较完整的科学的膳食管理制度，每学期定期召开工作会议，修订和完善各项膳食管理制度，并对制度执行情况进行检查。

膳食领导小组要定期深入班级了解幼儿用膳的情况，以便及时发现问题，及时纠正和解决。

班级保教人员要努力营造良好的进餐氛围。

(二)确保膳食质量

为了确保膳食质量，幼儿园应做好以下几个方面的工作。

(1)把好卫生消毒关。

(2)把好验菜关。

(3)把好加工烹饪关。

(4)把食品安全工作放在第一位，严格执行《中华人民共和国食品卫生法》。

(三)严格执行食品卫生“五四”制度

食品卫生“五四”制度具体包括以下内容。

(1)由原料到成品实行“四不”：采购员不买腐烂变质的原料；保管验收员不收腐烂变质的原料；食品加工人员不用腐烂变质的原料；服务员不卖腐烂变质的食物。

(2)食物存放实行“四隔离”：生与熟隔离；成品与半成品隔离；食物与杂物、药物隔离；食物与天然冰隔离。

(3)食品用具实行“四过关”：一洗，二刷，三冲，四消毒。

(4)环境卫生做到“四定”：定人、定物、定时间、定质量。

(5)个人卫生做到“四勤”：勤洗手、剪指甲；勤洗澡、理发；勤洗衣服、被褥；勤换工作服。

【拓展阅读】

幼儿食物选择的基本原则

1. 粮谷类及薯类食物

进入幼儿期后，粮谷类食物应逐渐成为孩子的主食。粮谷类食物是碳水化合物和某些B族维生素的主要来源，也是蛋白质及其他营养素的重要来源。

在选择粮谷类食物时应以大米、面制品为主，同时加入适量的薯类食物。

在食物的加工上，应粗细适当，加工过细，B族维生素、蛋白质和无机盐损失较多；加工过粗，会影响钙、铁、锌等营养素的吸收和利用。

2. 乳类食物

乳类食物是幼儿优质蛋白质、钙、维生素B2、维生素A等营养素的重要来源。

乳类食物钙含量高，易吸收，可促进幼儿骨骼的发育。但乳类食物铁、维生素C的含量很低。

食用过量的乳类食物会影响幼儿对粮谷类食物和其他食物的摄取，不利于饮食习惯的培养。

3.鱼、肉、禽、蛋及豆类食物

此类食物不仅可以为幼儿提供丰富的优质蛋白质，也是幼儿维生素A、维生素D及大多数微量元素的主要来源。

豆类食物含有较多的蛋白质，价格较低，是动物性蛋白质较好的替代品，但其微量元素的含量低于动物性食物，所以在经济条件允许的情况下，幼儿还是应摄取适量的动物性食物。

4.蔬菜、水果类食物

此类食物是维生素C、胡萝卜素的主要来源，也是维生素B2、无机盐和膳食纤维的重要来源。

蔬菜、水果类食物不仅可以提供营养素，而且具有良好的感官性状，可以增强幼儿的食欲。

5.糖、盐等调味品及零食类食物

这类食物在提供必需的脂肪酸、调节口感等方面具有一定的作用，但摄取过多对身体有害无益。幼儿应少吃这类食物。

三、幼儿园膳食管理的注意事项

幼儿园应根据中国营养学会推荐的幼儿期每日膳食中营养素供给量标准，以营养金字塔理论为指导，遵循“营养、卫生、科学、合理”的原则，制定适合本园幼儿的带量食谱。

为了让幼儿愉快地进食，同时确保足够的营养素摄入量，幼儿园在膳食管理中应注意以下几点。

(1)制定营养平衡的食谱。幼儿食谱要做到干稀、荤素、粗细、甜咸搭配。幼儿膳食应以谷类食物为主，以动物性食物为辅，粗粮、细粮要合理搭配，这样不仅可以为幼儿提供充足的营养，而且粗粮中所含的纤维素能刺激肠胃蠕动，从而减少便秘，促进幼儿的生长和发育。

(2)科学烹调，保持营养。科学烹调是保持膳食质量的重要环节，通过科学烹调做成的饭菜，既色、香、味、形兼备，又符合营养卫生要求。例如，蔬菜要旺火急炒，这样，维生素C的保存率可达60%～70%，胡萝卜素的保存率则可达76%～96%。

(3)既要味美，也要有营养。这对生长发育旺盛的幼儿非常重要。蔬菜被人们称为维生素的宝库，幼儿应多食用蔬菜。

【拓展阅读】

幼儿膳食营养中的常见误区

1.把孩子看成小大人

有的家长把孩子看成小大人，让孩子与大人一样只吃正餐(一日三餐)，不注意给孩子补充奶制品和加餐，长此以往，易引起营养缺乏。

2.多吃素食身体好

有的家长认为幼儿肠胃功能弱，应少吃油腻食物。幼儿正处于生长发育的关键时期，需要足够、全面的营养。儿童若以素食为主，则容易患佝偻病，且容易导致各种脂溶性维生素缺乏。

3.多吃荤腥有营养

鱼、肉、鸡等食物虽然含有丰富的蛋白质和维生素，但矿物质、膳食纤维、碳水化合物含量极少。

4.正餐不吃零食补

零食提供不了正餐所提供的营养。孩子可以吃零食，但必须适时、适量，且以水果、坚果类食物为好，尽量少吃膨化食品，同时注意清洁、卫生。

5.少吃饭，多吃菜，可以增加营养

饭是主食，菜是副食。由于主食类食物含有较丰富的B族维生素，所以少吃饭多吃菜，会造成B族维生素缺乏。另外，少吃饭，提供热量的营养素减少，势必要消耗较多的蛋白质，这样会导致体内营养失衡。

6. 肉煮在汤里，喝汤比吃肉更有营养

汤中的无机盐含量仅为肉类的25%～60%，汤中的蛋白质含量仅为肉类的3%～12%，所以幼儿除了喝汤外，还要吃肉。同时，为了增加汤的营养，最好在煨汤的时候加入一些蔬菜。

7. 孩子吃汤泡饭胃口好

有些家长认为，孩子吃汤泡饭可以加快吃饭速度，还可以增加进食量，也有家长认为吃汤泡饭与吃饭、喝汤是一回事。事实上，汤泡饭进入口腔，会将唾液冲淡，减少唾液的消化作用，从而造成食物营养成分未经充分消化和吸收就排出体外。

8. 贵的食物才有营养价值

一些家长对食物的营养价值认识不足，盲目地追求高价位的食物，错误地认为贵的食物才有营养价值。例如：有些家长不让孩子吃新鲜蔬菜和鱼肉，而让孩子吃罐头食品；有些家长轻视普通膳食，过多地让孩子吃零食或各种补品。这样容易导致孩子营养失衡。

9. 多吃甜食可以增加热量

适当地吃一些甜食可以补充热量，多吃会影响食欲，从而影响幼儿的生长发育。

10. 幼儿园有课间点心供应，孩子不吃早餐不要紧

考虑到幼儿胃容量小，早餐不可能吃得很多，为了满足幼儿上午活动和学习的需要，幼儿园会在课间休息时提供牛奶、小糕点等。但是，点心代替不了早餐。幼儿早餐安排应选择体积小、味道好、富含热量、含有一定蛋白质和维生素的食物。早餐要注意干稀搭配，主食、副食兼顾。

11. 用饮料代替白开水

各种饮料都含有合成色素和防腐剂，对幼儿的生长发育不利。白开水具有饮料不能替代的独特作用，煮沸后自然冷却的凉开水，容易透过细胞膜促进新陈代谢，利于体内废物的排泄，提高人体的免疫力。

第四节　幼儿园物力资源管理

【案例分析】

某幼儿园是一所部队幼儿园，经费来源较广，园舍建设、设备添置等大型开支均由上级部门拨款供给，因此此幼儿园环境优美，物质条件在当地首屈一指，家长们都争先恐后地送孩子到此幼儿园就读。一次，为了迎接市级一类园所验收，幼儿园需要进行一定的包装，于是向上级部门打报告要求拨款，上级部门马上做了批示。幼儿园领导从中花了1.6万元购置了一张弹簧床和一个海洋球屋。新玩具一放到幼儿园的花园里，就吸引了教师和幼儿。户外活动时，大家都争先恐后地挤到弹簧床和海洋球屋旁。为了保证幼儿的安全，也为了延长玩具的使用寿命，园长在这两件玩具上加了锁，并挂上小木牌，小木牌上写有开放时间和每次玩的人数，由幼儿园的玩具管理员每天负责开门、锁门。这样，活动开展得井井有条，也没有出现拥挤的现象。但是，由于该幼儿园在南方多雨地带，弹簧床长时间日晒淋雨，加上管理员只是按时开门、锁门，没有及时检查和维修，上面的螺钉一颗颗掉下来也没有人拧上去。海洋球屋虽有屋棚，但屋檐太窄，雨水常常飘进屋内，又没人打扫，孩子们一进去就弄得一身湿，所以教师也就不愿意带孩子去玩了。半年后，弹簧床散架了，变成了一堆废品；海洋球上满是泥和土，门上挂着大锁，海洋球屋变成了幼儿园的"装饰品"。大型玩具得不到充分利用，最终成了一堆废品。

思考

这个案例暴露出了幼儿园管理中的哪些漏洞？

幼儿园物力资源管理是指幼儿园对环境、房屋、玩具、图书资料及其他物品的管理。物力资源管理是总务管理工作中一项十分重要的内容，也是一项比较烦琐的工作。

一、幼儿园物力资源管理的内容

(一)对环境的管理

环境是幼儿园的门面，环境管理得如何直接影响着幼儿园的形象。幼儿园的环境应该是清洁、安全、充满童趣的。幼儿园的环境包括室内环境和室外环境。

室内环境要根据各班幼儿的年龄特点进行布置。室内环境的布置要有动感，可以根据需要进行改变和调整。幼儿园的室内环境不应是摆设，而应为教育服务，成为教育的重要手段之一。

室外环境要尽量扩大绿地面积，做好绿化工作。另外，室外环境布置要有总体规划，大型玩具的摆放要整齐、错落有致。对大型玩具要定期进行维修，以保证幼儿的安全。各种玩具在摆放时要间隔一定的距离，以免离得太近，幼儿在玩耍时，由于拥挤而发生危险。有条件的幼儿园还可以开辟种植园、动物饲养角，为幼儿提供观察、饲养的机会。

【案例分析】

一个教育督导员，在巡视了两所幼儿园以后，对这两所幼儿园的教室环境做了如下评价：甲幼儿园的教室，玩具丰富多彩，墙面栏目非常丰富，布置得很有童趣，各发展领域的内容都能在教室环境中得到体现，但是每个教室整齐划一，环境布置得基本相同，没有个性；乙幼儿园的各班教室完全是个性化的，有的教室是区域式的，有的教室是开放式的，有的教室废物利用很有特色，有的教室结构和材料极其丰富，有的教室表演区非常醒目，总能从不同的教室发现新的创意。

思考

你觉得以上哪个幼儿园的教室环境布置得更好？请说出理由。

(二)对房屋的管理

幼儿园的房屋，主要包括教室、活动室、寝室、卫生间等。房屋的装修要美观、实用、方便。有些幼儿园盲目地追求豪华、不考虑教育特点的做法是不可取的。对房屋要定期进行维修，以免发生危险。

(三)对玩具的管理

幼儿园可以以班级为单位为各班活动室配备数量充足、种类齐全的玩具，如进行角色游戏的娃娃、家具、炊具、餐具等，进行建筑结构游戏的各种型号和规格的积木，开展智力活动的套叠玩具、拼图、七巧板、棋类玩具，开展体育活动的球类、跳绳、沙包等。玩具的配备和管理要注意以下几点。

(1)要符合幼儿的年龄特点。不同年龄班的玩具应有所不同，小班的玩具数量要多，体积要大，中班和大班的玩具则应复杂一些，便于幼儿探索。

(2)要具有教育功能。玩具的价值不是以其价格来衡量的，关键是看其能否引起幼儿的兴趣，激发他们的创造性。有许多废旧物品，不定型，可变化性大，可以为幼儿提供极大的想象空间。幼儿园在配备玩具时，不必追求精致和豪华。

(3)玩具应放在幼儿看得见、拿得到的地方,便于幼儿选取。

(4)要注意玩具的安全和卫生问题。幼儿园配备的玩具不能有尖锐的棱角,如有破损,应及时修补完整,以免幼儿使用时发生危险。玩具要经常清理和消毒,使用时教师要注意教育幼儿爱护玩具,轻拿轻放,避免损坏。

目前,市场上的玩具有很多种,有的价钱较贵,幼儿园要量力而行,买不起进口玩具,可以买国产玩具,甚至可以收集废旧物品,只要安全、无毒即可。玩具应摆放整齐,定期检查,定期清洗,经常消毒。教师要注意培养幼儿自己收拾、整理玩具的习惯。

(四)对图书资料的管理

图书资料室是用来存放报纸杂志、教学参考书、各类工作计划和工作总结的地方。有条件的幼儿园可以设置图书资料室,没有条件设置图书资料室的幼儿园,可将图书资料室与教师备课室结合使用。图书资料室应由专人负责管理,在管理上应做到以下几点。

(1)定时开放图书资料室。

(2)图书资料室要保持干净、整齐、安静。

(3)严格执行图书资料借还制度。

(五)对其他物品的管理

幼儿园的物品很杂,除了上述各种物品外,还有一定数量的食品、生活用品和办公用品等。为了更好地对这些物品进行管理,幼儿园要制定相应的管理制度。物品管理制度主要有以下几种。

(1)物品采购制度。建立和健全物品采购制度是物品管理的重要环节。

(2)物品验收制度。各类物品经验收后才能入库。管理人员要仔细核对物品品种、数量、质量,严格把好验收关。

(3)物品供应制度。幼儿园的物品种类繁多,为了保证物品的及时供应,幼儿园应该建立物品供应制度。其基本内容包括以下几个方面:①指定专人负责物品供应工作;②定时供应物品;③定量供应物品;④及时保证物品的供应;⑤建立领物登记簿。

二、幼儿园物力资源管理的注意事项

(一)为教学服务

物力资源是教学的物质保障,幼儿园对物力资源进行管理是为了更好地搞好教学工作。幼儿园物品管理人员要根据幼儿园的教学要求,有计划地改善教学条件,在教学工作的各个阶段,保证所需要的各种教学设备和教学用品的供应,努力为幼儿和教师创造良好的学习环境和工作环境,使教师能够心情舒畅地完成教学任务。

(二)勤俭节约

幼儿园物品管理人员要严格执行物品管理制度,精打细算,不铺张,不浪费,使全园教职工都形成艰苦奋斗、勤俭节约的行为习惯。采购员采购物品时要货比三家,尽量多为幼儿园省钱。

(三)逐步走向社会化

幼儿园的许多问题都可以通过社会来解决,例如物品的采购,可以通过电话联系,让商家送货上门,这样既可以节省开支,也可以避免出现不正之风。

第五节　幼儿园一般事务管理

幼儿园一般事务管理的内容包括许多方面，主要有招生编班工作、生活制度与作息时间表的制定、档案资料管理等。

一、招生编班工作

招生编班工作具有较强的时间性。招生数量通常依据本园的规模和各方面的条件来确定。在市场经济背景下，幼儿园应考虑社会需要的多样化，积极挖掘自身的潜力，发挥优势，做好招生工作，同时满足当地社区和家长的需要。幼儿园的招生编班工作一般按以下步骤进行。

首先，拟定和张贴招生布告，介绍幼儿园的基本情况、服务范围、特色等，说明招生人数、招生年龄范围、招生日期等。

其次，组织招生报名工作。准备好报名表，由家长填写，招生时可简单了解幼儿的一些基本情况；发放体检表，要求家长带幼儿到指定医院体检，对体检合格的幼儿发放录取通知单。

再次，按录取名单编班，建立新入园幼儿名册。幼儿园应参照教育行政部门的有关规定并结合幼儿园的实际情况编班。一般，3 岁以上的幼儿以 1 岁为限编班，3 岁以下的幼儿以半岁为限编班。

除了要做好招生编班工作外，幼儿园还要对现有班级做好升班工作。如果需要调整更换班级保教人员，必须做好交接班工作。交接班的保教人员要针对班级整体情况，以及每个幼儿的身心发展情况、个性特点等方面进行沟通，以便保教人员和幼儿之间能尽快地相互适应，保证保教工作的顺利开展。

二、生活制度与作息时间表的制定

生活制度和作息时间表要在考虑幼儿园班级数量、场地等实际条件的基础上，根据幼儿的年龄特点来制定。作息时间表一般要根据季节进行调整。幼儿一日活动的安排要科学合理，动静结合，室内外结合，集体活动、小组活动与自由活动要交替进行。总之，幼儿一日活动的安排要有利于教育方针的贯彻和游戏活动的开展。

三、档案资料管理

幼儿园档案资料管理是行政管理中一项十分重要的工作。为了更好地管理档案资料，幼儿园应建立相应的管理制度。

幼儿园档案资料主要包括以下几种。

(1)人事档案资料，如幼儿名册、教职工名册、上级部门下发的文件、向上级部门上报的文件、各种工作计划与工作总结、会议记录及工作检查记录、教职工考勤记录、园务日志等。

(2)教职工业务档案资料，如保教工作笔记、专题报告、已发表或未发表的论文、评价与奖励资料等。

(3)其他档案资料，如保健工作档案资料、财务档案资料等。

幼儿园档案资料种类繁多，如果管理不善，会给工作带来许多不便。幼儿园一般采取分层管理的办法来管理档案资料，即将档案资料分成不同层次，由不同管理层次的人员分别进行管理。

四、其他事务性工作

幼儿园的事务性工作还包括许多琐事，其中，有一些工作是季节性的，如防寒工作、防暑工作等。

【本章小结】

总务管理是幼儿园管理的重要组成部分，是对全体人员的全部事务的管理。总务管理包括财务管理、膳食管理、物力资源管理以及一般事务管理。财务管理主要指对资金、资产的管理。膳食管理是幼儿园总务管理工作的重要组成部分，总务部门必须与卫生保健部门协作配合，做好这项关系到幼儿健康的工作。物力资源管理是指对环境、房屋、玩具、图书资料及其他物品的管理。一般事务管理的内容包括许多方面，主要有招生编班工作、生活制度与作息时间表的制定、档案资料管理等。幼儿园总务管理的质量直接或间接地关系到幼教方针的贯彻，并且会影响幼儿园保教工作的质量。

【思考与练习】

1. 幼儿园总务管理的主要内容有哪些？
2. 幼儿园总务管理的要求是什么？
3. 幼儿园应如何加强对经费的管理？
4. 分析几所幼儿园的一周食谱，并制定合理的一周食谱。

第十一章

幼儿园公共关系管理

【学习目标】

1. 了解公共关系和幼儿园公共关系的含义。
2. 理解幼儿园开展公共关系活动的原则。
3. 熟悉幼儿园家长工作的内容。
4. 理解幼儿园与家长、社区、上级教育行政部门及媒体沟通的方法。

【案例分析】

一位家长带着3岁的儿子到一所幼儿园实地考察，准备为儿子联系入园的事。在园长的陪同下，他们进入了小班教室，看到幼儿园的小朋友们正在开心地玩游戏，小男孩也不由自主地和小朋友们玩了起来。园长和老师向家长介绍幼儿园的情况时，小男孩突然大声哭起来。保育员连忙走上前去，发现小男孩尿裤子了。保育员马上抱起小男孩，找来一套干净的园服，先帮他清洗干净，再帮他换上裤子，然后将尿湿的裤子洗干净后还给了家长。这位家长随后就给小男孩办理了入园手续。

思考

为什么家长会选择该幼儿园给小男孩办理入园手续呢？

第一节　幼儿园公共关系概述

幼儿园作为学前教育机构的主要形式，是独立存在的，但是当幼儿园作为一个社会组织存在时，它与各种社会群体之间存在着千丝万缕的联系。

一、公共关系的含义

公共关系是指一个组织运用有效的传播手段，使自身适应公众的需求，并使公众也适应组织发展的需要的一种思想、策略和管理职能。

公共关系包含五层意思：一是指组织所处的社会关系和社会舆论的状态，如评价某组织具有良好的社会形象；二是指组织为创造良好的社会环境、争取社会舆论的支持而采取的策略、行动和活动，如评价某组织注意良好社会形象的建立；三是指组织成员在公共关系实践中形成的影响人们思想和行为的深层的思想意识，如评价某组织全员具备良好的社会形象意识；四是指以公共关系的客观状态和活动规律为研究对象的一门综合性的应用学科，即公共关系学；五是指一种职业。

公共关系具有三个核心要素：社会组织、社会公众、传播。社会组织是指为了实现特定的目标而有意识地组合起来的社会群体，它是公共关系活动的主体。社会公众是指与社会组织发生直接或间接关系，对该组织的生存和发展具有现实或潜在影响的个人、群体和社会团体，它是公共关系活动的客体和对象。传播是指社会信息的传递或社会信息系统的运行，它是公共关系活动的载体。社会组织、社会公众、传播之间的关系如图 11-1 所示。

图 11-1　社会组织、社会公众、传播之间的关系

【案例分析】

某公司公共关系部的一位经理在向公共关系培训班的学员们讲解什么是公共关系时，这样说道："一个青年追求伴侣，可以有许多种办法，大献殷勤是其中一种，但这不是公共关系，而是推销；努力修饰自己的外貌，注意谈吐和举止，这也是一种吸引人的办法，不过这也不是公共关系，而是广告；如果这个青年经过仔细的研究和思考，制订出一个计划来，然后埋头苦干，以成绩来获得他人的称赞，最后通过他人的口将自己的优良形象传递出去，这就是公共关系。"

思考

结合这个案例，你认为公共关系的含义是什么？

二、幼儿园公共关系

（一）幼儿园公共关系的含义

幼儿园公共关系是幼儿园为了实现教育目标，有组织、有计划地运用传播手段与外界沟通联系，在幼儿园与公众之间建立和发展相互理解与支持的关系，以塑造幼儿园这一社会组织的良好形象和创造最佳的教育环境的社会实践。

（二）幼儿园公共关系的特征

1. 情感性

幼儿园公共关系是一种创造美好形象的艺术，它强调的是通过成功的人和环境、和谐的气氛、最佳的社会舆论，赢得社会各界的信任与好感。我国古人办事讲究"天时，地利，人和"，并把"人和"作为事业成功的重要条件。幼儿园公共关系就是要追求"人和"的境界，为组织的生存、发展以及个人的活动创造最佳的软环境。

2. 双向性

幼儿园公共关系是以真实为基础的双向沟通。双向性是指幼儿园一方面要吸收社会各界对自己的评价和期望，不断地加以调整；另一方面要对外传播，使公众认识和了解自己。

3. 广泛性

幼儿园公共关系的广泛性包含两层意思：一是公共关系存在于幼儿园的所有行为中，即公共关系无处不在，无时不在，贯穿于幼儿园的整个生存和发展过程；二是幼儿园公共关系的对象具有广泛性，既可以是已经与幼儿园发生关系的公众，也可以是将要与幼儿园发生关系的公众。

4. 整体性

幼儿园公共关系的宗旨是使社会公众全面地了解幼儿园，从而提高幼儿园的知名度。幼儿园公共关系侧重于幼儿园在社会中的竞争地位和整体形象，以使人们对幼儿园产生整体性的认识。它并不是要单纯地传递信息，宣传幼儿园的社会地位，而是要使公众全面地了解幼儿园。

5. 长期性

幼儿园公共关系的实践表明，公共关系应该是经常性与计划性的，幼儿园必须从长远考虑来规划公共关系。

(三)幼儿园公共关系的意义

1. 幼儿园的发展需要公共关系

随着我国社会主义市场经济的不断发展，幼儿园管理从简单转向复杂，从单一转向多元。为了增强幼儿园的竞争力，幼儿园管理不能停留在完成教学计划、保证幼儿安全等常规性的管理水平上，还要考虑如何宣传自己，如何在公众中树立自己良好的形象，如何与企业、社区等友好往来，从而促进自身的发展。幼儿园开放的、立体的管理模式要求管理者加强对外交往，及时掌握各方面的信息，这一切都需要借助于有效的公共关系活动来实现。

2. 幼儿园的内部管理需要公共关系

公共关系活动就像一面镜子，能使管理者清醒地认识到自身的优势和不足，从而克服自负和自卑心理，有针对性地改进工作，逐渐形成自己的特色。幼儿园管理受家长和社会的监督，幼儿园应随时根据家长和社会的需要调整园内的工作，以便更好地为家长和社会服务。控制是幼儿园管理的重要职能之一，公共关系活动为控制职能的有效发挥提供了必要的依据。

3. 幼儿园良好精神环境的创造需要公共关系

幼儿园管理工作不是孤立存在的，它总是处于一定的环境之中。环境可以分为物质环境和精神环境两个方面。物质环境是基础和保障，精神环境在一定的物质条件下起决定作用。精神环境主要指向人的感情、情绪和心境，它是一种氛围，具有很强的社会性。人与人之间、群体与群体之间的相互交往是公共关系活动的重要内容。实践表明，公共关系活动有助于幼儿园与有关单位建立良好的关系，使幼儿园的工作得到大家的信任和理解，从而为教职工创造良好的精神环境。

【案例分析】

某幼儿园召开园务会，一位家长提出了他对于幼儿园管理的一点看法。他说："现代社会是一个开放的社会，公共关系对于任何一个组织都是很重要的，我觉得咱们幼儿园在这方面的工作做得还不够，应该成立一个专门负责对外公共关系的机构，为幼儿园的发展创造一个良好的外部环境。"这位家长的讲话立即引起了强烈的反响。有些家长认为幼儿园应以对幼儿的保育和教育为主，幼儿园工作的中心应该是保教工作，公共关系对于办好幼儿园并不是很重要。最后，该幼儿园的杨园长谈了自己的看法，她说："幼儿园工作以保教工作为中心，这一点是毫无疑问的。但公共关系对于幼儿园的发展也是非常重要的，特别是要处理好与幼儿家长和所在社区的关系。因此，我们必须重视公共关系在幼儿园工作中的地位，加强公共关系工作。至于以何种方式加强公共关系工作，是否有必要成立一个专门的机构，这需要我们认真研究后再做决定。"会后，在杨园长的带领下，该幼儿园的公共关系工作得到了加强。

分析与思考

案例中关于幼儿园公共关系的观点主要有两种：一是认为幼儿园公共关系很重要；二是认为保教工作是幼儿园工作的中心，公共关系并不重要。事实上，第二种观点是不正确的。幼儿园工作是应该以保教工作为中心，但保教工作需要其他工作的配合才能顺利完成。其中，公共关系发挥着很重要的作用，特别是处于现在这个日益开放的社会里，公共关系对于办好幼儿园更加重要，具体表现在以下几个方面：①公共关系有利于调整幼儿园与公众的多边关系，使幼教事业得到公众的支持，从而优化育人环境；②公共关系有利于树立幼儿园的良好形象;③公共关系有利于引导和组织家长、社区参与幼儿园的教育与管理活动,形成教育的合力;④公共关系有利于在幼儿园内部形成和谐的人际关系与组织氛围,增强凝聚力,充分调动全体员工的积极性。由此可见,公共关系在幼儿园管理中发挥着重要的作用,幼儿园管理者一定要重视公共关系,加强公共关系工作,只有这样,才能管理好幼儿园。

(四)幼儿园公共关系的对象

幼儿园公共关系的对象是幼儿园所在地区的公众,可分为内部公众和外部公众两大类。内部公众包括幼儿园教职工、幼儿、幼儿园主办单位或个人;外部公众包括幼儿家长、社区、主管部门人员、公共媒体、同业者等。

1. 内部公众

1)幼儿园教职工

幼儿园教职工是与幼儿园关系最紧密的公众,是幼儿园保育与教育工作正常开展的最基本条件。他们在幼儿园公共关系中具有双重身份,他们既是幼儿园对内公共关系的客体,也是幼儿园对外公共关系的主体。

2)幼儿

幼儿是幼儿园工作的对象,是幼儿园保育和教育工作水平的直接反映者,是幼儿园的形象代言人,也是幼儿园对外宣传的发言人。

3)幼儿园主办单位或个人

主办幼儿园的企事业单位或个人是幼儿园办园经费的重要来源,是幼儿园发展规划和重大决策制定的重要参与者,是幼儿园重要的内部公众。

2. 外部公众

1)幼儿家长

幼儿家长是幼儿园的服务对象,是与幼儿园有着最直接利益关系的外部公众,是幼儿园实现市场传播和沟通的最佳人选。

2)社区

社区是若干社会群体或社会组织聚集在某一个区域里所形成的一个在生活上相互关联的大集体,是社会有机体最基本的内容,是宏观社会的缩影。它是幼儿园重要的教育资源,是实现幼儿园与社会对幼儿的共育的场所。

3)主管部门人员

幼儿园的主管部门是对幼儿园的所有工作进行指导、监督、检查的上级教育行政部门和其他政府部门。主管部门人员是最具有权威性的公众,幼儿园必须与他们保持良好的关系,争取得到他们的支持和认可,从而为幼儿园的发展争取有力的政策、经济、法律等方面的支持。

4)公共媒体

公共媒体是幼儿园形象传播的重要途径。幼儿园可以通过公共媒体向社会宣传自己,制造有利的社会舆论,树立优良的形象,进而增强自身的影响力和竞争力。

5)同业者

幼儿园的同业者一般是幼儿园的竞争对手,但有时也可以成为合作伙伴。幼儿园应向同业者学习与请教,只有抱着虚心的态度,才能得到同业者的支持。幼儿园要想克服同业者给自身带来的负面影响,就要突出自身的办园特色。

(五)幼儿园开展公共关系活动的原则

公共关系是一种“内求团结,外求发展”的职能活动。幼儿园管理者应从大处着眼,从小处着手,认真做好这一项对组织发展具有重要意义的工作。幼儿园在开展具体的公共关系活动时，要遵循以下几项原则。

1. 信誉至上

"信"指诚实守信，"誉"指名誉、声誉。所谓信誉，是指人与人之间、单位与单位之间形成的一种相互信任的生产关系和社会关系。信誉至上是指在公共关系活动中要将信誉放在首位，诚实守信，不做虚假宣传，尊重客观事实。幼儿园在公共关系活动中，必须遵循信誉至上的原则，将信誉视为幼儿园的生命，将信誉当作幼儿园生存发展的前提条件，形成人人讲信誉的良好氛围。信誉至上原则主要表现在如下几个方面。

第一，实事求是地宣传幼儿园。

第二，及时兑现幼儿园向社会所做的承诺。

第三，经常对教职工和幼儿进行诚实守信的教育。

第四，敢于接受社会和家长对幼儿园的批评、建议和意见。

【案例分析】

某班的孩子午睡起床后，觉得眼睛有点难受。保健医生检查后说："有点像红眼病，可是晨检的时候没有发现这种症状，不应该是红眼病！"园长马上请来保洁员，让保洁员检查孩子们的床铺，保洁员检查后没发现什么。园长又把早班老师叫回幼儿园，让她们想想上午带孩子去了什么地方。这时孩子陆续离园，老师一边向家长交代回去后给孩子滴眼药水，一边继续查找原因。突然，一位早班老师说："我想起来了，十点半我带孩子们到户外活动，关灯时没注意，按错了开关，把紫外线灯打开了……"园长问："紫外线灯大约开了多长时间？"早班老师说："一个多小时。"园长马上向眼科医生咨询，眼科医生说可能是灼伤，随即开了一些眼药水，并说："如果明天不见好转，马上带孩子们来医院检查。"园长连夜派老师到小朋友家中送眼药水，并向家长说明原因和注意事项。第二天早上，孩子们来幼儿园时，眼睛都已经好了。晚上，园长特意召开了家长会，在会上，园长、当事教师当面向家长做了检讨，并承认了错误。另外，幼儿园还向小朋友们发放了营养品。事后，幼儿园依照规定扣发了园长和当事教师当月的奖金。

分析与思考

此幼儿园园长发现事故后及时找保健医生、保洁员等查找原因，并连夜派老师到小朋友家中送眼药水，改正错误的态度一丝不苟。事后，园长还特意召开家长会，向家长承认错误，并对小朋友们进行补偿，维护了幼儿园良好的信誉。

2. 公开、开放

幼儿园公共关系活动强调沟通的双向性和管理的透明度，即幼儿园公共关系活动应遵循公开、开放的原则。首先，幼儿园要敢于打开自己的大门，面向幼儿家长，面向上级教育行政部门，面向公共媒体，允许他们用各自特有的方式去宣传幼儿园；其次，幼儿园要创造机会向社会展示幼儿园的办园特色、幼儿的作品等，以提高幼儿园的社会影响力；再次，幼儿园管理者要树立开放办园的理念，引进先进的幼儿教育经验，学习全新的幼儿教育理念，走出去请教学习，请进来帮助提高，但要把握好开放的度，要以不影响幼儿园保育与教育工作的正常开展，不影响幼儿的健康成长为根本标准。

3. 互惠互利

在公共关系活动中，主体和客体的行为都受一定的物质或精神利益的驱使，单方付出或单方得到都是不太可能的。互惠互利是公共关系活动最基本的原则，公共关系活动是在互惠互利的基础上进行的。幼儿园的公共关系活动同样要坚持互惠互利的原则，要以社会利益为本，以公众利益为出发点，坚持为社会服务，努力追求社会效益。

【案例分析】

北京市西城区新街口街道高井幼儿园是一所街道幼儿园。在经费不足、生源偏少、生存条件极端恶劣的情况下，高井幼儿园积极响应区里开展社区幼儿教育的号召，面向散居儿童开放办园，成为区里开展社区幼儿教育的典型，使得该园的生源不断增加，社会声誉逐步提高。该园园长刘云介绍了她的办园经验。

1997 年，西城区号召区内幼儿园树立大教育观念，面向散居儿童开放办园。当时包括刘园长在内的很多人都认为入园的孩子都不一定能够管好，哪有时间和精力去管那些未入园的孩子。因为思想上没有转过弯来，刘园长一直对社区幼儿教育抱有抵触情绪。

通过区里多次组织学习，刘园长逐渐意识到：社区幼儿教育不仅能利用社区资源，让社区为幼儿园服务，而且幼儿园也可以与社区共享自己的教育资源，使幼儿园与社区形成双向互动、互惠互利的关系。思想观念转变了，刘园长逐渐将学到的理论用于实践，边实践边探索。起初，他们的教育对象主要是散居儿童，他们利用双休日对散居儿童的家庭教育情况做了调查，并对家庭教育薄弱户进行了入户指导。很多家长不理解，总觉得教育孩子是自己的事，幼儿园这么热心是不是另有所图，因此对去辅导站听课的积极性不高，对入户指导的老师不热情，对带孩子参加幼儿园组织的活动也没兴趣。面对这种情况，刘园长并没有气馁，而是充分发挥居委会的作用，组织针对散居儿童的活动。但是在实践中，他们发现这种方式并不能取得很好的效果。后来，刘园长渐渐明白，对散居儿童进行教育的关键是对他们的家长进行教育，为他们创造一个良好的家庭教育环境。有了这一明确的目标之后，刘园长采取了几项措施：设立园外辅导员，由有经验、水平高的教师担任，园外辅导员每星期轮流到园外讲课；建立相关制度，明确幼儿园与居委会各自的分工与职责。由于有了制度作力保障，居委会热心牵头，架起了幼儿园与散居儿童家庭沟通的桥梁，使教育家长的工作得以顺利开展。通过多方面的努力，家长听课的积极性提高了，带孩子参加活动的次数也增多了。很多家长转变了以前错误的教育观念，懂得了科学育儿的理论与方法。社区幼儿教育不但影响了家长，也使幼儿园从中受益：由于面向散居儿童开放办园，提高了幼儿园的知名度，高井幼儿园的生源明显增加，低龄幼儿的入园焦虑也大大减轻。

针对社区幼儿教育取得的良好的社会效益和经济效益，刘园长深有感触地说："幼儿园不能关起门来办，只有依托社区开放办园，走幼儿教育社会化的道路，幼儿园才会有前途。"

分析与思考

为家长服务，为社区服务是幼儿园的宗旨，也是幼儿教育社会化的必然要求。幼儿园作为社区幼儿教育的基地，不应只关注入园孩子的受教育情况，还要担负教育家长、教育社区内散居儿童的任务。本案例中，高井幼儿园依托社区，面向散居儿童开放办园，使社区幼儿教育得到了较好的发展，同时也给幼儿园带来了社会效益和经济效益，充分体现了互惠互利的原则。

4. 全员参与

幼儿园不像企业有专门的公共关系部门，在幼儿园里承担公关任务的主要是幼儿园的领导和总务部门人员，但是单靠这些人员从事公共关系活动是远远满足不了幼儿园发展的需要的，因此，幼儿园必须动员全体教职工参与公共关系活动。让全体教职工参与公共关系活动并非让全体教职工都成为公关人才，而是让每一个教职工都意识到自己是幼儿园的一员，自己的形象与行为代表着幼儿园，影响着幼儿园，必须随时注意自己的言行，力所能及地参与幼儿园的公共关系活动。

第二节　幼儿园与家长的公共关系管理

【案例分析】

某幼儿园，朵朵和笑笑在一起玩耍，朵朵不小心用指甲将笑笑的前胸划破了。放学时，笑笑的妈妈来接笑笑，看到笑笑在哭，简单询问之后，就冲向朵朵，大声斥责："你这样对我女儿，我也让你试试。"说完，笑笑妈妈就用指甲将朵朵的前胸划破了。事情发生在一瞬间，老师也没来得及制止。

思考

如果你是这所幼儿园的老师或园长，你会如何与这两个孩子的家长沟通？

家长既是幼儿园的服务对象，又是幼儿园的教育合作者。幼儿园与幼儿家长的公共关系是宣传幼儿园，提高幼儿园社会竞争力的有效途径之一。除此之外，幼儿园做好家长工作，也是实施家园共育，实现幼儿保育与教育目标的重要保障。因此，幼儿园必须做好家长工作，重视对家长工作的管理。

一、幼儿园与家长的公共关系的意义

(一)通过家长工作，家园协调配合，促进幼儿健康发展

《幼儿园工作规程》规定，幼儿园应当主动与幼儿家庭沟通合作，为家长提供科学的育儿指导，帮助家长创设良好的家庭教育环境，共同担负教育幼儿的任务。这个规定指出了幼儿园与家长共同作为教育者所担负的任务与职责，以及幼儿园家长工作的主要内容。

在我国，幼儿园教育与幼儿家庭教育在培养幼儿的目标和方向上是一致的，即都必须依据国家的教育方针，为培养社会主义现代化的建设者奠定良好的基础。幼儿园教师与幼儿家长都是对幼儿实施教育的主体。幼儿园作为正规的教育机构，要实施有效的教育，更好地实现教育目标。这就要求幼儿园必须将家长工作列入议事日程，把家长工作放在与保教工作同等重要的位置上，充分重视并主动做好家长工作，使家长与幼儿园在教育思想、原则、方法等方面达成共识，双方协调配合，形成教育的合力，促进幼儿健康发展。

(二)通过家长工作，指导和帮助家长承担起家庭教育的责任

家庭是儿童成长和发展的第一个环境。由于家庭对儿童的影响最直接，家长与儿童有着亲密的关系，在日常生活中有着密切的接触，所以家庭教育对儿童健康发展所起的作用是重要而又十分独特的。特别是在幼儿时期，孩子年龄小，对家长的依赖性大，家庭教育的作用就更大了。家庭教育对幼儿的影响是幼儿园教育不可替代的，同时对幼儿园的保教质量也是一个不容忽视的影响因素。

然而，家长作为教育者，虽然是儿童的第一个教师，但他们毕竟不是专业的教育人员，许多家长往往只是按照自然法则扮演家长的角色，并不了解幼儿教育的真正含义，缺乏科学的方法，在教育观念和教育方式上存在着种种误区和偏差。例如：有的家长认为教育就是要教知识，注重特殊技能的培养，把个人意愿强加在孩子身上；有的家长因为只有一个孩子，所以对孩子非常宠爱。这些均不利于儿童的健康发展。一些家长自身的文化水平和素养也不尽如人意，在潜移默化中，会使儿童受到不同程度的消极影响。

幼儿园及教师要了解和分析家庭教育的特点与问题，通过家长工作，引导和帮助家长树立正确的教

育观，使家长掌握幼教规律，提高科学育儿的自觉性，较好地承担起家庭教育的责任，发挥家庭教育的优势，给幼儿以积极、良好的影响。

（三）通过家长工作，激发家长参与幼儿园教育与管理工作的积极性，共同办好幼儿园

家长是幼儿园的服务对象，幼儿园要增强服务意识，主动做好服务工作，为家长提供方便。随着教育改革的深入和幼儿园逐步融入社会，我们应当认识到，在幼儿园与家长的相互关系中，家长是幼儿园积极、主动的服务对象，是一种重要的教育力量和资源，而不是消极、被动的服务对象或仅作为社会福利的受益者。

从幼儿园的教育与管理过程来看，家长是一种重要的教育力量和资源，幼儿园教育要想取得成效，必须得到家长的积极配合和参与。此外，家长的关心与支持、监督与评价也是搞好幼儿园管理、提高幼儿园工作质量的促进因素。从幼儿园的社会生存以及对外交流来看，家长是幼儿园走向社会，获得广泛的理解与支持，扩大教育和服务功能，树立自身良好的形象，从而扩大影响力的重要中介和桥梁。

幼儿园要努力做好家长工作，争取得到他们的关心和支持，激发他们参与幼儿园教育与管理工作的积极性，共同办好幼儿园。

二、幼儿园家长工作的内容

幼儿园家长工作主要包括以下四个方面的内容。

（一）密切幼儿园与家长的沟通和联系

幼儿园与家长的沟通和联系是幼儿园与家长公共关系的一项重要内容，也是做好家长工作的重要前提。通过沟通和联系，幼儿园和家长可以相互了解，相互理解，从而建立起相互信任的关系；通过沟通和联系，幼儿园可以及时获得反馈信息，不断改进家长工作，提高幼儿园的教育和管理水平；通过沟通和联系，家长可以及时了解幼儿在园的情况，了解幼儿园的教育要求等，与幼儿园协调一致地对幼儿实施教育。因此，幼儿园要密切与幼儿家庭的沟通与联系，了解幼儿的家庭环境与家长的教育方式等，有针对性地对幼儿进行教育，并为家长提供帮助。

（二）积极宣传和指导

幼儿园作为正规的教育机构，要主动承担起指导和帮助家长的责任，特别要注重通过多种方式向家长宣传国家的教育方针，引导家长树立正确的教育观；要将幼儿园的教育宗旨、工作制度、工作程序、服务项目等告诉家长，并征求他们的意见，以达成共识；要在了解幼儿家庭教育状况的基础上，有针对性地宣传科学的育儿知识，介绍或传授具体方法，帮助家长创造良好的家庭教育环境。

（三）为家长提供有效的服务

为家长服务是幼儿园的任务之一。幼儿园要引导教职工增强服务意识，积极开展家长工作，不断改进服务质量，以质量求生存，以服务求发展。幼儿园要主动了解家长的需要、愿望和要求，以及家长面临的困难和问题，并结合自身条件，尽力发掘自身的潜力，为家长提供有效的服务，较好地发挥幼儿园的社会职能，例如寒假和暑假照常组织教育活动、延长服务时间以满足特殊需要等。调查表明，当今家长对幼儿教育日益重视，并有强烈的学习幼教知识的需要，为此，幼儿园可以通过举办讲座、开展咨询活动等，提供有关的服务。幼儿园要不断提高保教质量，促进幼儿健康发展，并在此基础上，尽可能地为家长提供多样化的服务。

(四)争取家长的配合和支持,通过家长工作打开幼儿园通向社会的渠道

幼儿园应注意使家长了解幼儿园的工作情况、各阶段的工作计划与重点、教育活动的安排等,争取他们的理解、支持和配合。幼儿园应注重探索家长参与幼儿园教育和管理工作的有效方式,如成立家长委员会、园务公开等,使幼儿园工作得到家长的支持和监督,从而动员和依靠家长,共同办好幼儿园。

除此之外,幼儿园还要注意通过家长工作,加强与社会、社区的联系,有效地组织和利用社会力量与社区资源,争取并动员社会各方面力量对幼儿园工作的关心和支持,帮助解决幼儿园面临的问题与困难,改善办园条件,使幼教事业在社会各方面力量的关心、支持、参与下健康发展。同时,幼儿园也要很好地发挥为社会服务的作用,如向社会宣传幼儿教育的意义和科学的育儿知识,并主动参加或承担社区内一定的社会工作,如环卫工作、绿化工作等,实现双向服务,共同创造有利于幼儿教育发展的良好社会环境。

三、幼儿园开展家长工作的途径和方式

【案例分析】

浩浩是一个非常调皮的孩子,经常会闯祸。一天,浩浩又玩水把洗手间弄得全是水,还把小朋友洗手用的肥皂全部扔进了小便池里。老师生气极了,因为这已经不是一次两次的事情了,而且老师也多次教育浩浩:不能玩水,要节约用水;肥皂不是玩具,不能玩。可浩浩总是不听。于是,在浩浩妈妈来接浩浩的时候,老师忍不住告起状来:"浩浩妈妈,浩浩这孩子真是不听话,整天闯祸,你看,今天他又在洗手间里玩水,弄得洗手间里全是水,还把小朋友洗手用的肥皂全部扔进了小便池,你要好好教育教育他。"浩浩妈妈听了老师的话,脸色顿时阴沉了下来,看得出来她有些不高兴。随后浩浩妈妈忍住怒火,一把拉过站在一旁的浩浩,浩浩低着头,一声不吭地跟着妈妈离开了教室。

思考

你觉得这位老师告状的做法对不对?碰到类似的情况,你会如何处理?

幼儿园开展家长工作的途径和方式多种多样,归纳起来,常用的途径和方式主要有以下几种。

1. 家园联系簿

班级教师应为每个幼儿建立一本家园联系簿,定期或随时与家长联系,交流信息,交换意见和建议,分享有关幼儿教育的看法,共同探讨个别教育的计划与措施。在幼儿园中,家园联系簿的运用较普遍。

2. 家长园地

幼儿园可以以班级为单位开辟家长园地,向家长介绍幼儿园或班级教育计划、活动安排;针对家庭教育中存在的一些带有普遍性的问题,宣传科学的育儿知识;介绍家庭教育方面的经验,对开展亲子活动提出建议等。

3. 家访

幼儿园应要求教师有计划地对全体幼儿及家长进行家访。家访一般安排在学期初或学期末,主要是为了了解幼儿的家庭环境和家庭教育状况,密切教师与家长之间的联系,共同商讨有针对性的个别教育方案。家访还可以使教师了解幼儿在家中的表现等。教师在幼儿入园前进行家访是十分重要的,可以使幼儿和教师之间初步建立信任关系,有利于幼儿尽快地适应幼儿园生活。

4. 家长会

家长会是一种重要的家长工作形式,可以在全园范围内召开家长大会,也可以以班级为单位召开家长会,必要时也可将二者结合起来进行。幼儿园可以通过家长会向家长报告园所或班级工作情况,提出

一般性的教育要求，回答家长普遍关心的问题，也可以有针对性地征求家长的意见，使家长了解幼儿园、班级面临的实际问题与困难，取得家长的理解和支持。

【案例分析】

家长会上，一位家长抱怨道："我的孩子在幼儿园已经很长时间了，但是我现在对孩子在幼儿园的情况很不了解。孩子回家不太说幼儿园的情况，问老师，老师总说挺好的。真不知这'挺好的'到底好到什么程度，我们也不知道该为孩子做哪些准备。"言语之间，充满了对孩子教育的焦虑，对了解孩子在园情况的渴望，对"挺好的"的困惑。这位家长的话，立刻引起了其他家长的共鸣。

思考

如果你是园长或老师，你会如何做好家长工作？

5. 家长开放日活动

幼儿园可以定期举办家长开放日活动，请家长来园观看或参加活动。家长开放日活动可以使家长直观地了解幼儿园的教育内容、方法，直接看到幼儿在幼儿园的表现，了解教师的工作情况。同时，家长开放日活动也可以为幼儿更好地接触社会创造机会和条件。

6. 家长委员会

幼儿园应注重成立家长委员会，发挥家长组织的作用，更好地调动广大家长的积极性，使他们参与到幼儿园的教育与管理工作中来。从家长中选派代表组成家长委员会，作为幼儿园与家长联系的桥梁，既可以及时反映家长对幼儿园工作的意见和建议，也可以协调家长与幼儿园之间的关系，加强家长之间的联系，还可以较好地发挥家长作为重要教育力量和教育资源的作用，帮助和促进幼儿园不断改进工作。家长委员会要注意维护广大家长的权益，成为民主管理幼儿园的组织形式。

家长委员会要与幼儿园共同商议工作计划，并监督和检查工作计划的执行情况。家长委员会还可以通过参加伙食委员会等组织，对园内的各项具体工作发挥协助、监督作用。家长委员会可以在园长的指导下，定期或不定期地举行各种活动，例如开展有关家庭教育的研讨活动，使家长可以交流家庭教育方面的经验。家长委员会还可以组织家长根据各自的意愿或特长协助幼儿园做相应的工作，如担当保教助理、制作玩具、维修教学设备等。

7. 家长学校

家长学校是幼儿园家长工作的新形式，其主要功能是进行家长培训，帮助家长学习科学的育儿知识，提高家长科学教育子女的自觉性。家长学校可以按幼儿年龄对家长进行分班，也可以根据家长类型分班。家长学校既可以系统地向家长传授科学的育儿知识，也可以根据家长的要求或家庭教育中存在的各种误区举办各种专题讲座，还可以组织家长就共同关心的问题进行交流、研讨。家长学校的教育对象可以不限于在园幼儿的家长，可以扩大到社区范围内的学前幼儿的家长。

8. 邮件、QQ 群、微信等

现代化的信息工具已日益成为幼儿园与家长沟通的途径。幼儿园可以将各项工作的实际情况及最新成果以图片和文字的形式在邮件、QQ 群、微信中展示出来，这样既便于家长第一时间掌握幼儿园的相关信息，又有利于幼儿园与家长的信息沟通。

幼儿园要想做好家长工作，必须注意采取多种形式，并结合不同家长的特点，从实际出发，开展家长工作。此外，幼儿园在家长工作中还要注意不断总结和创新。

四、幼儿园与家长的公共关系的管理与指导

【案例分析】

新学期到了，幼儿园又要开始创设环境了。每个班的家园联系专栏都贴出了通知，要求家长们收集废旧材料并带到幼儿园，纸盒、挂历、矿泉水瓶、易拉罐等均可。第二天一早，家长送孩子入园的时候将各种废旧材料交给了老师，品种丰富，数量繁多。

一个月过去了，幼儿园要开展班级环境创设比赛，请家长收集废旧材料的通知又出现在家园联系专栏，家长们有些纳闷：不是才收集了吗，怎么又收集？尽管有疑问，但是大多数家长还是积极响应，按老师的要求收集了废旧材料。

又一个月过去了，幼儿园自制玩具比赛拉开了帷幕，请家长收集废旧材料的通知再次出现在家园联系专栏。这次很多家长都选择了视而不见，交给老师的废旧材料寥寥无几。

思考

本案例中，为什么支持、配合幼儿园工作的家长越来越少？

有关调查表明，幼儿园家长工作目前存在一定的问题，例如：对家长工作的意义认识不清；家长工作仅有形式，而无实际效果。幼儿园要想有效地开展家长工作，就要注意做好以下几个方面的工作。

（一）加强计划性

幼儿园要想做好家长工作，就必须加强计划性。幼儿园要把家长工作列入议事日程，在每学期的园务计划中全面考虑和安排家长工作，并要求班级保教计划中必须包括与家长工作有关的内容，把家长工作放在与保教工作同等重要的位置。同时，幼儿园要注意针对家长工作普遍存在的问题，改进工作计划。家长工作一定要避免形式主义，注意不断提高这项工作的效果与水平。

（二）注重制度建设

将家长工作制度化，把工作要求以条文的形式固定下来，形成规范，是有效开展家长工作的重要保证。制度中要明确规定各项家长工作的内容、目的和要求，落实有关负责人员，并确定完成各项家长工作的期限。家长工作制度主要包括日常性家园联系制度、家访制度、家长会制度等。家长委员会要想较好地发挥作用，也应制定相应的制度。

（三）宣传与指导

幼儿园管理者、领导者要注重宣传和指导，提高全园教职工对做好家长工作重要意义的认识。

家长工作是班级保教工作的重要组成部分，大量的最直接的家长工作都是由班级保教人员开展的。因此，幼儿园管理者、领导者要特别注重对班级保教人员的指导，要指导和帮助班级保教人员结合不同家长的特点，从实际出发，采取适宜的方式，做好家长工作。

第三节　幼儿园与社区的公共关系管理

幼儿园总是处于一定的地域范围，即社区之中，因此，社区是幼儿园生存和发展的基本环境。社区是

幼儿园公共关系活动的重要客体。

一、社区的含义及幼儿园与社区的关系

(一)社区的含义

社区是在相对独立的地域中,以一定的社会关系和生产关系为基础组织起来的共同生活的群体。

社区包括地域、生活服务设施、行为规范、社会生活方式,以及地方乡土观念等基本要素。

在我国,最基层的社区就是城市中的街道和农村的乡镇、村庄。在同一个社区中生活的人们,由于受共同的社会政治、经济和文化的影响,同时,由于处在相同的地理环境中,具有较大程度的社会一致性,形成了共同关心的问题。例如,居住在同一个地域范围内的居民们都关心所处区域的公共服务状况、交通状况、孩子的入学情况等。

(二)幼儿园与社区的关系

1. 幼儿园与社区是一种相互服务的关系

教育作为一种社会现象,是社区生活的有机构成部分。幼儿教育具有地方性的特征,是一种社区性的教育。幼儿教育主要是由所在社区而不是依靠国家和专门的教育机构举办的,是在社区各方面力量的参与和支持下举办的。社区通过多种渠道筹措经费,组织教育资源,根据当地的实际条件和社区群众的需要,兴办各种类型的幼儿园。社区所特有的自然环境、地理环境、社会经济、社会文化、社会风气及生活方式等必然会对本社区内的幼儿教育产生影响,因而幼儿教育具有地方性的特征。

幼儿园可以直接满足所在社区居民子女受教育的需要,为家长解除后顾之忧,使家长可以安心地工作。社区为幼教事业的发展提供条件和资源,而幼教事业的发展又直接为满足社区需要促进其发展服务。幼儿园与所在社区体现出一种相互服务的关系。

2. 社区学前教育——幼儿教育的社会化、社区化

随着社会的发展与教育改革的不断深入,幼儿教育社会化、社区化,成为历史的必然。幼儿教育社会化、社区化既是现代社会发展的客观需求,也是幼儿教育组织系统运行的内在需要。

从幼儿教育发展的外部条件分析,现代社会的基本特征是开放,开放意味着社会生活的各个方面日益社会化、整体化,各个社会系统与组织的利益紧密相连。现代社会的发展要求幼儿教育改变以往与社会生活脱节的状况,紧密联系社会,以便更好地促进人的发展,并实现社会服务功能。

从组织系统运行的内在需要分析,现代管理理论认为组织是一个开放的动态系统,强调组织与环境存在着相互依存的关系,组织是在组织与环境的相互作用中得到发展的,组织的效能取决于组织与环境的适应性。因此,幼儿教育只有走出自我封闭体系,面向社会,提供有效的服务,才能实现自身的不断发展。

幼儿园与社会、社区的双向互动不是自发实现的。一方面,社会、社区要增强关注和参与幼儿教育的意识;另一方面,幼儿园必须强化能动作用,注重转变观念,超越以往仅以自身为出发点和就教育谈教育的思维方式,增强主体意识、开放意识、服务意识,密切自身与社会、社区的联系,以满足社会对教育的需求为己任,立足于社区,履行社会职责。在我国当前深化经济体制改革的背景下,幼儿园要研究新情况、新问题,了解社会变化带来的新需要,主动为社会、社区服务,努力实现自身与社会、社区的双向互动,从而推动幼教事业的发展。

社区学前教育的意义和作用具体体现在以下几个方面。

(1)社区学前教育可以充分利用社会资源,包括自然资源、人文资源等,广泛动员并组织协调各方面力量,发展幼教事业,为更多幼儿提供受教育的机会。

(2)社区学前教育可以使幼儿教育从封闭走向开放,加强家庭、幼儿园与社区中各种教育因素的有机

联系，发挥整体优化功能，提高教育质量。

(3)社区学前教育可以使幼儿教育更好地立足于当地实际，因地制宜，形成各自的特色。

(4)社区学前教育可以扩大幼儿教育的社会职能，有利于发挥幼儿教育对当地社会和社区发展的作用，推动物质文明和精神文明建设。

二、幼儿园与所在社区的双向服务

幼儿园管理者要改变以往关门办教育的倾向，正确认识幼儿园与所在社区之间互惠互利、双向服务的关系，考虑幼儿园所在社区和社区公众的需要，加强幼儿园与所在社区之间的沟通和联系，在幼儿园与所在社区之间建立起相互理解、信任、支持与合作的关系，为幼儿园的生存和发展创造较好的条件，使幼儿园与所在社区相互促进，共同发展。

幼儿园作为公共关系的主体，其面向社区的公共关系活动主要体现在以下三个方面。

(一)发掘和利用社区教育资源，争取广大家长和社区各方面力量的支持

幼儿园要密切与社区的联系，充分发掘和利用社区教育资源，为幼儿园的发展提供良好的环境和条件。同时，幼儿园要争取广大家长及社区各方面力量的支持，努力提高教育质量，为家长和社会提供更好的服务。

幼儿园可以组织利用社区的人力及智力资源，如吸收具有一定学识和特长的家长、社区人士到幼儿园发挥其智力或特长优势，协助教师组织活动，传授知识和技能，这种方式对增长孩子的见识很有益处。幼儿园还可以组织利用社区的物力资源，例如：幼儿园可以收集社区内企业的剩余物资、废旧物品等，在符合幼儿园卫生和安全要求的前提下，变废为宝，将其作为孩子们的活动材料；场地窄小的幼儿园，可以利用社区公共设施如广场等开展户外活动。幼儿园正常运转的经费主要来自社区内的团体与个人。幼儿园可以向效益好的企业募集资金，用于改善办园条件，为孩子们创造良好的生活和学习环境。

(二)积极探索为社区服务的措施和途径

幼儿园作为社会整体的一部分，既需要依靠社会、社区的支持实现自身的发展，又要承担为社会服务，特别是为所在社区服务的职责。过去对前者强调得较多，幼儿园主要是从自身的需要出发考虑问题，要求社会、社区提供支持，后者往往被忽略。如今，在市场经济体制下，幼儿园必须注意了解所在社区的环境，了解社区公众的需要与追求，了解社区对幼儿教育的多种需要，分析社区的特点与优势，因地制宜，发掘和利用自身的有利条件，主动为社区服务，从而实现幼儿园与所在社区的双向互动和双向服务。

我们应当认识到，社会主义市场经济的迅速发展，使幼儿园面临新的问题与挑战，同时也给幼儿园带来了新的发展机遇。幼儿园必须主动迎战，积极探索走向社会并为之服务的措施和途径，有效地发挥幼教机构所应有的社会功能，与此同时，也为自身的生存和发展开拓更广阔的空间。

1. 实现资源共享

幼儿园要充分利用本园的教育资源，实现资源共享，为社区居民与儿童提供更多的教育与服务。幼儿园的房舍、场地、教育设施等在保证正常教育与教学的前提下，可以对社区开放，为社区内的散居儿童及其家长提供一定的教育条件。幼儿园还可以组织周日开放日活动，吸引散居儿童的家长来园参加活动。

近年来，一些地方特别是大中城市出生率下降，相应地带来了幼儿园生源减少的问题。为此，幼儿园一方面可以调整招生的年龄范围，另一方面可以提供灵活多样的服务，如有组织地向 2 岁以下的儿童提供半日保育和教育的服务，或者定期开展亲子活动等。这些措施既为社区内的散居低龄儿童提供了一定的受教育的机会，也使家长有机会相互交流和学习，并对幼儿园教育有所了解，从而为日后正式送幼儿入园接受正规教育打下了基础。

2. 履行学前教育机构的社会宣传职责

幼儿园作为专门的学前教育机构，要把向所在社区及公众宣传党和国家的教育方针，传授科学的育儿知识作为自己的重要任务。幼儿园要注重发挥正规教育机构的主导作用，积极对社区公众进行教育和宣传，从而影响他们的教育观念和行为方式，逐步在全社会形成正确的教育价值观、质量观。

3. 发挥社区精神文明阵地的辐射作用

幼儿园是文化教育机构，幼儿教师是教育工作者，幼儿园要通过提高教师的素质和加强园风建设，在社区公众中树立自身良好的形象，发挥社区精神文明阵地的辐射作用，为创设良好的社区公共环境做出应有的贡献。

幼儿园管理者与教师要积极参与社区公共事务，与社区及公众建立并保持良好的关系，共同搞好社区幼儿教育事业。

对于社区的一些公益活动，如社区植树绿化、社区交通安全及社区治安等活动，幼儿园一定要主动关心与支持，并积极参与。

幼儿园一定要注重转变观念，摆脱“坐、等、靠”的模式，增强服务意识，积极探索多种为社区服务的有效措施和途径，在为社区服务的同时，争取社会的支持，获得一定的经济效益，增强自身的实力。幼儿园要想有所作为，就要坚持改革，把内部管理体制的改革与外部关系的调整结合起来，只有这样，才能不断提高管理水平和办园质量。

（三）主动搞好社会协调，发挥综合整体效益

幼儿园要特别注重搞好社会协调，处理好自身与各方面的关系，主动适应并改变外部环境，不断提高管理成效。幼儿园要处理好自身与上级教育行政部门、幼儿家长、所在社区的关系，使各方面力量协调一致，共同创造有利于幼儿教育的环境。

一些办园时间较长、信誉较好的幼儿园，应注意建立广泛的社会联系，在社区教育中发挥更大的示范和影响作用。例如，管理规范、教师素质高、教育质量好的幼儿园可以凭借其优势对社区内的其他学前教育机构发挥指导作用，使本社区的幼教质量不断提高。

第四节　幼儿园与上级教育行政部门及媒体的公共关系管理

一、幼儿园与上级教育行政部门的公共关系管理

（一）教育行政部门的含义及其对幼儿园发展的影响

教育行政部门是指一个国家的各级政府对教育事业进行组织、领导和管理的机构或部门，分为中央教育行政部门和地方教育行政部门两类。我国的地方教育行政部门的基本任务和职责是：贯彻执行中央教育行政部门的教育方针、政策和法令，以及上级教育行政部门关于教育工作的指示；负责本地区教育事业的发展计划、基本建设、教师管理等工作；领导本地区各级各类学校的教育和教学工作，并对厂矿企业举办的学校进行业务指导。基于地方教育行政部门的基本任务和职责，可以判断幼儿园的上级教育行政部门对幼儿园发展的影响主要表现在以下两个方面。

一是对幼儿园的行政干预。上级教育行政部门可以根据法律规定限制幼儿园的行为，要求幼儿园承担一定的义务，检查幼儿园执行教育发展规划、方针、政策的情况，从而强制幼儿园沿着正确的轨道发展。

二是对幼儿园的支持与协助。上级教育行政部门可以对幼儿园的保教工作给予指导和建议，也可以为幼儿园提供经费补助。

基于以上两个方面，幼儿园必须处理好与上级教育行政部门的关系。

（二）幼儿园与上级教育行政部门沟通的方式

幼儿园与上级教育行政部门沟通的方式有以下几种。

（1）勤汇报，多请示。幼儿园的领导要创造一切机会，在确定办园目标、制订工作计划、学期工作开始与结束时，主动向上级教育行政部门的领导汇报工作，征求他们的意见。这样既有利于幼儿园工作的开展，也可以拉近幼儿园与上级教育行政部门之间的距离。

（2）积极参加上级教育行政部门组织的各种活动。上级教育行政部门每年都会面向幼儿园开展教育活动竞赛、师资培训、教育工作会议、运动会等各种活动，幼儿园必须积极参加这些活动，并争取在活动中有突出的表现，从而给上级教育行政部门的领导留下深刻、良好的印象。

（3）举办大型活动时，主动邀请上级教育行政部门的领导参加。在幼儿园面向社会公众举办大型园内主题活动、园外公益活动时，园长必须事先邀请上级教育行政部门的主要领导参加活动，邀请时，要认真介绍活动的目的、意义、内容及组织形式，清楚、准确地告知活动时间。在可能的情况下，幼儿园要事先为领导准备好发言材料。

（三）幼儿园与上级教育行政部门沟通的注意事项

1. 尊重上级，顾全大局

幼儿园尊重上级，顾全大局主要体现在以下几个方面：①高度重视并认真完成上级教育行政部门布置的各项工作任务，在完成任务时不能只考虑幼儿园自身的利益，应一切以大局为重；②主动帮助分担上级教育行政部门在工作中遇到的困难，支持上级教育行政部门的工作；③在与上级教育行政部门的领导沟通时要注意场合和方式，沟通时要得体、大方，并表现出极大的诚意和尊重。

2. 主动向上级教育行政部门汇报工作

幼儿园要定期、不定期地主动、积极地向上级教育行政部门汇报工作，让上级教育行政部门的领导在第一时间了解幼儿园的工作情况，满足领导“最先知情”的心理需要，进而争取上级教育行政部门的领导对幼儿园工作的支持与帮助。

3. 熟悉上级教育行政部门的工作程序，了解主管领导的办事风格

幼儿园应熟悉上级教育行政部门的工作程序，了解主管领导的办事风格，这样既可以避免因越级操作而造成关系紧张，也可以提高办事效率。

二、幼儿园与媒体的公共关系管理

媒体是交流和传播信息的载体。当前媒体主要有六大类：报纸、广播、电视、互联网、杂志、手机。

1. 将与媒体的公共关系作为幼儿园总体工作的一个重要组成部分

幼儿园必须将与媒体的公共关系作为幼儿园总体工作的一个重要组成部分。幼儿园要研究不同媒体的工作特点和需求，平时主动与媒体保持联系，使媒体了解幼儿园的工作特点，熟悉幼儿园的情况。

2. 安排专人与媒体沟通和交流，提高沟通的有效性

为了提高沟通的有效性，幼儿园应安排专人，结合幼儿园的大型活动、办园特色、先进事迹、工作成果等，与媒体进行沟通和交流。

3. 通过开展丰富多彩的活动宣传幼儿园

为了提高幼儿园的社会影响力，幼儿园要善于利用一切机会组织开展有意义的活动，如亲子教育活动、节日庆典活动等，并邀请各种媒体对活动进行宣传报道，借助媒体的力量，向社会宣传幼儿园。

4. 通过开展面向社区、面向社会的专业性服务活动提升幼儿园的社会声誉

幼儿园可以通过开展面向社区、面向社会的专业性服务活动来提升自己的社会声誉，例如：通过电视和广播面向全社会开展科学育儿、早期教育、亲子教育等不同主题的讲座，或者在社区内开展面向散居儿童家庭的幼儿教育指导活动。在开展这些活动时，幼儿园可以邀请媒体广泛报道这些活动，使幼儿园的专业特色得到广泛传播，从而提高幼儿园的社会地位。

【案例分析】

质监局到某幼儿园对棉絮质量进行抽查，发现幼儿园的棉絮经过了翻弹，纤维变短，要求幼儿园在规定时间内整改。第二天一大早，便有记者来采访，园长很生气，觉得记者是来"添乱"，于是没有接待。不久，报纸上就刊登了一篇题为"××幼儿园使用黑心棉"的报道。一时间，家长的质问、上级领导的批评，给幼儿园带来了很大的危机，也对幼儿园的名誉造成了极大的损害。

幼儿园管理层经过商议，决定采取行动，弥补媒体不实报道造成的巨大影响：一是向家长公布真实情况，告诉家长幼儿园并未使用黑心棉，以平息家长的怒火；二是加强与媒体的沟通，并在报纸上澄清事件的真相，消除民众对幼儿园的误解。

分析与思考

在这个案例中，幼儿园面对危机能及时处理，让幼儿园"化险为夷"。从这个案例中，我们应明白以下两点：①信息化时代，媒体的感染力和影响力是无比巨大的，幼儿园应加强与媒体的联系，树立与媒体友好合作的意识，这样可以有效避免报道失实、夸大等情况的发生，从而维护自身的社会形象与利益；②当负面报道出现时，应理性处理，第一时间了解事情的来龙去脉，对症下药，以最和谐、最恰当的方式妥善处理。

【本章小结】

幼儿园作为一个社会组织，与各种社会群体之间存在着千丝万缕的联系。幼儿园要通过有组织、有计划地运用传播手段与外界沟通联系，在幼儿园与公众之间建立和发展相互理解与支持的关系，从而塑造幼儿园这一社会组织的良好形象和创造最佳的教育环境。幼儿园与幼儿家长的公共关系是宣传幼儿园，提高幼儿园社会竞争力的有效途径之一。社区是幼儿园公共关系活动的重要客体。上级教育行政部门对幼儿园的发展具有重大影响，所以幼儿园必须处理好与上级教育行政部门的关系。

【思考与练习】

1. 幼儿园开展家长工作的方式有哪些？
2. 幼儿园应如何与社区建立良好的关系？
3. 幼儿园应如何处理好与上级教育行政部门和媒体的关系？

第十二章

学前教育评价

【学习目标】

1. 认识学前教育评价的含义和功能。
2. 明确确立学前教育评价标准应遵循的原则。
3. 了解学前教育评价的步骤。
4. 了解学前教育评价的基本原则。

【案例分析】

学期末，幼儿园召开全园大会，园长总结了学期工作并按照分数由高到低的顺序宣布了教职工量化考核结果。会场里突然传来了哭声，大家循声望去，原来是分数排在最后一位的教师掩面而泣……与会教师表情凝重。

思考

当前我国幼儿园教师评价存在着哪些问题？如何改进幼儿园教师评价中存在的问题？

第一节　学前教育评价概述

一、学前教育评价的内涵

（一）评价的含义

从字面上理解，评价应该包括两层含义：评判和价值。所谓评判，就是对评价对象做出判断；所谓价值，就是做出判断的基础和标准，即提醒评价者按照一定的标准对评价对象做出这样或那样的判断。[①]

（二）教育评价的含义

教育评价就是根据教育目标，运用科学的方法和手段，对教育现象及其相关因素进行系统的描述，并做出价值判断的过程，其最终目的是为教育决策提供依据。要想理解教育评价的含义，应明确以下四点。

（1）教育评价是以教育现象及其相关因素为对象而进行的一种价值判断活动。

（2）教育评价是以教育目标为根本依据的。

---

① 张惠和，张俊：《幼儿园数学教育》，人民教育出版社，2004年。

(3)教育评价的最终目的是为教育决策提供依据。

(4)教育评价的实质是做出价值判断。

(三)学前教育评价的含义和特点

学前教育评价是对与学前教育活动有关的各个方面进行系统的描述并做出价值判断的过程。

学前教育评价具有以下特点。

(1)学前教育评价是一种特殊的具有连续性的活动,其中包含着一系列的步骤,如确定评价目标和标准、收集信息、分析资料、做出判断等。

(2)学前教育评价是有目的、有计划地进行的,所有与评价有关的行为都是有依据的,不是随心所欲的。

(3)评价的本质是由评价主体对评价客体做出价值判断。在学前教育评价中,评价主体和评价客体是多种多样的,具体来说,主要有以下几种:①以上级教育行政部门作为评价主体,以幼儿园作为评价客体;②以幼儿园管理者作为评价主体,以幼儿园内部的工作状况作为评价客体;③以幼儿园教师作为评价主体,以幼儿作为评价客体;④以家长和社区成员作为评价主体,以幼儿园的各项工作作为评价客体。

(4)在学前教育评价中,评价主体与评价客体是统一的,而不是相互对立的,二者应该统一认识。评价主体应该制订出具有可行性的评价方案,并且在实施评价方案的过程中,要注意听取评价客体的意见和建议,决不能使评价仅仅成为审核监督评价客体的工具;同时,评价客体应该认清评价的目的,主动配合评价主体,反映真实情况,提供有效信息,使评价主体获得最真实的情况,以便做出正确的判断,评价客体不能用应付的态度去对待评价。还应注意,学前教育评价的主体与客体是多种多样的,在很多情况下,评价客体同时也作为评价主体存在。

二、学前教育评价的功能

【案例分析】

在当前新课程改革以及校长职业化的背景下,有关学前教育评价的问题更加凸显。有学者在对幼儿园园长进行培训的过程中,组织了30位园长讨论学前教育评价的意义,主要设置了七个选项:A. 为了园长的专业发展;B. 有利于幼儿园工作的改进;C. 为了选拔园长;D. 为了发现园长工作过程中存在的问题;E. 为了教师的发展;F. 为了幼儿的发展;G. 其他。

结果,76.7%的园长选择了"B"。这表明,绝大多数园长都认为,学前教育评价是为了改进幼儿园的工作。

思考

学前教育评价具有哪些意义?

(一)鉴别功能

通过学前教育评价,人们可以对学前教育系统的运行状态及效果做出比较准确的描述和判断,在此基础上,可以对评价对象进行比较或按照一定的标准进行分类,从而起到对学前教育的鉴别作用。

(二)导向功能

学前教育评价的依据是教育目标,这种具有明确的方向性和目的性的评价对幼教工作者和儿童的行为具有导向作用。

(三)诊断功能

通过学前教育评价,可以发现学前教育工作中存在的问题,并且可以对问题产生的原因进行调查和分析,从而为改进工作提供有效的信息。

(四)调节功能

通过学前教育评价,可以将关于学前教育系统运行状态的信息随时反馈给学前教育活动的主体,使其及时发现成绩和不足,并对存在的问题做出适当的调整和改进。

(五)激励功能

通过学前教育评价,一方面可以向学前教育管理者提供信息,另一方面可以向被评价者反馈信息,从而调动被评价者的积极性,并使之进一步明确努力的方向。

三、学前教育评价的类型

学前教育评价的类型是指按照一定标准划分的学前教育评价的种类。只有明确了学前教育评价的类型,才可以根据学前教育的不同情境选择和使用不同类型的学前教育评价,从而更好地发挥学前教育评价的作用。

(一)根据评价的范围可分为宏观评价、中观评价和微观评价

宏观评价主要指以关于学前教育的全部问题或涉及宏观决策方面的学前教育问题为对象进行的评价。

中观评价主要指以幼儿园内部的工作为对象进行的评价。

微观评价主要指以幼儿发展的某个方面为对象进行的评价。

(二)根据评价的标准可分为相对评价、绝对评价和个体内差异评价

相对评价是在评价对象的集合中选取一个或若干个评价对象作为标准,然后将其余评价对象与标准进行比较的评价方法。选择这种评价方式,会出现明显的竞争,容易对评价对象造成极大的心理压力。

绝对评价是在评价对象的集合之外确定一个标准即客观标准,然后将各个评价对象与客观标准进行比较的评价方法。绝对评价由于具有客观的标准,所以比较容易保证评价结果的科学性和准确性,容易使评价者心安,也容易使被评价者信服。评价结束后,被评价者可以根据评价结果,及时调整自己的行为。对于同一个评价对象,如果采用不同的客观标准,就会得到完全不同的评价结果,所以客观标准的确定要能够反映正确的教育价值观。

个体内差异评价是对评价对象的过去和现在进行比较或者对评价对象的各个侧面进行比较的评价方法。例如:一所幼儿园原来的硬件设施条件很差,现在,硬件设施条件提高了,那么我们可以说这所幼儿园进步了,这里用到的评价方法就是个体内差异评价。这种评价方法可以使被评价者看到自己的进步和不足,并且不会给被评价者造成过大的心理压力。但是,由于这种评价方法没有客观的标准,所以很容易使被评价者"坐井观天",评价结果也难以令人信服。因此,个体内差异评价往往与相对评价结合起来运用。

(三)根据评价的层次可分为分析评价和综合评价

分析评价是指将评价内容分解成若干个项目分别进行评价的评价方法。例如,教师在对幼儿的歌唱

水平进行评价时，可以将歌唱水平分解为音准、歌词等项目分别进行评价，这里运用的就是分析评价的方法。

综合评价是对评价内容整体进行评价的评价方法。例如，教师在评价幼儿的舞蹈作品时，不是把舞蹈作品分解成若干个项目分别进行评价，而是凭整体印象直接评价幼儿的舞蹈作品，这里运用的就是综合评价的方法。

(四)根据评价的主体可分为自我评价和他人评价

自我评价是评价者对自己进行评价的评价方法。自我评价可以帮助被评价者更好地认识自我、分析自我。自我评价比较容易开展，因此，幼儿园可以经常组织教职工开展自我评价。自我评价建立在幼儿园管理者和全体员工相互信任的基础上，能激发被评价者的自尊心、自信心，使其自觉地、主动地接受评价。此外，自我评价还能增强被评价者的自我评价意识和自我评价能力，有利于促进被评价者及时进行自我调节。但是，自我评价往往缺乏外在参照，不能进行横向比较，主观性较强，容易出现评价过低或过高的情况。

他人评价是除了评价对象以外的任何人或组织对评价对象进行评价的评价方法，如幼儿园园长对教师的评价、教师对幼儿的评价、家长对教师的评价等。相对于自我评价而言，他人评价更客观，但他人评价的组织工作比较烦琐、费时、费力。因此，在实际工作中一般将他人评价与自我评价结合起来运用，扬长避短，从而达到较好的评价效果。

【课堂讨论】

1.请以你自己的生活经验为例，说说你对自我评价和他人评价的体验。

2.如果你是园长，你是希望用他人评价还是希望用自我评价的方式来评价老师？为什么？如果你是幼儿园老师，你是希望用他人评价还是希望用自我评价的方式来评价自己？为什么？

(五)根据评价的功能可分为诊断性评价、形成性评价和总结性评价

诊断性评价是指在某项学前教育计划或方案开始实施之前进行的预测性评价。诊断性评价是制订学前教育计划或方案的基础。例如，在幼儿刚入园时，幼儿园要对所有幼儿的发展情况进行评价，这样做的目的是让幼儿园教师了解幼儿的发展情况。

形成性评价是指在某项学前教育计划或方案实施的过程中进行的评价。形成性评价的主要目的是在学前教育计划或方案实施的过程中不断获得改进学前教育计划或方案的依据，从而不断调整、修改学前教育计划或方案，以提高学前教育计划或方案的质量。例如，幼儿园每隔一段时间都要对幼儿的身体发育状况进行一次评价，这样做的目的是让教师及时了解幼儿的身体发育状况，进而调整保教工作计划。

总结性评价是指在某项学前教育计划或方案结束后对其最终结果进行的评价。总结性评价的主要目的是以预先设定的教育目标为标准，对通过实施学前教育计划或方案达到教育目标的程度进行评价。

(六)根据评价的方法可分为定量评价和定性评价

定量评价是对评价对象进行数量化的计算和分析，从而确定评价结果的评价方法。定量评价是现在学前教育评价中运用得较多、较普遍的一种评价方法。例如，教师在评价幼儿时，对幼儿的身高、体重进行测量，获得一定的数据信息，然后对这些数据进行分析，最终得出评价结论，这就是定量评价。

定性评价是根据评价对象的性质得出评价结论的评价方法。定性评价注重记录评价对象的状态和变化等信息。

在学前教育评价中，经常出现“一边倒”的现象，或片面强调定量评价，或片面强调定性研究。事实上，在对教育工作现象、成果等进行评价的过程中，定量评价和定性评价应结合使用。只有综合使用定量评价和定性评价，才能科学、准确地进行评价。

(七)根据评价的对象可分为幼儿发展评价及教学评价

幼儿发展评价主要侧重于幼儿自身的个体差异等与教学无关的方面。幼儿发展评价可作为教师设计活动方案和互动方式的依据。

教学评价是针对具体的教学活动而言的，其目的是使教师及时了解教学效果。

第二节　学前教育评价的内容与步骤

一、学前教育评价的内容

广义的学前教育评价以学前教育的全部领域为评价对象，评价内容涉及学前教育的方方面面。

狭义的学前教育评价主要包括幼儿园评价、教师教育行为评价和幼儿发展评价等方面的内容。这些方面的评价工作是教育行政部门对幼教工作进行宏观指导和管理的重要手段。

(一)幼儿园评价

幼儿园评价的基本内容包括以下四个方面。

1. 对幼儿园管理状态的评价

通过对幼儿园的管理状态进行评价，可以了解幼儿园的管理渠道是否畅通，组织人员分配是否合理，管理者是否注重成本和效益等。

2. 对幼儿园工作人员的评价

管理的各个要素中最重要的要素是人，人是管理的核心。要全面了解幼儿园的工作质量，就要注重考察组织中的人的素质及工作状况。园长是幼儿园的领导核心，是决定办园水平的关键因素，所以要注重考察园长及整个领导班子发挥管理主体作用的情况；保教人员的素质及专业水平是决定保教质量的关键因素，所以要注重考察保教队伍建设与发展的状况。

3. 对幼儿园保教工作与总务工作的评价

保教工作是幼儿园工作的中心，保教工作秩序的建立、教师对幼儿一日生活的组织、班级环境的创设、教学与游戏等保教工作的重要内容均可作为评价的对象。对保教工作的评价实际上也是对保教人员工作状况的检验，同时也可以反映出幼儿园保教工作管理的实效。

幼儿园总务工作的任务是为保教工作提供服务。总务工作涉及面广，物质条件改善的状况、卫生保健工作、营养膳食、财务管理、设备维修、招生编班、档案建设等，都可以作为评价的对象。

4. 对幼儿园公共关系的评价

幼儿教育并不是孤立的社会现象，幼儿园也不可能独立于社会之外，关起门来发展。一方面，幼儿园的主要任务之一是为家长提供服务；另一方面，家庭教育与社区环境等因素都会对幼儿园的工作产生影响。要想不断提高保教水平，幼儿园就必须得到社会各方面力量的配合与支持。

幼儿园家长工作的状况、与所在社区双向服务的状况等，都应该作为评价的对象。

以上是从幼儿园工作的四个大的方面来谈幼儿园评价的内容与对象。事实上，在对幼儿园进行评价时，既可以评价幼儿园工作的某一个方面，也可以对幼儿园的办园水平进行整体性评价。

(二)教师教育行为评价

教师作为学前教育的重要因素之一,对学前教育质量的影响是不言而喻的。因此,做好对教师教育行为的评价工作,对提高学前教育质量有很大的帮助。

1. 教师教育行为评价的意义

教师教育行为评价具有以下意义。

(1)学前教育活动是一项复杂的社会活动,学前教育活动的过程和结果会受到多种因素的影响。为了保证学前教育的质量,我们必须对教师在教育过程中的行为进行鉴定和诊断,通过科学的方法对教师的工作状态进行全面的考察和鉴别,从而判断教师的教育行为是否符合教学目标,是否遵循教学的基本规律,进而考察教学是否可以达到最佳的效果。

(2)通过对教师的教育行为进行评价,可以为教师提供反馈信息,教师可以针对反馈信息中的一些问题做出适当的调整,从而可以更有效地促进幼儿的发展。

(3)通过对教师的教育行为进行评价,教师可以对自身的教育行为有更深刻的认识,这样可以促进教师专业水平的提高。

2. 教师教育行为评价的方法

对教师的教育行为进行评价可以采用以下几种方法。

(1)论文体测验。论文体测验是指给出一道或几道试题让教师自由回答,从而考察教师的观点与态度。

(2)客观测验。客观测验一般包括再认式测验与再生式测验两种。再认式测验包括是非式测验、多种选择式测验等。再生式测验包括质问式测验、完成式测验等。

(3)客观打分评定法。客观打分评定法是指由幼儿园园长等人员对教师的各种教育行为进行打分,并根据得分情况得出评价结论。

(4)自我反思。自我反思既是一种评价方法,也是教师日常工作的组成部分,它不仅可以使教师在工作中及时进行自我监督,也可以促进教师不断发展。

【案例分析】

案例1:教师为小班幼儿提供了红、蓝、绿三种颜色的雪花片作为学具,让他们将雪花片按颜色进行分类。但幼儿在操作时,要么不能分辨蓝色和绿色,要么就是玩起了插雪花片的游戏,没有达到教师预期的效果。

分析

幼儿操作失败的主要原因有两个:第一,学具选择不当,拿平时幼儿开展结构游戏时用到的雪花片当学具,幼儿自然会玩起插雪花片的游戏;第二,教师对本班幼儿的发展水平了解不够,小班的大多数幼儿还不能分辨相似的颜色,因此,教师不能同时提供蓝色与绿色的雪花片。

案例2:7月1日,教师准备对幼儿进行热爱共产党的教育,为了创设教育情境,教师专门准备了一个生日蛋糕。"小朋友们,大家知道今天是什么日子吗?"老师说得很起劲,但是并没有几个幼儿关注老师,大部分幼儿的眼睛都注视着那个蛋糕。教师继续说:"大家要记住,今天是我们党的生日。"听了这话,几个幼儿开始不住地向窗外张望。老师一再要求幼儿集中注意力听讲,但依旧不起作用,还是有几个幼儿不住地向窗外看,教师有点沉不住气了,于是指着其中一个幼儿说道:"你到底在看什么呢?"那个幼儿焦急地回答:"党为什么还不来呀?"

分析

幼儿的经验是,给谁过生日谁就应该在场,于是他们才会急切地呼唤:"党为什么还不来呀?"从这个案例，我们应该认识到，凡是脱离幼儿已有经验基础的教学都是低效的，我们的学前教育要少一点成人意识，多一点儿童需要。

（三）幼儿发展评价

1. 幼儿发展评价的意义

幼儿发展评价具有以下意义。

（1）有助于了解幼儿发展的正确方向，确保教育目标的实现。幼儿发展评价对学前教育有明显的导向作用，同时，评价方案中有明确的评价标准，评价标准也对学前教育有明显的导向作用。

（2）有助于了解和评定幼儿的发展水平，确定下一阶段的教学目标、教学内容、教学方法。在对幼儿的发展状况进行评价的过程中，评价者可以获得许多有关于幼儿的信息，根据这些信息，可以确定下一阶段的教学目标、教学内容以及教学方法，真正做到“因材施教”。

2. 幼儿发展评价的方法

幼儿发展评价有以下几种方法。

（1）测验。测验是指对幼儿身体、认知、语言、社会性发展等方面进行测量。测验是学前教育评价的一种重要方法，主要包括标准测验和教师自制测验两种。标准测验是指专门组织人力、物力，由教育专家对评价对象进行测查。教师自制测验是指在学前教育评价中，教师为了了解本班幼儿在某些方面的发展情况，自制一些测验题目，对评价对象进行测查。

（2）观察。观察是指在自然条件下有目的、有计划地对评价对象及其行为进行考察、记录和分析。这是在幼儿发展评价中最主要的评价方法。与年龄较大的儿童相比，幼儿的语言能力和自我表达能力有限，所以幼儿发展评价应以幼儿在活动中自然呈现出的可观察到的外部行为为主要依据。观察主要有描述观察和抽样观察两种。描述观察是指对幼儿在日常生活中的自然行为进行观察和记录。抽样观察是一种严格、系统的观察方法，是指观察者根据一定的标准，抽取一定的幼儿，并对其行为进行观察、记录和研究，从而了解幼儿的行为。

（3）谈话。谈话是指调查者通过与被调查者当面进行交谈来获取信息。谈话可分为以下几种：①直接回答问题的谈话，指调查者把准备好的问题一一提出来，让被调查者逐个回答；②选择答案的谈话，指调查者把要询问的问题预先设计成具体的选择题，供被调查者选择；③自由回答的谈话，指让被调查者围绕着一个或几个问题进行回答，直到调查者了解清楚情况为止；④自然谈话，这种谈话没有具体的问答形式。

（4）档案袋评价。档案袋评价是指收集幼儿在学习过程中有代表性的作品和典型的表现记录，根据幼儿的现实表现对幼儿的学习质量进行评价。通常，档案袋覆盖的内容包括幼儿在幼儿园中的各种作品（如绘画、折纸等）、幼儿在活动中的照片或录像、教师对幼儿活动的记录等。档案袋评价作为一种发展性评价，要想达到促进幼儿发展的目的，教师必须改变或纠正重结果轻过程、对幼儿作品的选择存在盲目性、对幼儿作品缺少必要的说明等不正确的观念与做法。①

二、学前教育评价的步骤

（一）评价标准的确立

1. 评价标准

幼儿园工作评价是一种重要的管理手段，通过评价，可以促进幼儿园教育目标和工作目标的实现。

① 姚伟，崔迪：《当前幼儿园档案袋评价存在的问题与解决对策》，《学前教育研究》，2007年第2期。

幼儿园工作评价标准是对幼儿园一切工作质量和数量的要求的规定,它是运用教育基本原理和教育评价的理论与方法,根据教育目标的要求来确立的。评价标准一般包括评价的指标体系和评定标准。评价的指标体系是对评价内容的规定,评定标准是指评价对象达到什么程度才能获得相应的分数、等级或评语。

2. 评价标准、评价目标与工作目标的关系

评价目标和评价标准必须与幼儿园的工作目标相一致。评价实际上是将幼儿园工作目标转化为教育质量的标准和幼儿园各方面工作的具体要求,用以衡量工作状况及效果,进而判断是否能够实现工作目标的过程。因此,评价标准和评价目标绝不能脱离工作目标,而应该与工作目标保持一致。

3. 确立评价标准应遵循的原则

幼儿园评价标准是由人来制定的。为了使评价标准不带有主观性、随意性,确立评价标准时应遵循以下几项基本原则。

1)方向性原则

幼儿园工作评价的根本目的是提高保教质量。在确立评价标准时,要以正确的教育观、教育质量观为指导,切忌为评价而评价,为完成任务而评价。

2)科学性原则

科学性原则具有两层含义:一是评价标准的制定要具有科学性,即在确立评价标准的时候,要考虑评价的具体目的、内容和对象,由专业人员和幼儿园工作者在科学研究的基础上制定评价标准,而不是随意凭空想象;二是评价过程的实施要具有科学性,即评价者要在科学的教育观、评价观的指导下,对评价对象的特征给予正确的说明,进而做出正确的分析和判断。

我国的学前教育评价相对于其他各级教育评价起步较晚,一直作为一种行政手段而存在,尽管在推动学前教育事业的发展上起到了重要的作用,但一直对科学性重视不够,缺乏较为系统、完善的评价机制、评价制度、评价指标体系,这就需要广大研究者和幼教工作者共同努力,使学前教育评价逐步走向科学化。

3)可行性原则

可行性原则包括四层含义:第一,评价标准要符合幼儿园发展的实际情况,既要符合幼儿教育的规律和组织科学管理的要求,也要考虑到幼儿园现有的水平,不可以要求过高,也不能迁就;第二,评价标准不应不可捉摸,而应尽可能减少概念化、抽象化的条文,使评价工作易于实现;第三,评价标准不宜制定得过于细致,否则,不仅评价过程难以实施,评价者也难以进行深入、客观的评价,从而难以发现工作中存在的问题;第四,幼儿园在进行自我评价时,可以适当选择现成的评价方案。

(二)评价方案的设计

在设计幼儿园工作评价方案时,通常需要解决以下四个问题。

1. 明确评价目的与指导思想

进行幼儿园工作评价时,首先要明确评价目的与指导思想,也就是要解决"为什么评"的问题。评价目的与指导思想不能违背国家的教育方针,幼儿园的办园方向不能脱离幼儿教育的基本规律和本园发展的实际水平。我们必须认识到,一切教育活动都是为了促进受教育者身心健康发展,一切幼儿园工作评价活动的最终目的都是促进幼儿身心健康发展。

2. 选择并确定评价内容和评价对象

在明确了评价目的和指导思想后,就要选择并确定评价内容和评价对象,也就是要解决"评什么"的问题。幼儿园工作评价的内容很多,范围很广,既包括保教工作,如教育活动、游戏、教师组织幼儿一日生活的情况、准级环境创设等,也包括总务工作、家长工作、幼儿园组织管理工作,也就是说,幼儿园的一切工作都可以作为评价的内容。幼儿园领导可以将评价作为一种有效的管理手段，根据实际需要，或根据各阶段的工作重点，选择并确定所要评价的内容。

3. 建立评价的指标体系，选择适宜的评价方法

这个环节主要是解决“怎么评”的问题。

1)建立评价的指标体系

建立评价的指标体系，可分为以下两个步骤进行。

(1)分析评价对象涉及哪些方面的内容，从而将其分解为一些大的项目。例如，评价幼儿园领导班子建设的情况时，一般包括领导班子的政治素养、业务素质、工作能力、工作作风等项目。

(2)将大的项目进一步分解为中等项目，以此类推，逐级分解。例如，评价幼儿园领导班子建设的情况时，可以将“业务素质”这一项目进一步分解为专业素质、教育理论素养、管理理论和实践经验等次级项目。

在建立评价的指标体系时，要注意以下三点。

(1)项目要能全面、客观地反映评价内容和对象的实质，不能有遗漏。

(2)各个项目应是可以相互区分的，而不应是相互交叉、相互包含的。

(3)项目要逐级分解，每一级应尽可能具体化，以便于操作，但不宜过于细致，应注意定性和定量相结合。

【拓展阅读】

××市幼儿园保教质量评价指标体系(试行)

一级指标	二级指标	三级指标	评价标准	分值	评分结果		备注
					自评	考评	
A1 课程管理	B1 课程设置	C1	不随意增减课程门类，不开设超越幼儿阶段的学科课程，没有小学化倾向(2分)；使用的教材经过省级以上教材审定部门审定(1分)；除省一级幼儿园外，其他幼儿园应以县(区)为单位由县(区)级教材选用委员会统一选择教材(2分)；园本课程占总课程的比例，原则上省一级幼儿园不超过20%，省二级幼儿园不超过10%，其他幼儿园不超过5%(1分)	6			
	B2 课程实施	C2	课程实施应以幼儿的全面发展为目标(1分)；课程内容的安排要注意领域的均衡，并考虑各领域的有机联系、相互渗透，要有利于幼儿循序渐进地学习(1.5分)；适当地以主题(单元)活动的方式组织和实施教学(0.5分)；原则上每周开展语言、科学、数学、音乐、美术、体育、社会等集体教学活动各1～2次(1分)	4			
		C3	要综合利用一日生活的各个环节实施教育，实现课程目标(1分)；提倡以游戏为幼儿的基本活动，把游戏、参观、实践、探索、操作等作为幼儿学习的主要方式(1.5分)；不宜进行写字教学(除数字外)，不准布置有书写要求的家庭作业(1.5分)	4			

续表

一级指标	二级指标	三级指标	评价标准	分值	评分结果		备注
					自评	考评	
A1 课程管理	B2 课程实施	C4	合理安排幼儿在园时间(1分);在正常情况下,每天确保有不少于2小时的户外活动时间(其中1小时为体育锻炼时间,1小时为自由活动时间)(1.5分);每周开展区域活动或创造性游戏不少于2次,每次1小时左右(1.5分)	4			
		C5	教育环境美观,富有童趣,有教育意义(1分);根据季节、主题、宣传等需要及时做出相应的调整,为幼儿创设多种活动室(1分)	2			
		C6	建立备课制度,教师要有良好的备课习惯,不完全依赖参考资料(1分);对不同层次教师的备课有不同的要求,教龄在10年以内的教师必须备详案(0.5分);需超周备课,并交园领导审阅(0.5分)	2			
		C7	教师在活动前应为幼儿学习准备必要的操作材料,并自制有质量的教具(1分);熟练掌握和使用各类教具及教辅设备(0.5分);课前熟悉所教内容,做到儿歌能熟练背诵,故事能脱稿讲述,歌曲能熟练弹唱,科学实验事先做过,避免组织无准备的活动(0.5分);园长应认真审阅教师的备课本,审阅结果应在备课本上有所体现(1分)	3			
		C8	教师能根据本班级幼儿的特点,制订适宜的教学方案(1分);能较好地组织形式多样、内容丰富的教学活动(1分);注意观察、倾听幼儿的表现和需要,适时地给予支持和帮助(1分);善于发现和捕捉突发性的教学问题并进行分析,灵活调整教学目标,改进教学方法(1分)	4			
		C9	组织活动时教师精神状态好(0.5分);使用普通话,语言准确、生动(0.5分);尽量减少不必要的过渡环节,减少和消除消极等待现象(0.5分);建立良好的班级常规,培养幼儿良好的行为习惯(0.5分)	2			
A2 教育工作	B3 教学常规	C10	定期开展教学评价工作,重点评价教学计划、目标是否符合本班幼儿的实际水平(1分);教学活动的目标、内容、组织形式、环境创设能否促进幼儿主动学习,向幼儿提供有益的学习经验,兼顾幼儿的个体差异,使每个幼儿都有进步和成功的体验(1分);教师的指导是否有利于幼儿进一步探索与思考(1分)	3			

续表

一级指标	二级指标	三级指标	评价标准	分值	评分结果		备注
					自评	考评	
A2 教育工作	B3 教学常规	C11	做好幼儿发展评价工作，以动态评价为主要形式，通过日常观察、谈话、作品分析、摄影等多种手段收集幼儿发展的信息，建立幼儿成长档案（2 分）；每学期对幼儿进行一次全面的发展评价（1 分）	3			
		C12	等级幼儿园建立幼儿园课程资源库，包括教学资料库、书籍资料库、电子资料库、教具管理室等（1 分）；建立并完善幼儿园课程资源管理制度，包括专人（兼职）负责制度、自然材料收集制度等，使各项教学工作高效、有序地开展（1 分）	2			
		C13	班级环境美观，富有童趣，有教育意义（0.5 分）；根据季节、主题、宣传等需要及时做出相应的调整（0.5 分）；积极利用乡土资源、家长资源、生活资源创设幼儿自主活动的区域环境和主题环境，活动区域分割合理，有明显的标志（1 分）；重视让幼儿参与环境的布置（1 分）	3			
	B4 教学研究	C14	建立听课、评课制度（0.5 分）；教师每学期听课不少于 20 节，教研组长不少于 30 节，业务园长不少于 60 节，园长不少于 40 节（1 分）；有详细的评课记载（0.5 分）	2			
		C15	教师每月写有质量的读书笔记 1 篇（1 分）；每年写教学论文 1～2 篇（1 分）；每年积极参与县、区级及以上的教学评比活动（1 分）	3			
		C16	等级幼儿园教育科研机构健全，教师能积极参与教育科研活动（1 分）；教研课题与教育实践紧密结合（1 分）；园本教研效果明显（1 分）	3			
A3 家长和社区工作	B5 家长工作	C17	重视家园共育，家长工作形式多样（1 分）；教师上门家访每学期每位幼儿不少于 1 次，并有记录（1 分）；每学年举办家长学校和家长开放日各 1 次（0.5 分）；向家长宣传早期教育理念和方法，帮助家长树立正确的教育观念（0.5 分）；成立家长委员会，利用家长资源，充分发挥家长和家长委员会在幼儿园管理中的作用（1 分）	4			
	B6 社区工作	C18	积极争取社区的支持，与社区共享教育资源（1 分）；充分利用社区资源，为幼儿提供丰富的活动场所（0.5 分）；为社区内的儿童提供健康、有益的活动场所，积极开展社区内 0～3 岁散居儿童的早期教育工作（1 分）；积极向社区传播科学的育儿理念，为幼儿成长创造良好的社会环境（0.5 分）	3			

续表

一级指标	二级指标	三级指标	评价标准	分值	评分结果		备注
					自评	考评	
A4 安全卫生保健工作	B7 安全工作	C19	重视安全工作，建立房屋、设备、消防、幼儿接送、食品、药物等管理制度(1 分)；分工明确，管理到位(1 分)；园内各种建筑、设施均有安全防护措施，教育活动所需要的场地、材料、玩具等均能确保安全(0.5 分)；定期进行安全检查并有记录，及时消除安全隐患(0.5 分)；近 3 年内没有发生重大责任事故(1 分)	4			
		C20	有计划地对幼儿进行安全教育，将安全教育渗透在一日生活中(2 分)；帮助幼儿掌握必要的自我保护知识和方法，提高幼儿的自我保护意识和能力(2 分)	4			
	B8 卫生保健工作	C21	建立必要的卫生保健制度，包括幼儿一日生活作息制度、健康检查制度、卫生消毒制度、病儿隔离制度、膳食管理制度等(1 分)；教师重视培养幼儿良好的卫生习惯和初步的生活自理能力(1 分)；园内环境整洁，无卫生死角(1 分)；幼儿、教师仪表端正(1 分)	4			
		C22	认真做好幼儿入园检查、定期体检、晨检及全日健康观察等日常卫生保健工作(1 分)；配合卫生部门做好计划免疫工作(1 分)；建立规范的疾病预防制度，近 3 年内没有发生传染病蔓延事故(1 分)；建立健全幼儿健康档案(1 分)	4			
		C23	幼儿每年体检一次，受检率 100%(1 分)；预防接种率 100%(1 分)；幼儿离园 3 个月以上回园须有医院健康证明(0.5 分)；建立特殊需求幼儿的卫生保健管理制度，重视对体弱儿、肥胖儿的矫治和管理(0.5 分)；全园幼儿生长发育(主要指标包括身高、体重、血色素)基本达到国家标准，达标率 90%以上(1 分)	4			
		C24	幼儿园的所有工作人员必须持有健康证(1 分)；无慢性传染病和精神病，每年体检一次(1 分)	2			
		C25	建立营养管理制度，为幼儿提供合理的膳食，根据季节及幼儿特点制定带量食谱(1.5 分)；定期进行营养分析(1 分)；教师与幼儿的伙食严格分开(1 分)；向家长公布幼儿进食量和伙食费收支情况(0.5 分)	4			
		C26	建立饮食卫生管理制度，严格执行《中华人民共和国食品卫生法》(1 分)；幼儿两餐间隔不少于 3.5 小时，按时开餐(1 分)；为特殊需求幼儿(如体弱儿、肥胖儿等)提供特殊的饮食(0.5 分)；保证幼儿吃饱、吃好，不吃隔餐饭菜(0.5 分)；无食物中毒事故发生(1 分)	4			

续表

一级指标	二级指标	三级指标	评价标准	分值	评分结果		备注
					自评	考评	
A5 教师专业成长管理	B9 规划制订	C27	幼儿园要制订切实可行的长期、中期教师专业发展规划，定期进行总结和评价(1.5 分)；教师应根据幼儿园的规划制订长期、中期、短期的个人专业发展规划，并建立个人成长档案(1 分)；幼儿园负责为教师管理成长档案，规范、系统地收集、整理教师职业生涯中的信息(1.5 分)	4			
	B10 继续教育	C28	制订教师继续教育计划(1 分)；开展以园本培训为主的业务学习，园长要参与、指导各教研组的教研活动，引导教师讨论教育问题，帮助教师提高教学技能(1 分)；学习过程有记录(1 分)	3			
		C29	幼儿园应保证教师有一定的学习经费(1.5 分)；每年为每位教师提供一次外出学习的机会(包括听讲座、听课等)，并组织好后续的汇报、交流活动(1.5 分)	3			

2)选择适宜的评价方法

评价幼儿园工作有多种方法，常用的有以下几种。

(1)数量表示法，如对评定项目进行打分。

(2)程度表示法，如采用优、良、中、差或好、较好、一般、较差、差等表示程度的词语做出评价。

(3)加权求和法。

幼儿园在设计、选择评价方案和评价方法时，应注意结合本园的实际情况，以简便、适用为原则，同时要根据具体的评价目的和评价内容，选择适宜的评价方法，设计适用的评价方案。可以说，适用于一切情况的、通用的评价标准和评价方法是不存在的。对于一些现成的评价方案，通常需要根据本园的实际情况进行适当的调整后才能采用，不能完全照搬。

4. 确定评价主体

这个环节主要是解决"由谁来评"的问题。一般，应根据评价的目的和内容，确定评价主体。幼儿园工作评价的形式可以是内部评价，也可以是外部评价，即评价主体可以是幼儿园内部成员，也可以是非幼儿园成员。

1)内部评价

内部评价是指以幼儿园内部成员作为评价主体，对幼儿园的各项工作进行评价。内部评价包括自我评价和他人评价。自我评价指教师或园长等对自己的工作做出评价，这里的工作主体即为评价主体。这时，评价的主、客体是统一的，这种形式的评价有利于激发全体员工的自信心、责任感，但评价结果不易具有客观性，甚至容易出现报喜不报忧、说空话的局面，这就需要全体教职工在园长的带领下，共同制订评价方案，共同学习评价标准，端正思想，将自我评价当作一次学习、改进、探索的机会。他人评价的主体可以是个人，也可以是集体。他人评价包括群众互评、领导评价、群众对领导的评价等。这种形式的评价有利于形成互帮互助、积极向上的园所风气，但也有可能造成组织成员之间的不信任、不和谐。因此，幼儿园领导在设计评价方案时要考虑到评价标准的透明度，评价过程的透明度，以及整个评价过程的公正、公平、公开，并使员工正确认识评价的目的是提高保教质量。

2)外部评价

外部评价是指由非幼儿园成员对幼儿园的工作状况、业绩等进行评价，评价主体是非幼儿园成员。

这种评价一般比较公正。外部评价的评价主体的来源主要有两个：一个是由幼儿园主动邀请的评价者；另一个是上级教育行政部门。

（三）评价过程的实施

评价工作一般按照以下几个步骤开展。

（1）建立评价工作领导小组，负责评价的组织工作。幼儿园工作评价是一项系统工程，评价工作领导小组中既需要有熟悉幼儿教育理论、有幼儿园管理经验的人员，也需要有熟悉教育评价基本理论、有教育评价经验的人员，只有这样，才能保证评价工作的科学性和有效性。

（2）草拟评价方案。

（3）实施预评价。在进行正式评价之前，应进行一定范围的预评价，广泛征求意见并对评价方案进行调整。这样有利于收集信息，有利于减小被评价者的心理压力，有利于改进工作，提高保教质量。

（4）实施正式评价，收集有关的资料和信息。

（5）对有关资料和信息进行处理，提出改进意见。对收集的资料和信息进行适当的处理，如统计分析、归类总结、集体研讨等，进而得出结论，说明工作取得的成绩和存在的问题，并提出改进工作的意见和建议。评价工作领导小组应组织人员撰写评价报告。

（6）对评价过程中的有关资料进行分类整理，并建立评价资料档案。

（7）根据方向性、科学性、可行性等原则，对评价过程进行再评价，以便积累经验，不断改进评价工作。

第三节　学前教育评价的基本原则

一、动态性原则

幼儿园工作评价包括静态评价和动态评价。静态评价类似于总结性评价，指在一项活动结束后对其结果做出价值判断，衡量其达到目标的程度。静态评价是幼儿园工作中必不可少的环节和内容，但幼儿园工作评价不能仅仅停留在静态评价这个层次上，还应该有贯穿日常工作的动态评价。动态评价类似于形成性评价，指在活动过程中，为了调节活动过程，保证活动目标顺利实现而对活动本身的效果做出价值判断。对幼儿园工作进行评价时应注意动静结合，以动为主，使评价工作成为幼儿园的一项日常工作。

二、主体性原则

评价主体即评价者，评价客体即评价对象。幼儿园工作评价的目的是收集信息，改进工作，因此，幼儿园不仅要注意自下而上、自外而内地开展评价工作，还应注意工作主体的自我评价，使评价对象能够充分地发挥主观能动性，积极参与评价的过程，即评价者与被评价者相结合，工作主体与评价主体相结合。这样既有利于使被评价者消除心理压力，正确认识评价的目的，也有利于评价工作日常化地开展。

幼儿园不仅要加强自我评价，还要注意引入社会评价，使评价的主体多元化。例如，幼儿园可以让在园幼儿的家长和本社区散居儿童的家长作为评价主体，对幼儿园的家长工作、社区工作、保教工作等做出评价，从而促进幼儿园不断改进各方面的工作，更好地为幼儿和社会服务。

三、客观性与全面性原则

对幼儿园工作进行评价时要注意定量评价与定性评价相结合，综合运用多种评价手段，力求全面、客观地掌握真实情况，反映问题的本质。定性分析指对评价对象的性质进行分析，定量分析指对评价对象的数量特征进行分析。幼儿园工作评价要将二者结合起来进行，否则，就不可能全面把握评价对象的实际情况。

除此之外，在对幼儿园工作进行评价时，还应注重评价标准的全面性和评价过程中信息收集的全面性。

四、目的性原则

学前教育评价的根本目的在于提高教育和管理质量，较好地实现教育目标。评价的具体目的决定了采用什么样的评价标准和评价方法。评价本身并不是目的，切忌为评价而评价。

学前教育评价应突出评价的导向功能、诊断功能，发挥指导和调控作用，使评价者与被评价者在共同理解评价目的的基础上，通过评价明确努力的方向，统一行动，积极改进工作，推动学前教育事业的发展。

五、可比性原则

可比行性原则是指在一定的范围内进行学前教育评价时，要有统一的评价标准，使本范围内的学前教育工作都能根据这个标准进行评价，并能进行横向和纵向比较。

六、评价与指导相结合的原则

评价指按照一定的标准对被评价者已完成的行为做出价值判断，评价的结果可以使被评价者受到启发和教育。评价要与指导相结合，指导是评价的继续和发展。

【本章小结】

教育评价就是根据教育目标，运用科学的方法和手段，对教育现象及其相关因素进行系统的描述，并做出价值判断的过程，其最终目的是为教育决策提供依据。广义的学前教育评价以学前教育的全部领域为评价对象，评价内容涉及学前教育的方方面面。狭义的学前教育评价主要包括幼儿园评价、教师教育行为评价和幼儿发展评价等方面的内容。这些方面的评价工作是教育行政部门对幼教工作进行宏观指导和管理的重要手段。学前教育评价应遵循动态性原则、主体性原则、客观性与全面性原则、目的性原则、可比性原则，以及评价与指导相结合的原则。

【思考与练习】

1. 简述学前教育评价的功能。
2. 简述学前教育评价应遵循的原则。
3. 尝试为幼儿园设计评价方案。
4. 你觉得目前学前教育评价中主要存在哪些问题，该如何改进。

参考文献

[1] 周三多,陈传明,鲁明泓. 管理学——原理与方法[M]. 5版. 上海：复旦大学出版社,2013.
[2] [美]彼得·F. 德鲁克. 管理——任务、责任、实践(下)[M]. 北京:中国社会科学出版社,1987.
[3] [美]小詹姆斯·H. 唐纳利,[美]詹姆斯·L. 吉布森,[美]约翰·M. 伊凡. 管理学基础——职能·行为·模型[M]. 北京:中国人民大学出版社,1982.
[4] 程正方. 管理心理学[M]. 北京:开明出版社,2012.
[5] 邬凤祥. 大众管理学[M]. 北京:新华出版社,1987.
[6] 张燕. 幼儿园管理[M]. 北京:人民教育出版社,2009.
[7] 邢利娅. 幼儿园管理[M]. 北京:高等教育出版社,2010.
[8] 陈国钧,陆军. 管理学[M]. 南京:南京师范大学出版社,1997.
[9] 陈孝彬,高洪源. 教育管理学[M]. 3版. 北京:北京师范大学出版社,2008.
[10] 杜燕红. 学前教育管理学[M]. 郑州:郑州大学出版社,2012.
[11] 张燕. 学前教育管理学[M]. 2版. 北京:北京师范大学出版社,2009.
[12] 薛玉萍. 学前教育及其管理特殊性的再认识[J]. 教师, 2014(9).
[13] 邵海燕.《颜氏家训》的儿童早教论[J]. 浙江师范大学学报(社会科学版), 1996(5).
[14] 王雯. 学前教育管理学[M]. 北京:北京大学出版社, 2014.
[15] 张法琨. 柏拉图《理想国》中的教育理论[J]. 教育评论, 1995(5).
[16] 李申申. 西方早期的教育心理化运动[J]. 心理学探新, 1989(4).
[17] 李毅. 夸美纽斯《大教学论》[J]. 山东师范大学学报(人文社会科学版), 1985(2).
[18] 崔绍怀. 论洛克《教育漫话》的教育思想[J]. 长春工业大学学报(高教研究版), 2012(1).
[19] 李文奎. 卢梭《爱弥儿》[J]. 山东师范大学学报(人文社会科学版), 1985(2).
[20] 王佩雯. 浅论裴斯泰洛齐的教学教育思想[J]. 中国教师, 2014(S1).
[21] 王雯. 赫尔巴特的《普通教育学》[J]. 师范教育, 1991(2).
[22] 卢长娥,杜学元. 福禄倍尔《人的教育》思想对我国幼儿教育的启示[J]. 中国西部科技, 2004(4).
[23] 袁文芳. 论罗伯特·欧文的性格形成学说[J]. 当代教育理论与实践, 2012(9).
[24] 周洪宇,向宗平. 杜威教育思想在中国的传播及其影响[J]. 河北师范大学学报(教育科学版), 2001(2).
[25] [意]玛利亚·蒙台梭利. 童年的秘密[M]. 单中惠,译. 北京:中国长安出版社,2010.
[26] 许风霜. 近代中国"儿童公育"思想的发展与影响[J]. 幼儿教育(教育科学版),2007(Z1).
[27] 李生兰. 比较学前教育[M]. 2版. 上海:华东师范大学出版社,2013.
[28] 中国学前教育发展战略研究课题组. 中国学前教育发展战略研究[M]. 北京:教育科学出版社, 2010.
[29] 唐斌,朱永新. 杜威"教育即生活"本真意义及当代启示[J]. 中国教育学刊, 2011(10).
[30] 李巧平. 关于教育与生活的关系问题——斯宾塞"教育为未来生活作准备"与杜威"教育即生活"之比较分析[J]. 湖南大众传媒职业技术学院学报, 2006(5).
[31] 陆发春. 徽州走出的教育巨子陶行知[J]. 新华月报, 2011(3).
[32] 刘贺佳,何珍. 浅谈幼儿园与家庭、社区合作共育[J]. 课程教育研究:外语学法教法研究, 2014(1).
[33] 吕惠萍. 以人为本理念下的幼儿园管理刍议[J]. 科教导刊, 2010(21).

[34] 贺沙沙. 论幼儿如何向小学生转变——浅谈幼儿园与小学的衔接[J]. 学周刊，2011(10).
[35] 昀熙. 马克斯·韦伯:组织理论之父[J]. 现代企业文化，2012(25).
[36] 尹刚，李金花. 浅析巴纳德系统组织理论[J]. 法制与社会，2009(36).
[37] 张占耕. 企业组织的未来发展趋势[J]. 常州工学院学报，2001(1).
[38] 马克平. 关于提高项目管理的五个建议[J]. 房地产导刊，2013(1).
[39] 王品潮. 对建立健全“三师”负责制的一点想法[J]. 中国农垦，1980(1).
[40] 王星. 论组织文化在幼儿园管理中的作用[J]. 内蒙古师范大学学报(哲学社会科学版)，1998(4).
[41] 周雪华. 教师专业化成长的有效途径[J]. 学前教育研究，2005(7).
[42] 李睿祎. 德鲁克目标管理体系初探[J]. 北华大学学报(社会科学版)，2007(2).
[43] 王斌伟. 泰勒科学管理理论对行政管理的借鉴意义[J]. 华南师范大学学报(社会科学版)，2001(1).
[44] 卢盛华. 20 世纪管理理论与思想的发展演变[J]. 管理观察，2003(2).
[45] 苏伟伦. 戴明管理思想核心读本[M]. 北京:中国社会科学出版社，2003.
[46] [美]海因茨·韦里克,[美]哈罗德·孔茨. 管理学——全球化视角[M]. 11 版. 马春光,译. 北京:经济科学出版社，2004.
[47] 郭研. 试论创建一个科学的宏观经济核算体系的构建思路[J]. 消费导刊，2008(6).
[48] 张云飞.《哥达纲领批判》思想诠释[J]. 前线，2015(3).
[49] 姚伟,崔迪. 当前幼儿园档案袋评价存在的问题与解决对策[J]. 学前教育研究,2007(2).
[50] 王春涛. 学前教育管理[M]. 北京:新世界出版社，2003.